完本 天龍源一郎

LIVE
FOR—いまを生きる—
TODAY

天龍源一郎 著

竹書房

New World —新天地—

新たな可能性を求め、1976年に全日本プロレス入団。

Youthful Days —青春—

13歳から相撲界入り。最高位は西前頭筆頭。

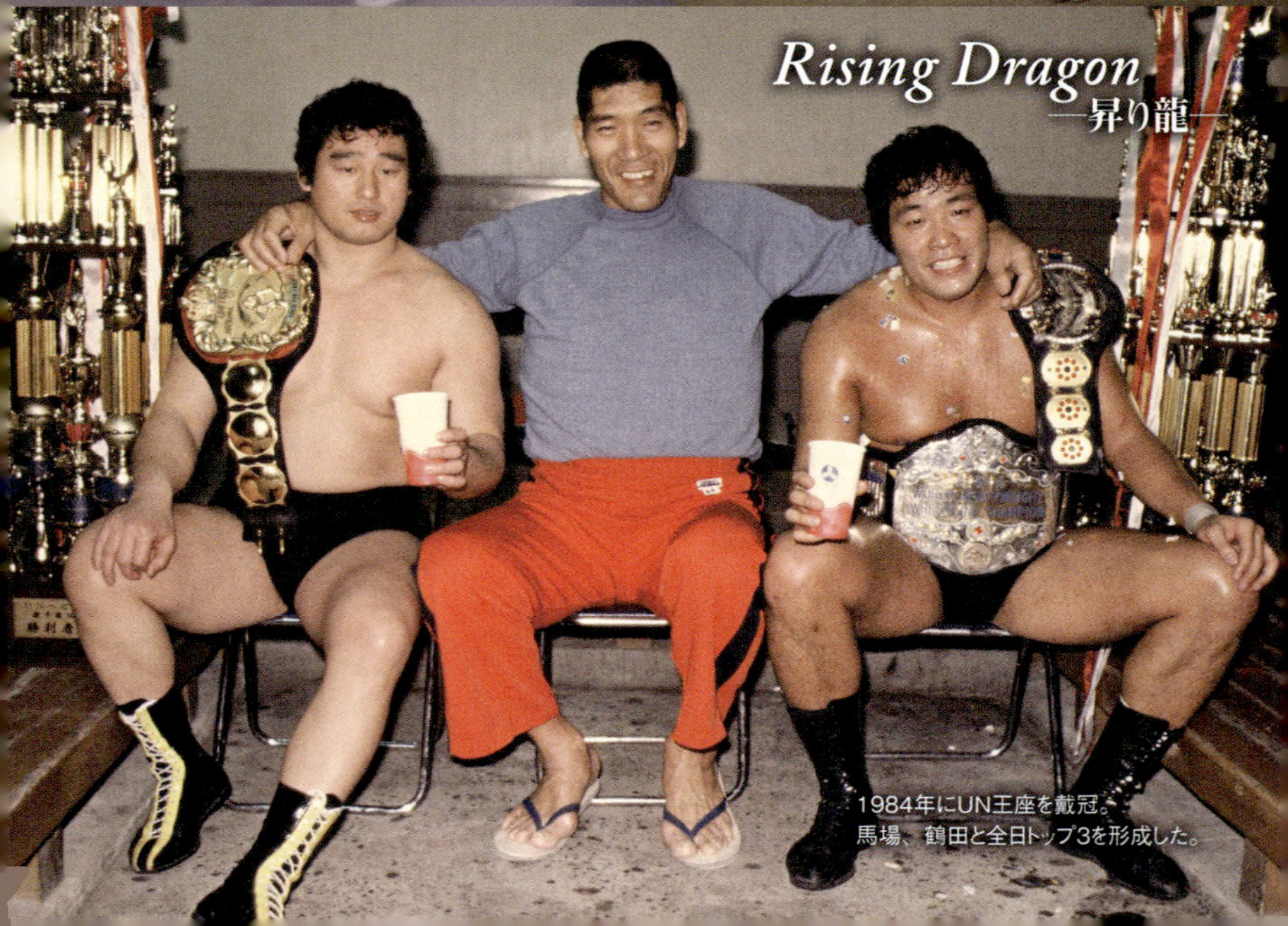

Rising Dragon —昇り龍—

1984年にUN王座を戴冠。馬場、鶴田と全日トップ3を形成した。

Revolution
—革命—

1987年、「天龍革命」スタート。
妥協なきファイトで多くのファンを熱狂させた。

Wrestle —闘いと冒険— and Romance

1994年の猪木戦を始め、団体・スタイルの違いを越えて夢の対決に挑んだ。

Legend

―伝説―

10年ぶりに復帰した
全日本プロレスで、
再び三冠王者に君臨。

1999年、IWGP王座を奪取。
49歳での戴冠は
同王座の最年長記録。

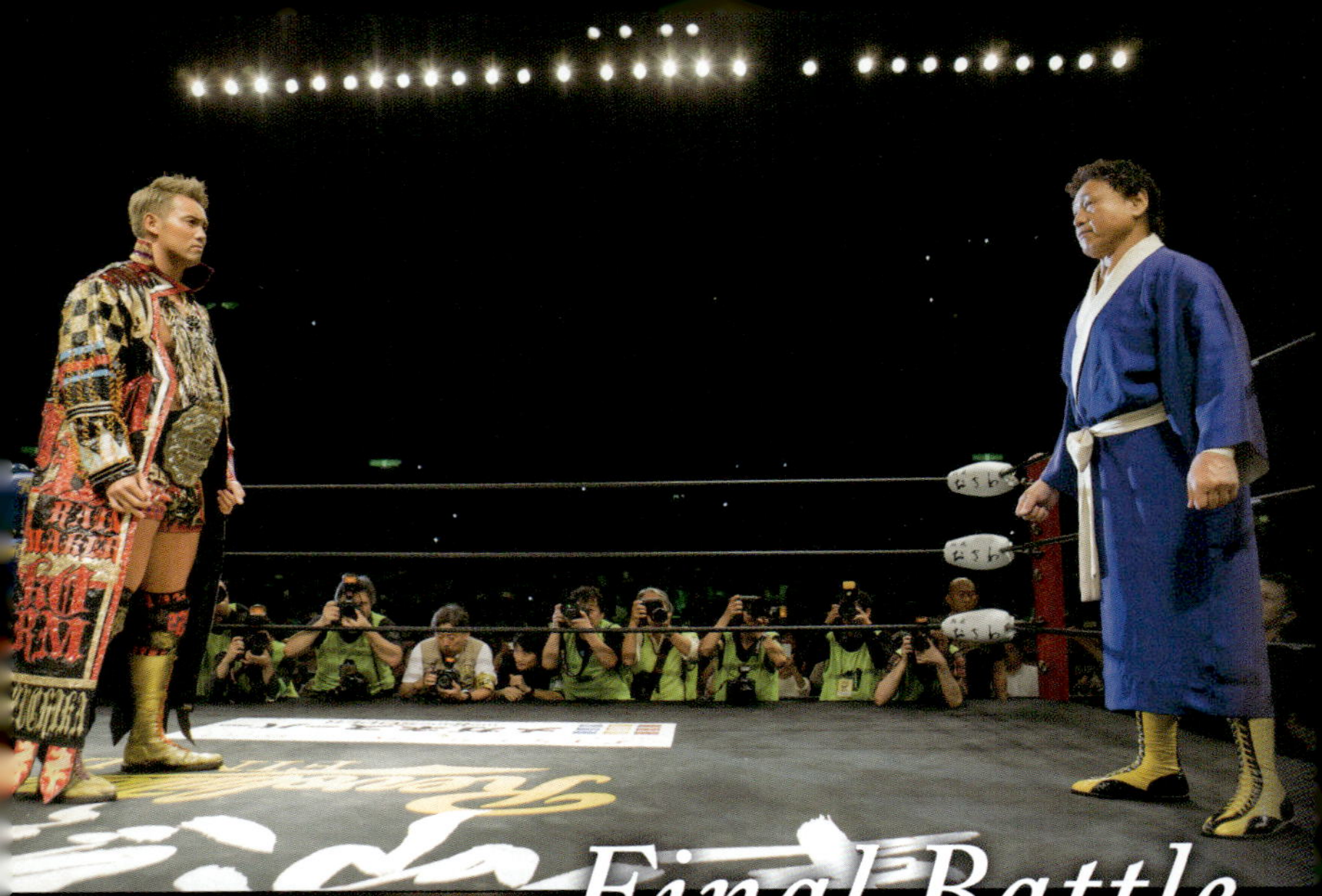

Final Battle
—引退試合—

2015年、両国国技館にてオカダ・カズチカを相手に引退試合。大観衆が見守る中、40年間に及ぶ現役生活に別れを告げた。

Family
—家族—

プロレスラー天龍源一郎をずっと支えてくれた妻・まき代、娘・紋奈。

Friend
—友人—

引退記念パーティーにおいて友人の三遊亭円楽師匠から労いのスピーチ。

完本 天龍源一郎

LIVE FOR TODAY
—いまを生きる—

天龍源一郎 著

竹書房

目次

序章 最後の花道

超満員の観客が見守る中、
引退試合のリングに向かう。

昭和VS平成

「おい、昭和のプロレスを味わう最後のチャンスだぞ、この野郎！」

二〇一五年八月一六日、俺は新日本プロレスの『G1クライマックス』最終戦の両国国技館に乗り込み、リング上でオカダ・カズチカのマネジャー格の外道に迫った。

引退試合が一一月一五日の両国国技館に決まったのは六月。

この時点では、特に誰と戦いたいという希望はなかった。四〇年に及ぶプロレス人生、相撲から数えると五三年間の格闘技人生にけじめが付けられれば、それでいいと思っていた。

昔、世話になったファンクスや、同じ時代を生きてきた長州力、藤波辰爾を並べたラインナップで「ああ、昭和の時代で頑張った人たちだな」というノスタルジックな引退試合も考えなかったわけではない。

だが、どうしても心に引っかかっている相手がいた。オカダ・カズチカだ。

オカダは一二年、一三年と二年連続でプロレス大賞のMVPに輝いた。MVPの連続受賞記録はアントニオ猪木さん、ジャンボ鶴田、俺が持っている三年連続だが、

「猪木選手、鶴田選手、天龍選手、その三人は僕と同じ時代じゃなくてよかったなと。同じ時代だったら、そんな記録はできていないと思いますので、僕よりも大分、前の時代にプロレスラーとしてそういう記録を取れたことを、僕に感謝してほしいなと」

と、侮辱とも取れるコメントしたのだ。

オカダは、レインメーカーというキャラクターから高慢な言葉を発したものかもしれない。だが、たとえそうであっても、俺は新日本プロレスのレスラーではないから、そんな言い訳は通用しない。キャラなのか、自惚れなのか、本心なのかはわからないが、自分が吐いた言葉には責任を持たなければならないのがトップのレスラーというものだ。

オカダが言葉を発した時点で、名指しされた三人の中で現役だったのは俺だけだったから、看過するわけにはいかなかった。

コケにされたらリングでケリをつけるしかない。俺は様々なマスコミを通じて「じゃあ、戦おうじゃないか！」と発信したが、新日本からもオカダからも何も反応はなく、黙殺されてしまった。うるさい爺の戯言だと思ったか、話題作りと思ったのか、それとも売名行為とでも思ったのか？

いざ引退の日時場所が決まると、やはりオカダをスルーできない俺がいた。

「最後がオカダ・カズチカでいいの？」

天龍プロジェクトの代表を務める娘の紋奈には何回も聞かれたが、俺には「このままオカダの言葉を野ざらしにしちゃいけない」という気持ちが強かった。だから最終的に両国まで乗り込んでオカダ本人の意思を確認したかった。

かつてWARに所属していた外道は、対戦を迫る俺にこう言った。

「天龍さん、あんたの功績は認める。だがよ、これはあんたのためなんだよ。プロレスだけじゃねぇ、人生も引退する気ですか？」

そこにオカダが現れた。

「天龍さん、引退されるそうですね。お疲れ様でした。天龍さんにひとつだけ言わせてください。……僕と同じ時代じゃなくてよかったですね」

俺を目の前にしてもオカダは高飛車な言葉を吐いた。

「おい、あんちゃん、吐いた唾は飲み込めねぇぞ！　飲み込めるとしたら一一月一五日しかねぇんだよ、この野郎！」

そう返した俺に、オカダは、

「天龍さん、一一月一五日……どうなっても知らないですよ。それでもいいならやりましょう！」

と、意外にもあっさりと対戦を受諾した。

今思うと、もしも逆の立場だったら、俺は「いいだろ、今さら！」と言って、拒否していたに違いない。それなのにIWGP王者のオカダが、おっさんの俺相手に「わかりました！」とよく踏ん切りを付けたと思う。

平成のプロレス界のトップに立つオカダが天龍源一郎に触れるということは、ジャイアント馬場さん、アントニオ猪木さんとやって勝った後に、大仁田厚や様々なレスラーと戦いながら「こんなことしていていいのかな？」と、常に自問自答していた俺のように、ずっといろいろなことを考えながらプロレス人生を歩んでいかなければいけなくなる。

俺にとっては、勝てば最高の引退になる。ラストマッチだから勝ち逃げだ。

一方、オカダにとっては、負けたら再戦のチャンスはないわけだから、永遠に〝昭和の天龍に勝てなかった男〟というレッテルが付いて回る。

そうしたことを考えると、受けて立ったオカダは大した男なのだ。

「こいつとやるのか！」と実感したと同時に、俺は両国のリング上でパーンと受け身を取った。

なぜ、あの大観衆の前で受け身を取ろうという発想が生まれたかわからない。それまでは背中の傷痕のために、ああいう受け身ができなかっただけに自分自身に驚いた。

「あれっ、いい受け身取ってるじゃない、俺！　もしかしたら、いけるかもしれない！」

という充実感と希望が湧いた瞬間だった。

オカダを選んだ理由

俺の引退試合はオカダとのシングルマッチ六〇分一本勝負に決定した。

ファンもマスコミもタッグマッチになると思っていたようだが、勝っても負けても、誰にも責任を押しつけたくなかったから、俺の頭には一騎打ちしかなかった。タッグパートナーに助けられて攻めている天龍ではオカダと戦う意味はないのだ。

勝てば「最後に錦を飾れた！」と思うだろうし、負けたら負けたで「去りゆく時が来たんだな」と実感させられるだけのことだ。

実際、一九八〇年代半ばから九〇年代前半の全盛期の天龍源一郎ではないことは俺自身が一番よく理解していたが、自分で耐えて、自分で活路を見出すことしか思い浮かばなかった。

俺が最後にオカダとの対戦を希望したのは、彼の言動だけが理由ではない。

四〇年間のプロレス人生の中で、伝説の強豪バディ・ロジャースに始まり、馬場さん、猪木さん、俺たちの時代のジャンボ鶴田、長州力、藤波辰爾、全日本の四天王、新日本の闘魂三銃士、第三世代、それより下の中邑真輔、棚橋弘至、柴田勝頼、さらに大仁田厚、髙田延彦、ファンクス、ミル・マスカラス、ハーリー・レイス、リック・フレアー、スタン・ハンセン、ブルーザー・ブロディ……国籍、世代、スタイルを越えて、同じ時代に生きたトップ選手とことごとく戦ってきた。実現しなかったのは前田日明戦だけだ。それが唯一の心残りなのだ。

だから一九五〇～六〇年代にアメリカのトップだったロジャースから二〇一〇年代のオカダまで……元号で言い換えれば、昭和三〇年代のロジャースから平成二〇年代のオカダまで、自分の生きた時代のプロレスをすべて体感したいと思った。これだけやれれば、それこそ腹いっぱいのプロレス人生だ。

オカダ戦が決まった時点で、俺自身の体調を考えれば「四：六だろうな」というのが正直な気持ちだった。もちろん、俺が四でオカダが六だ。

願わくば、最後にあいつの上になっていたいが、下になる確率の方が高いだろうというのが冷静な気持ちだった。しかし、そんなことよりも戦ったことのない奴と戦えるという期待感の方が大きかった。

連戦しているレスラーは、ジムで鍛えている奴とは違う筋肉を使っているし、体幹が強い。俺がジムに行ってどんなにトレーニングしていても、リングに上がると足が張ったりするものだ。だから力ード発表記者会見の時に、

「サッカーボールキック、グーパンチ、喉元チョップだけで勝負をつけてやりますよ」

と、一番相手にダメージを与えられる技、間違いなく相手にヒットする技の名前をことさら発したんだと思う。

「できない」を「できる」に

一〇月五日のフリーダムズの大館大会で引退ロードを終了した俺は「ああ、終わった」と、一瞬腑抜けになってしまった。

引退試合の二週間ぐらい前に紋奈から、

「大将、引退試合にはショートタイツで出てもらいますから。そこはけじめですから」

とプレッシャーをかけられて、そこから一生懸命体を作っていった。

トレーニングは錘をつけて四股を踏んだり、スクワットしたり、ウォーキングしたりと足の運動が中心だった。

そして試合の一週間前あたりから「できない！」と思っている俺を「できる！」にするために全日本プロレスの道場でも練習させてもらっていた。

腰を手術してからはグーパンチ、ロープに振ってのラリアットぐらいしかやっていなかったから、オカダと背格好が似ている一九〇センチ超の若手のジェイク・リー相手に基本のボディスラムから始めた。ボディスラムすら怖くてできなかったのだ。

やはり最後にできる限りの技をファンに見せたい。

多分、大観衆の声援の中で自然と技は出るだろうと思っていたものの、結果的には「何もやってないじゃないか、天龍!」と言われるような展開になることもあり得る。

ガーンと行って、あいつをノックアウトして涼しい顔して上に乗っているかもしれないし、逆にドロップキックのいいのを食らって立てなくなり、そのままゴングが鳴るかもしれない。

まったく予測がつかなかったし、イメージも湧かなかった。年齢が二八も違い、何も接点がなかったから考える余地がないのである。だから、むしろ気分は楽だった。

これが同じ昭和を生きた選手だったり、同じようなプロレスのタイプの選手だったら、通じなかった時に悔いが残ったままリングを降りなければいけないだろうが、何もかもが違うから、もし俺のプロレスが通用しなければ、

(プロレスは進化して、やっぱり天龍源一郎の時代じゃないんだな)

と思うだけのことだ。

試合の数日前にはカレンダーを見ながら、

(ああ、もう解放されるんだなあ……)

と、妙に穏やかな俺がいた。

それは感傷的な気分とも違った。大勝負の前だけど自然体……やれることをやって終わるだけという〝腹を括った平常心〟とでも言うべき心境だったと思う。

どっちに転ぶか…

一一月一五日当日。穏やかなままの俺がいた。

振り返ると、日本武道館での大きな試合や『世界最強タッグ決定リーグ戦』の最終戦などはイライラして、そのイライラが沸点に達すると次第に気分が落ち着いていくというのがパターンだった。例えばジャンボとの三冠戦の前だったら、

「バックドロップに気をつけなきゃいけない」

「ジャンピング・ニーを食ったら、脳震盪を起こすのかな」

とか、いろいろ想像してイライラしていたものだが、オカダとは何もないまっさらな状態だからイライラする材料がなく、平常心でいられたのだろう。

この日は「マットの硬さはどんな感じかな？」と、リングで少し受け身を取り、ごく普通に再チェックをして試合を待っていた。

紋奈に七七年六月一一日の世田谷区体育館での日本デビューの時のガウンまで用意してもらったから「すべてをさらけ出して、そのまま観てもらえばいい」という無の気持ちになれたのかもしれない。

試合までの約四時間、俺は支度部屋の奥には籠らず、他の選手とモニターを観たり、馬鹿話をしていた。いい感じで徐々に気持ちが高まっていくのがわかった。

俺のテーマ曲『サンダーストーム』が流れ、いよいよ出番。この曲を聴くと、いつもレボリューションを始めた頃の初心に帰る。超満員札止めの一万五二二人の大歓声が俺を包んでくれたが、それで気持ちが高揚することはなかった。

（最後だから、ちゃんと自分の足で階段を上りきりたいな）

試合前、控え室でのリラックスした姿。自然体で最後の試合に臨んだ。

入場ガウンは記念すべき日本デビュー戦のものを着用。

人間は大事な時に意外にどうでもいいことを考えるというが、俺はそんなくだらないことを気にしていた。

花道の左右には、いつものように幟を立てて応援しくれる人たちがいた。ファンクラブ『昇り龍』は一九八一年から俺をずっと応援し続けてくれた。名前だけは馬場さん、ジャンボに次ぐ〝第三の男〟だったが、当時の俺は不器用で、ロッキー羽田の方がはるかに上手だったのに、その時から三五年もずっと応援してきてくれたのだ。ＳＷＳを旗揚げした九〇年に発足した『なにわ天龍隊』は、ＳＷＳ崩壊後も二五年間、俺を変わらず応援してくれた。本当に感謝の気持ちしかない。

（これで最後なんだな……）

気持ちは七勝七敗で迎えた千秋楽。さて、どっちに転ぶのか……俺はオカダ・カズチカが立つリングに足を踏み入れた――。

第一章 出発

1950-1963

中学2年生の夏休み、二所ノ関部屋に体験入門。

大きな体がコンプレックス

一九五〇年二月二日。

俺は嶋田源吾、富美子の長男として、福井県勝山市で産声を上げた。俺が生まれた時、親父は二〇歳、お袋は一八歳という若さだった。

兄弟姉妹は二人いる。四歳下の妹・冨美子と八歳下の弟・裕彦の二人だ。

詳しくは知らないが、嶋田家のルーツは勝山藩の家臣か何からしく、実家には家系図があり、源吾郎、源造、源吾、源一郎……と代々、当主には「源」の文字が付いている。

その家系図によると、俺は一五代目の当主になるはずだったわけで、周囲からは家を守ることを望まれていた。

だが、俺は田舎にとどまらなかった。思いもかけず相撲取りになることになって一三歳で上京し、それからは常に、

「こんなはずじゃない!」

とアクセルを踏む流転の人生だった。六六歳になった今も相撲、プロレスに次ぐ第三の人生を模索している俺がいる。

そんな兄を持った弟の裕彦は、東京の大学に行きたい希望を持っていたが、あとを任されてちゃんと嶋田家を継いで守ってくれている。妹の冨美子はいい旦那と巡り合って結婚し、三人の子供に恵まれて幸せな生活を送っている。みんなが揃う機会はたまにしかないが、それぞれにいい歳の取

り方をしていると思う。

物心ついて七、八年で東京に出てしまった俺だから、故郷の記憶はほとんどない。

幼い頃……そう即座に思い出すのは、お袋のおっぱいを吸っている時のヤニの匂いだ。お袋のおっぱいと親父が栽培していた葉煙草の匂いというのが、なぜか強烈な印象として残っている。

子供の頃の俺は、必死になって遊ぶことを探していた。

「子守りをするから」

と言って、よく幼い弟を連れ出した。実際は弟をほったらかしにして、ドッジボール、ソフトボール、夏には家の前の九頭竜川で泳いだり、スイカを盗みに行き、冬になるとスキーやスケート……とにかく遊ぶことが楽しくて仕方がなかった。

初恋は……いつもウチの前を通って同じ小学校に通っているコに恋心を抱いたことがあるが、誰かに告白するようなことはなかった。

(あのコは可愛いよなあ)

というような他愛もないものだった。親父が厳しかったから、女の子のことを口にすることもなかったし、デートするような時代でもなければ、デートするような場所もないような田舎だった。

体は子供の頃から大きかった。夏祭りの村相撲では小学校四年から六年まで一度も負けたことがなかった。ウチは家系的にみんな大きいが、とにかく食べてばかりいたのは覚えている。おばあちゃんがニワトリを飼っていたし、農家だから米は十分にある。中学の頃は、一日五食は食べていて、当時で既に一八〇センチ、七〇キロぐらいはあったはずだ。

大人になってから中学校二年生の時の同窓会でみんなが集まった時、

「あんたにはよくいじめられたね」

と言う奴がいっぱいいいたからビックリした。俺はコミュニケーションのつもりで、「おい、元気かよ!?」と肩や背中を叩いていただけなのに、体が大きくて力が強かったからか、みんなはいじめられたと思っていたようだ。

仲間意識のつもりのスキンシップがいじめとは……それを二十数年経ってから言われたのは結構ショックだった。

体が大きいから、何かスポーツの大会があれば、すぐに助っ人として駆り出された。

野球では体が大きいからファーストかキャッチャーだった。大会の入場の旗手なんていうのもやったことがあった。中学生の時には、技術的なことは何も知らなかったが、クソ力だけで砲丸投げをやったら、それが勝山の記録を更新したらしい。

中学に入って最初に入ったのは野球部だ。福井は日本テレビ系が強くて、圧倒的に巨人戦の放送が多かった。俺たちの世代が憧れたのは王貞治さん、長嶋茂雄さんだが、俺はウォーリー与那嶺さん、外野手の国松彰さんも好きだった。

「野球がやりたいからバットとグローブを買ってくれ」

そう親父に言ったら、

「そんな遊びに金なんか使えるか！」

と怒鳴られたことがあった。そんな時にお袋は、

「ちょっと余裕があるんだったら、買ってあげれば？」

と、いつも俺の味方をしてくれる優しい人だった。お袋は現在八四歳だ。そう言えばつい先日、元プロ野球選手が覚せい剤所持で逮捕された時も、

「あんちゃんは大丈夫だろうね？」

なんて心配して連絡をくれた。お袋にとっては、還暦を過ぎた俺でも、いつまでも子供なのだろう。

いざ野球部に入ると、練習で帰りが遅くなって農家の手伝いができなくなり、

「そんなもの、辞めてしまえ！」

親父にはよく怒鳴られた。その頃の親父は、まだ三〇代の若さで血気盛ん。草相撲でならし、一八〇センチぐらいのガッシリした体格の持ち主だったから、それだけで単純に怖かった。学校の成績にもうるさかったし、行儀にもうるさかった。とにかく家の中では超ワンマンで自分勝手。口答えなんてもってのほかで、ロクに会話をした記憶もない。

実際、小学生の低学年の頃からよく農業を手伝わされた。家を手伝うのが嫌だった、というわけではない。ただ、遊びたくて仕方がなかった。だから普通の子供と違って土曜日や日曜日に雨が降ると、がっかりするのではなく逆に、「手伝わなくて済むな」などとホッとしたものだ。

「こんな大きな息子さんがいて、いい働き手ですね」

「体が大きい分だけ、よく働きますね」

そんな近所の人の何気ない言葉が俺の気分を暗くさせた。遊んでいることに後ろめたさを感じて

しまうのだ。「ザルを被れば小さくなる」と聞いて、本気でザルを被ったこともあった。それくらい大きな体はコンプレックスだった。

結局、野球部はすぐに辞める破目になってしまった。入部して二～三カ月後に相撲大会があるということで駆り出されて、相撲の練習に専念していた間に野球部は退部になってしまったのだ。

俺は左投げだったから、中日ドラゴンズの山本昌さんのように五〇歳までやれたのかなと考えると、野球をやめたのはもったいなかったかなと思ったりもする。

でも真面目な話、野球選手になりたいとか、映画スターになりたいとか、相撲取りになりたいと思ったことはなかった。

「源一郎は大人になったら、何になりたいの？」

何歳の時だったかは忘れたが、お袋にそう聞かれたことがある。

「高校出たら、大阪に行って、お米屋さんになりたい」

俺はそう答えた。

子供にしては夢がないし、現実的でかわいげがないが、俺は漠然と、いずれ大阪に出て、米問屋に勤めようと考えていた。別に家は貧乏ではなかったけど、農業をやっているお袋が凄く苦労しているように見えた。それに普通のサラリーマンの家だったら、夜七時頃になるとパッと窓に明かりが灯るが、ウチはちょっと忙しくなると八時頃まで誰も帰って来なくて、随分寂しい思いをしたものだ。

（作るより、売る方がいいだろう）

5歳のとき、祖母と妹とともに。

嶋田家の家族写真。左から母、中学生時代の天龍、妹、父、弟、祖父、祖母。

そんな思いだったのだろう。あるいは親父から逃げ出すために大阪に行くという発想が生まれたのかもしれない。

しかし俺は米問屋にはならなかった。

相撲部屋のスカウト

六三年五月……中学二年生になったばかりの時、俺の人生を大きく変える出会いがあった。

それはちょっとしたキッカケだった。

ある日、近所の床屋に行った親父が、床屋の主人と見知らぬ男の喋り声を聞いた。

「この辺に大きな子供がいませんかねぇ?」

「そうだねぇ」

親父はその会話に割って入った。

「おう、俺の息子はデカイよ。そうだなぁ、一八〇センチぐらいあるんじゃないかなぁ」

そんなことがあってから、ある日、学校から帰ると、見たことがない男がいた。田舎だと、近所の人の顔はほとんどみんな知っているのに、見たこともない男が俺の体をナメ回すように見ている。

そんな奇妙なことが三、四回あった。その男は二所ノ関部屋のスカウトマンだったのだ。

夏休みに入ってすぐに、突然、親父が言った。

「お前、相撲に興味あるか?」

親父とは場所が始まると、一緒にテレビの相撲中継を観ていた。それが怖い親父との唯一の接点だったと言ってもいい。だから、もちろん興味はある。

「だったら、夏休みに相撲部屋にでも遊びに行ってくるか？」

少し驚いたが、俺にしてみれば興味をそそられる話だった。宿題をやらなくていいし、親父のうるさい目はないし、東京にも行ける。親父にしてみれば、夏休みにどこにも連れて行かなくていいし、ちょっとした人生経験にいいだろうって感じだったのだろう。ほんの四、五分で話は決まった。

初めての東京、一三歳の俺の胸は高鳴った。だが、東京という街以上に、相撲自体に強く強く惹き付けられた。東京に行って、俺はすっかり相撲の虜になってしまった。

俺が行った二所ノ関部屋は、テレビで何度も観ていた横綱・大鵬がいる名門だ。この時は横綱を見ることはなかったが、

（ここで横綱・大鵬が稽古しているのか）

と思って感動したものだ。何しろ「巨人、大鵬、卵焼き」の大鵬である。それに何といっても一五、一六歳の奴がゴロゴロいて、仲間がいっぱいいるという感覚が嬉しかった。その仲間が相撲をやりながら勝った負けたで鎬《しのぎ》を削っているのだ。

それまで自分でも気付かなかったが、勝負の世界に憧れている自分を強く感じた。「勝ちたい」と強く欲している自分を感じたのは、これが最初だったかもしれない。

それに上の人たちは巡業に出ていたから朝九時半頃に起きて、一一時ぐらいで練習が終わり、夜は浅草、錦糸町……と東京見物。錦糸町には、今は江東楽天地と名称を変えている江東劇場をはじめとする映画街があり、天然温泉会館やダービービル、そして勝山とは大違いの娯楽街が広がって

いた。これは楽しくてしょうがない。

そんな楽しい日々を何日か過ごした後のある日、急に夜中の三時半ぐらいに起こされた。巡業に出ていた上の人たちが帰ってきたのだ。

「起きろ！　ホラ、稽古だ！」

と部屋に怒声が響く。訳もわからずに廻しを付けさせられた。でも、

（そうそう、これが相撲社会なんだよな）

と思ったぐらいで一つも苦にならなかった。ふと横を見ると同じ歳ぐらいの奴が眠そうに目をこすりながら廻しを付けている。

（こんな奴に負けてたまるか！）

そう思って一生懸命、練習したのを思い出す。

とにかく相撲社会のすべてが俺にハマッた。

「あんちゃん、ご飯は最後に食うんだよ」

「風呂は、お前が最後に入るんだから」

しきたりも教え込まれたが、何の抵抗も感じなかった。

練習が終わって、泥まみれのまま、便器に手を突っ込んで便所掃除をしたり、浴衣を着て、電車に乗って買い出しに行くのも全然嫌じゃなかった。髪を結うための鬢付け油のムッとする匂いも、

（こんなもんだな）

と気にならない。完全に相撲が肌に合ってしまったのだ。

強さへの憧れ

一三歳の俺は思った。

（よし、中学を卒業して相撲界に入ろう。このまま帰らないで、部屋に住んじゃおう！）

そう決意した俺だが、当然、両親は大反対だ。

「何、馬鹿なこと言ってるんだ！　長男がそんなことできるわけないだろう。とりあえず、学校の手続きがあるから帰って来い！」

と電話があって、

（そうだよなあ、学校の手続きするのに帰らなきゃいけないよなあ）

と妙に納得して福井に戻った。ところが、

「お前を相撲なんかにいかせるわけないだろう。何考えてんだ、馬鹿野郎！」

帰った途端に、親父から大目玉だ。俺にしてみれば、

（自分が相撲部屋に遊びに行ってこいと言ったくせに、今さら何言ってんだよ）

という感じだったが、今にして思えば親父の気持ちもわからないではない。

親父は農業をやりながら葉煙草の栽培をやっていたが、その技術を買われて、日本専売公社にヘッドハンティングされた。ところがいろいろ事情があって、あまり学歴がなかったから、ある時点になると、後から入ってきた若い人たちにドンドン追い越されてしまう。だから長男の俺には、ちゃんと大学を出て、堅い職業に就いてほしかったんだと思う。

二学期が始まってからも、俺の心は完全に相撲に傾いていた。地元で、中学三年生とか高校生とかと相撲を取っても負けないのが無性に嬉しかった。相撲部屋で三週間、稽古した成果である。

相撲部屋に遊びに行った時、

「お前、やってみろよ」

と声をかけられた。四年も五年もやっていて、やっと序二段しかいってない奴だ。

(なーに、こんなのに負けるわけねぇや)

俺も村相撲でならしていたから、自信はある。ところが、まったく歯が立たなかった。

「のこった!」

声がかかった瞬間に、もう羽目板まで持っていかれている。その人の胸に鼻クソをつけることもできない。強烈なショックを受けた。だが、それは未知なる強さに対しての新鮮な衝撃だった。俺の中で強さに対する欲求が芽生えた。

それでも三週間、グシャグシャに揉まれて帰ってきたら、田舎では誰にも負けない。

(こんなにも田舎の奴って弱かったのか。やっぱり東京へ行って相撲取りになりたい!)

俺はますます意を強くした。

そんな思いを抱きながら迎えた冬休みに入って、すぐのことだった。二所ノ関部屋の人がスカウトにやって来たのだ。

もう、嬉しくて仕方がなかったのだが、俺に口を挟む余地はなかった。親父と、その人が話をしている間、俺は友達の家に行かされた。

六三年一二月一五日……この日、俺は友達の家のラジオで、力道山が刺されて死亡したことを知ったのだった。

ここで「力道山の死を知って、相撲入りを決意した」とでも言えば、話はドラマチックになるのかもしれない。だが、そんなにうまくはできていない。その時は、大して何とも思わなかった。

(へぇーっ、あの力道山が死んだんだ)

ぐらいのものだった。

しかし、今振り返ると力道山とは何か不思議な縁を感じざるを得ない。

力道山が相撲を廃業した一九五〇年に生を受け、力道山が亡くなった六三年に同じ二所ノ関部屋に入り、九七年の『格闘技生活三〇周年興行』は力道山の命日だった。二〇一一年の命日に力道山の墓前で腰部・胸部脊柱管狭窄症の手術の成功と必ずやリングに戻ることを誓ったことも忘れられない思い出だ。

話を五三年前の命日に戻そう。友達の家から帰ると、親父の態度が少し変わっていた。

「絶対に相撲になんか行かせねぇぞ」

ではなく、

「お前はどうしたいんだ!?」

と聞いてくる。

当時は家電ブームが沸き起こり、日本が高度経済成長期に入った時期。高校、大学への進学率も年々高まっていたから、相撲界では体の大きい中学卒業者を〝金の卵〟と呼んでいた。スカウトの人も、かなり熱心に親父を説得したことだろう。

俺は親父に答えた。

「相撲に行きます！」

それでも、親父も往生際が悪い。

「行かなかったら大福を買ってやるぞ」

「高校に行ったらバイクを買ってやるから」

などと、オイシイ言葉を投げかけてくる。結局、お袋が、

「本人が決めたんだから、そんなこと言ったって仕方ないでしょう」

と親父をたしなめてくれて、俺の相撲入りは決まった。

親父は、ちょっと困った顔をしながら、もう一度言った。

「本当に行くんだな」

「はい」

きっぱり俺が答えると、もうそれ以上は何も言わなかった。

学歴社会で散々、苦しんだ親父だ。俺が中学も卒業していないのに相撲の世界へ飛び込んで、もしモノにならなかったとしたら将来はどうなる……そう心配してくれて反対したんだと思う。

でも、反対はしたが、親父は自分の叶えられなかった夢を俺に託したところもあったのではないか……と後になって気付いた。

親父は草相撲で近隣に敵無しだったし、若い頃には相撲取りになる夢を持っていたという。しか

し、独りっ子で家督を継がなければならなかったために夢を断念した。だからこそ長男である俺を東京に出してくれたんだと思っている。

旅立ちのとき

二所ノ関部屋に入ることが決まってから急に俺の周辺は慌ただしくなった。

地元の新聞社やテレビ局へ挨拶回りに行くわけだが、デカデカと写真付きで新聞の記事になったり、福井放送の社長が、

「頑張れよ」

と、ポンと五万円をくれたりした。

映画の入場料が三五〇円、コーヒー一杯八〇円の頃だ。その当時の五万円は今だったら三〇万円ぐらいになるだろう。

「こりゃ、もう後戻りできない。ちょっとやそっとじゃ帰ってこれないな」

さすがに子供心にプレッシャーを感じたものだ。

出発の日は、一二月二八日と決まった。

年明けを待たずに東京へ行くことは、俺自身で決めた。相撲で頑張ると決まってからは、もう一日も早く、稽古がしたかった。

それでも出発の日が一日、一日と近づくにつれて、親父、お袋の表情が凄く寂しそうになっていく。何かと気を遣って優しく接してくれる。間がもたないのか口数も増える。俺自身も寂しさを感

二所ノ関部屋に入門するため上京する際、多くの人が激励に来てくれた。

じていないわけではなかった。

出発前日には、こんなこともあった。

「みんなで飯を食うから、お前の好きなものを買ってこい」

親父がそう言って、一〇〇〇円札を一〇枚くれた。俺は急いで買い出しに出掛けた。帰って来ると、親父とお袋の視線は俺が抱えている紙袋に集まっている。

「何だ、何買ってきた、好きな物って？」

親父は待ち切れないとばかりに、俺から取り上げて袋を開けた、そして呆れ顔になった。

「何だよ、これ。いくら好きな物だからって……他にも、いろいろあるだろう」

俺は一〇〇〇円分のアジのフライを買って来たのだった。

「いや、でも、これが一番好きだから」

俺の出発前日の嶋田家の夕食は、アジのフライになった。


福井を発つ一二月二八日。

「頑張って来いよ！」「負けるなよ！」「頑張りなさい」「頑張ってね」

多くの人から激励の言葉をもらった。

お袋は朝からずっと涙声だった。お袋の〝くじけちゃいけない〟という悔し涙は見たことがあったが、ホロリとくる涙を見たのは、この日が初めてだった。

あの怖くてしょうがなかった親父も涙目になっている。

親父の涙を見た時、俺は初めて、自分が凄く悪いことをやっているみたいな気持ちになった。

「これから相撲取りとして精いっぱい頑張るんだ！」と大きな希望を持っているのに、無性に悲しくなった。

車窓の向こうでは、誰もが手を振ってくれていた。でも俺は、手を振り返しはしなかった。そんなことはできなかった、溢れ出んとする涙を隠すのに必死だったのだ。

「人さらいと間違えられちゃうよ、困るなぁ」

二所ノ関部屋からの迎えの人が、顔をしかめている。

列車が動き始めると、俺が思いっきり泣いたからだ。泣いて泣いて、上野までの車中を泣き続けた。

俺の長い、長い格闘技人生は、涙でスタートした――。

第二章 青春

1964
-
1976

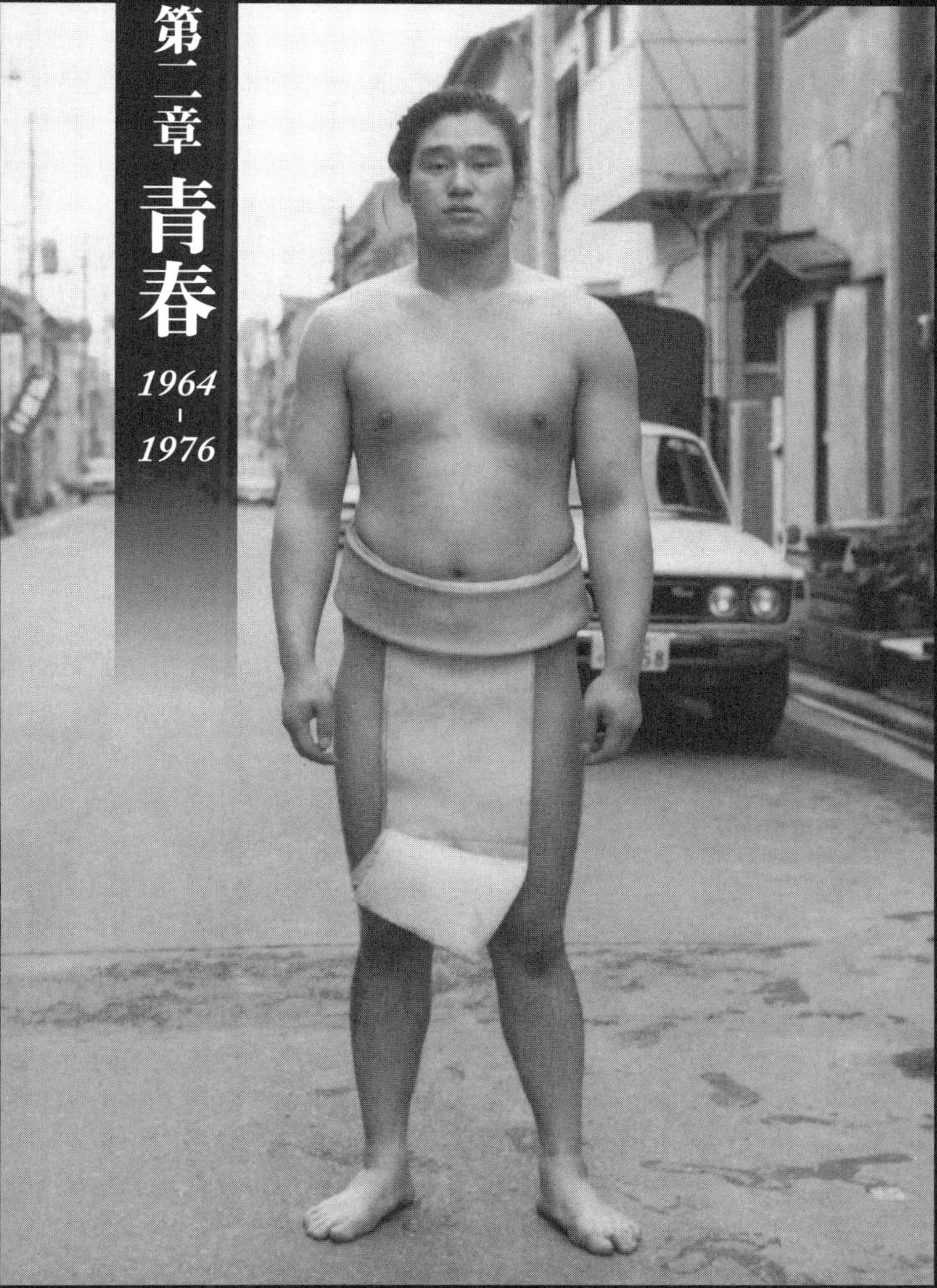

1963年に二所ノ関部屋に入門。
長きに渡る格闘技生活をスタートさせた。

強烈だった相撲部屋生活

一九六四年の正月を俺は東京・両国の二所ノ関部屋で迎えた。いよいよ新生活のスタートである。

相撲部屋の元旦は神聖なものだ。いろいろな儀式があるのだが、まず全員が並んで親方に挨拶。そして横綱の大鵬さんに挨拶する。お年玉も貰って、お屠蘇を飲んで、挨拶回りのある人は出かけて……といった具合いで、慌ただしいようなのんびりしているような一日が過ぎていった。

二日から稽古が始まり、六日から中学二年生の三学期が始まって、勝山北部中学校から両国中学に編入になった。翌七日には相撲の新弟子検査に無事合格。身長一八二・五センチ、体重八四キロで堂々の合格だ。ここから相撲と中学通いの変則的な生活が始まった。

新弟子検査に合格して、すぐに一月場所で初土俵を踏んだ。前相撲で二番連続して勝った。四勝したら三月の大阪場所から序ノ口に上がる資格を得るのだが、この後がなかなか勝てなかった。

「嶋田だったら一番出世か二番出世だよ」

と周囲から言われていただけに、本当に腹が立った。

確か七〇~八〇人いた中でケツが両国中学の同級生の双津竜、ケツから二番目が俺で、

「この場所で上がれなきゃ、お前、もう終わりだよ」

そんなことを兄弟子に言われて、蔵前国技館に向かう道で、

「いやあ、僕も今日で勝って出世できなかったら相撲辞めますよ!」

なんて平気で言っていて、兄弟子に、

「お前、入ってきたばっかりなんだから、そんなに腐るなよ」

と、たしなめられたのを覚えている。

もう、この当時から〝北向き天龍〟の面目躍如だ。

〝北向き〟とは相撲界の隠語で変わり者、すねっぽい人のことを言う。俺は相撲でもプロレスでも〝北向き天龍〟と呼ばれたものだ。

まあ、俺の場合、何かがあると遮二無二ガガーッといくか、開き直ってしまうか、両極端に出てしまう。北向きな発言をして、自分自身にプレッシャーをかけてやっていくというのが俺の昔からの性格かもしれない。

結局は最後に勝って二番出世。三月場所には西序ノ口二二枚目で土俵に上がった。

不思議なのは、何十人もいたはずなのに、後に幕内に上がれたのは俺と双津竜だけだったことだ。

相撲部屋の生活と学業の両立は、きつかった。稽古が朝の三時半から始まって、六時半から七時半まで掃除。それから風呂に入るわけだが、新弟子のために風呂なんか沸かしてくれない、水をかぶるわけだ。

しかも風呂場でジャージャーかぶると、稽古している人にうるさいからというので屋上の吹きっさらしの所へ行って、洗濯場で水をためて、水道の水を一気にバーッとかぶらなければならない。

真冬の一月……それも今のように暖冬ではない。その二年前には日本列島を大寒波が襲ったこともあり、あの頃は東京でも大雪がよく降り、物凄く寒かった。

北風が間断なく吹きぬける中、意を決して水をかぶると、

「ウワアー‼」

思わず悲鳴のような声が出る。

オーバーな表現でなく、最初の一浴びは口から心臓が飛び出そうなくらいの冷たさで、体はガチン、ガチン。手はかじかんで、桶をポロッと手から落としてしまう。

それでも気合いで水をかぶり続けていると湯気がポッポッと出て、ブワーッと汗が出てパンツ一丁でも暑いぐらいになる。

(人間の体は頑丈なんだなあ)

と変に感心したものだ。

それが終わると朝飯。前の晩の残りの冷や飯とたくあんとお茶しか出ない。それも座って食べると、

「この野郎、上の人が稽古してるのに!」

とゲンコツが飛んでくるから、立ったままで、お茶をぶっかけて、胃にかきこんで、学生服を着てバタバタと登校だ。

授業が終わると大急ぎで下校して四時から掃除。これに間に合わないと兄弟子がバットを持って待っていて、力いっぱい殴りつけられるから俺も必死だ。

ガキの分際で、当時八〇円か一〇〇円の身銭を切って1メーターでもタクシーに乗って、何とか四時までに帰っていた。

ただし部屋のまん前までタクシーで乗りつけると、

「この野郎、ガキのクセに生意気だ！」と、これまたバットが待っているから、近くで降りて、あとは歩くか走る……これも生活の知恵というやつだ。

「オーイ」「てめえ、この野郎！」

部屋に帰った後は、そんな風に一日中、こき使われる。「無理ヘンにゲンコツと書いて兄弟子と読む」とは、よく言ったものだ。

飯を食べるのにも技術がいる。おかずは焼き魚と味噌汁とたくあんだけだから、魚の片面で三杯食べる、裏面でも三杯食べて、たくあんで二杯、味噌汁でもう一杯……。

俺は、すぐにホームシックにかかった。図体はデカくても、やっぱり一三歳の子供だ。どうしても田舎にいた時のことを思い出す。

稽古を終えて夕御飯を食べ終えると夜の八時半頃。その後に少し自由時間がある。俺はいつも吹きっさらしの屋上に上がった。

「親父とお袋は、何してんのかなあ。冨美子や裕彦は元気かなあ」

街を見下ろしながら、ひとりでそんなことを考えていると寂しくなって涙が込み上げてきた。今は中学生が卒業を待たずに相撲部屋に入門することはない。だが、あの頃は、俺と同じようにホームシックにかかって泣いていた者も多かったんだと思う。

本当に、あの頃の生活は、俺の中に強烈な印象を残している。鍛えられたなっていうのが実感だ。

食べなかった弁当

相撲部屋という厳しい環境にいながらも中学二、三年生といえば思春期。俺だって女の子の目が気になる。だから昼飯の時間は嫌だった。

両国中学は、給食ではなくて弁当だった。

「嶋田クン、どんなお弁当なの？」

そんな感じで女の子が覗いてくる。

彼女に別に悪気はないのだろうが、俺は恥ずかしくてパッと隠す。みんなの弁当はタコ足のウインナーとか、ウサギの形のリンゴとか、親の愛情がタップリと感じられる弁当なのだ。

俺のは、というと……ドカ弁。つまり、大きな弁当箱いっぱいに飯を詰めて、その上に前の日の残りのメンチカツか何かをペロンと乗せて、バターンとフタをしめたやつだ。

何の盛りつけもないドカ弁。パッとフタを開けるとメンチカツ一枚だけがあるとか、たくあんだけとか、のりだけとか。

田舎から東京の学校に編入してきたこともあって、一三歳の俺には、これがたまらなく恥ずかしかった。よく同級生の弁当を買っていたことを思い出す。

しかし持っていった弁当を食べずに持って帰ると大変なことになる。

「てめぇ、この野郎、おかみさんが作ってくれたのに残しやがって！」

またまた兄弟子のバットや棒が唸りを上げて飛んで来るのだ。

だから、学校の帰りに弁当箱の中身を公園のトイレに捨てて、涼しい顔をして、

「ごちそうさまでした！」

とデッカイ弁当箱を持って帰っていた。

また、こんなこともあった。

両国中学は有名な進学校だった。それまでは相撲の新弟子には門戸を閉ざし、新弟子たちは竪川中学に通っていたのだが、俺たちはテスト・ケースとして初めて編入が認められた学年だったのだ。

最初の日に先生から言われた。

「お相撲さんは大学まで進む気はないでしょう。授業中に眠ってもいいから、周りに迷惑をかけないように、イビキだけは、かかないでください」

そして本読みの順番さえ飛ばされる。中にはテストでも堂々と白紙で出す新弟子もいたが、俺はカチンときていた。そんな風に差別されるのは嫌だった。ムクムクと持ち前の反骨精神が頭をもたげた。

その時は高校に行きたいという向学心もあったし、自分が潰れてしまうのが嫌だからコッソリと通信教育の過程を取った。勉強してテストをして送り、また返事が来るというやつだ。

朝は三時半から稽古だから、一時間前の二時半頃に起きて勉強をする。それが日課になりつつあった。だが、ある時、通信教育のテストをしているところを兄弟子に見つかってしまった。

「この野郎、相撲取りがこんなことやって、どうするんだ！」

ブン殴られて、本を捨てられた。物凄く悔しかった。

（絶対に、こいつよりも番付で上に行ってやる！）

そう俺は心に誓った。

俺は相撲取りだ！

いろいろ悩んだ中学時代だったが、それでも反面で〝俺は相撲取りだ！〟という意識は過剰なぐらいにあったことも確かだ。

大鵬さんが飯を食う時、給仕していたら、初めて声をかけられた。

「おい、あんちゃん、幾つなんだ？」

「ハイ、一三歳です！」

「オッ、一三歳か」

「ハイ！」

「そうか……。お前、背は幾つあるんだ」

「ハイ、一八二センチあります」

「おおっ、いいなあ。ウーン。お前、頑張れよ！」

たったこれだけの会話だったが、俺にとっては、たまらなく嬉しかった。子供の頃からの〝体がデカイ〟というコンプレックスが一気に吹っ飛んだのは、この時だ。

（ああ、そうか。この相撲社会じゃあ、体がデカイのが財産なんだ！）

と改めて思い、ここから俺は胸を張って歩くようになったんだと思う。

（俺は相撲取りなんだ。素人にナメられちゃいけない！）

中学生の俺に、そんな意識がしっかりと芽生えたのである。

そんな感じだから、ハッキリ言えば中学時代の俺はバンカラだった。ボサボサのままの頭に学生服、素足に下駄を履いて学校に通っていた。

田舎では、ちゃんと靴を履いて通学していたクセに、東京にきてからは真冬に雪とかみぞれが降っていても、素足に下駄。

（俺は相撲取りだから、これでいいんだ！）

そう思い胸を張って下駄で通学し続けたものだ。

とにかく突っ張ってなきゃ、気が済まなかった。体育や音楽の授業は、

「何で相撲取りがこんな女々しいことをやんなきゃいけないんだ！」

そう言って、すべて欠席。

ウチの部屋は特に「相撲取りは、こうあるべきだ」という風潮が強く、そこで叩き込まれた意識が物凄くある。

例えば、あの頃にちょっと流行ったジャージを履くとか、洋服を着るようなことも一切、しなかった。相撲取りは浴衣に下駄履きというのが徹底していたのだ。

今、考えると、よく中学を卒業できたものだと思う。

「先生、大阪場所に行ってきます」

「ハイッ、嶋田君が大阪場所に行くから、みなさんで健闘を祈って拍手しましょう」

「ワーッ！」

「ありがとうございます」

という感じで、地方場所に行ったりするから、実際には何カ月勉強していたのかわかったものではない。先生が出席日数をかなり操作してくれていたのだと思う。

卒業式にしても大阪場所に行っていて、出席できなかった。職員室で五人ぐらいで卒業証書を手渡されただけだった。

だから学生時代の思い出といっても、小学校の卒業式で歌った『蛍の光』と、田舎から東京に出てくる時の同級生との別れぐらいしかない。

刃物を持った奴と喧嘩

「一三歳でお相撲に入ったのなら〝大人の遊び〟も早く覚えたでしょう」

そんな風に、よく人に聞かれる。

確かに酒も飲まされたし、童貞を捨てたのも一四歳だったと思う。ただし自分の中では、そういう遊びは、ある程度になるまでは……と心に決めていた。

ところが、そうはいかない事情もある。これは言い訳でも何でもなくて、俺は中学三年になった時、すでに三段目まで上がっていた。そうすると、俺より歳は上でも序二段ぐらいの奴もいる。そいつが俺を誘うわけだ。

「一緒に×××に行きましょうよ！」

こうなると俺も一応、先輩だから「ちょっと……」とは言えなくなる。やっぱり見栄を張って、みんなで酒を飲んだりした。でも後悔したこともあったのが偽らざるところだ。

そして、相撲部屋の生活は気の抜けない戦いの場であった。

高校を卒業したばかりの一八歳ぐらいの奴が入ってきたりするが、そういうのに限って煙草を吸っていたりする。相撲では酒はよくても煙草は御法度だ。

その頃の俺は「相撲というのは、こうあるべきなんだ」というのを凄く強く持っていたから、一五歳でありながら一八歳の奴を呼び出したりもした。

「お前、煙草を吸ってるらしいな。煙草なんて吸いやがって、この野郎、十年早いぞ！」

怒鳴りながら平気でぶん殴っていた。

相撲に入ってくる奴なんて友達じゃない、そう思っていた。

「何、この野郎！」

「何だと、この野郎！」

毎日が、そんな感じだった。

福岡の炭坑出身の奴とか、荒くれ者の凄い奴らが多勢いた。一六歳の時には一九歳の奴が、

「てめぇ、嶋田、年下のクセに生意気だ、この野郎！　稽古場に来い！」

と出刃包丁を持って、喧嘩を売ってきた。

「出刃包丁を持った奴に来いって言われてノコノコついて行く馬鹿がどこにいるか、この野郎！

本当にビビってないなら、ここでやってみろ」

「何でここでやるんだ、てめえ、ぶっ刺すぞ、この野郎！」

「やれないんだったら言うな、この野郎！」

本当に、そんな騒ぎだった。で、みんなでワーッと布団をかけて、ボカスカにやっつけてやった。

とにかく、やっつけるんだったら、徹底的にやっつけなければいけない。そこからが勝負だ。相撲社会でもプロレス社会でも、先輩には頭が上がらないというのがあるが、その逆に下の奴になめられたら、おしまいなのだ。

二所ノ関部屋の稽古は〝二所の荒稽古〟と言われていた。

かつて〝土俵の鬼〟と呼ばれた初代・若乃花（のちの第六代日本相撲協会理事長）が脱走して、力道山関に連れ戻されたという有名なエピソードもあるくらいだが、俺には楽しくて楽しくて、仕方がない面もあった。

「この野郎、絶対にギャフンと言わせてやるぞ！」

と生意気な新弟子も、意地悪な兄弟子も、叩きつけることができたからだ。

「ざまあ見ろ、この野郎！」

そんな調子でやっていたから、俺の相撲の型は突っ張りが中心のものになったのかもしれない。

戦慄の〝かわいがり〟

ここで避けては通れないのが相撲特有の〝かわいがり〟の話だろう。

世間でも問題になった相撲の〝かわいがり〟とは本来、上位力士が下位力士を厳しい稽古で鍛えることを言う。下位力士が上位力士に稽古をつけてもらうのは〝あんま〟と呼ばれるが、これを上位力士から見て激しくやると〝かわいがる〟ことになる。

まあ、結局は、これで下の者が強くなっていくのだから〝かわいがる〟という言い方も一応は理屈が通っている。有望力士には特に強くするためにやる。普通の人なら二〇分のところを四〇分、一時間、二時間……俺も何回もやられた。

でも〝本当のかわいがり〟をやられたのは一六歳の時だった。忘れもしない根室。北海道巡業に出た時のことだ。釧路から根室へ移動する時、兄弟子に、

「大鵬さんの双眼鏡を忘れるなよ」

と言われたらしいのだが、それが聞こえなくて忘れてしまった。根室の旅館に着いて、

「てめえ、この野郎！　俺の言ったのを聞いてなかったのか⁉」

「いや、僕は聞いてないです！」

「何だと、聞いてないだと、お前は口応えする気か」

「でも、僕は聞いてないです」

「よし、お前は、明日、かわいがりだ！」

〝かわいがり〟という言葉が鼓膜に響いた瞬間、さすがに背筋がゾクっとした。

その当時のかわいがりは半端じゃなかった。

(冗談であってくれ……)

神様に祈るような気持ちとは、まさにこのことだ。

巡業に出ると二時半か三時に起きて、早めに場所を取って明け荷を解いて、原っぱに荷物を降ろす。それから稽古だ。七時になって稽古を上がったと思ったら、

「オーイ、嶋田、呼んでるぞ！」

俺としたら、

（ウワアー、来た）

という感じだ。

かわいがりを受けるのは俺と一九歳の奴の二人だった。空地に呼ばれて、

「そこで丸を描け！」

と怒鳴られた。

言われるままに土俵の丸を描くしかない。

「ここでやれ！」

そう命じられて、二人でぶつかり稽古だ。土俵の回りには角材を持った兄弟子が立っている。

「お前ら、いい加減にやってんじゃねぇぞ！」

と一時間以上のぶつかり稽古で、後ろからバシン、バシンと角材でブン殴られる。バシーンと殴られると角材がヘシ折れて、ガーンと蹴られて、ガバーッと肘打ちを食らわされる。ぶっ倒れると口の中に塩を突っ込まれる。切れた口の中が焼けるように熱く、息ができなくてハアハア言うと、今度はドテッ腹にパンチ……。もう本当に無事でいられたらいいなって感じだ。

最初のうちは叩かれると「痛っ！」となるが、最後の方は感覚がなくなってしまい〝ボン〟とか

〝ズシン〟とか叩いた衝撃がくるだけで、痛くも何ともない。

あとで触ったらケツは内出血してブョンブョンだし、頭からは血が出ていて、ちょっと触っただけで髪の毛がボロボロッと抜け落ちる。風呂には入れないから、水をかぶると、今度は血液が戻ってきて、もうズキズキして歩けたものではない。

当時は列車移動で、直角のイスだから、内出血しているケツで座ることなどとてもできない。立ったままというのが一週間以上も続いた。ケツが腫れて、むくんで、かっこの悪さは、この上ない。相撲に詳しいファンの人なら、パッと見ただけで、「あぁ、こいつ、かわいがり受けたな」とわかってしまうのだ。

その時、一緒にかわいがられた奴は、

「俺はとてもじゃないけど、スカすよ。お前も一緒に行くか?」

と言って、そのまま辞めてしまった。

でも俺はスカす気にはなれなかった。逆に「絶対、残ってやる!」と、なぜか強く思ったのを覚えている。

その時、初めて「これで俺は一人前の相撲取りになったんだな」と思った。

「よし、絶対に負けない! これ以上のものはないだろう!」

〝かわいがり〟に耐え抜いたことで、自信がついたのかもしれない。様々な嫌なことにも変に辛抱できるようになった。

「なめられたらそうはいかないよ。腕を一本ぐらい折られたって、そこからが俺の勝負だよ」

俺がよく、そう言うのは、そうした修羅場を若い時にくぐり抜けてきたからなのだ。

男の手本

大麒麟さんや大鵬さんには、普通の意味でも、かわいがってもらった。

福岡の中洲で飲んでいた時のことは忘れられない。、

「じゃあ、俺はこれで帰るから。嶋田、遊んで来い！」

大麒麟さんがそう言って、俺に向かって財布ごとポーン。俺も気持ちよく酔っていたから、

「ごっちゃんです！」

と気軽に受け取ったが、中身を見たら酔いが一気に吹っ飛んだ。何と一〇〇万円入っていたのだ。

（ここまで俺をかわいがってくれるのか）

と感激したが、さすがに使うことはできなかった。

大鵬さんもそうだった。地方巡業で雨が降って中止になった時に、

「今日は芸者を上げて、みんなでパーッといこう」

ということになった。

「よし、今日は相撲取りばかりだから無礼講だ！」

大鵬さんがみんなに小遣いをくれる。で、最後には財布をポーン。こうなると財布が気になって遊べやしなくて逆に損なこともあったりした。

俺が付いた人は、こんな豪快な人ばかりだった。

よく相撲取りは、何でも〝ごっちゃん〟だったり、〝男芸者〟なんて言われるが、俺はこうした影響を受けたためか、飲み食いには常に身銭を切ってきた。

性格とかキャラクター……ちょっと斜に構えて、チクリと風刺の利いたような口を叩くのは大麒麟さん、そして比喩的表現が面白かった大文字研二さんの影響が大きい。

大文字さんというのは俺とは逆のパターンで、プロレスから相撲に入って来た人だ。

柔道の山口利夫さんが大阪で主宰していた旧・全日本プロレス出身で、あの名レフェリーとして知られたジョー樋口さんの友達だった。

大文字さんは、ぶつかり稽古の時に相撲流とは違うスパーンと綺麗な受け身を取って、パッと立って、またぶつかっていく。プロレスから相撲に転向したと聞いて「なるほど！」と思ったものだ。

プロレスをやっていたためか、結構、ショーマンシップがあって、仕切り直しのたびに左腕を突き出して相手を睨むようなアクションもしていた。

プロレスから相撲に来たというのもあるだろうし、中村部屋から吸収合併されて二所ノ関部屋に来たということもあってか、ズケズケとモノを言う人だった。自分を持っている人で、大横綱の大鵬さんに対しても言いたいことを言うような感じで、自由奔放な生活をしているように俺には見えた。

（面白い人だな！）

と、勝手に影響を受けたことで、俺はこういう性格になって、ちょろちょろと遊びを覚えたのかもしれない。やることなすことが俺には粋に映った。

大鵬さんももちろんだが、大麒麟さんも大文字さんも、格好よくやろうとしていた。格好ばかりつけていたというのではない。周囲の目を常に気にしながら、男としての格好よさを放棄しない姿勢を貫いていたのだ。

相撲の世界で思春期を過ごした俺にとって、そうした人たちが〝男の手本〟だった。

夢の新十両

相撲取りは関取（十両以上）になると一人前と呼ばれるが、俺は結構、途中で足踏み状態が続いた。相撲時代のことは西暦よりも昭和の方がしっくりくるので、ここからは昭和表記にさせていただくが、昭和四一年（一九六六年）の一一月場所では自己最高の六勝一敗で西幕下四三枚目まで進んだ。

「よし、来年こそ十両入りだ！」

と心に誓ったが、昭和四二年（六七年）には何と五場所連続の負け越しで三段目まで陥落。十両昇進など夢の夢となってしまった。

再び幕下についたのは四三年（六八年）の九月場所だった。四四、四五年も十両昇進のチャンスを逃し、さすがの俺も、プレッシャーを強く感じていた。

すでに俺も成人して二〇歳。

一三歳で相撲の世界に入った時に、

「一〇年……二三歳までに関取になれなかったら駄目だろう」

青春を賭けた大相撲。通算
成績は748戦393勝355敗。

福井に帰郷した際に父と。

と考えていたことを思い起こすたびに、焦らずにはいられなくなっていた。

田舎の人たちは俺のこと〝郷土力士の星〟と呼んでいる。

（関取にならないと田舎には帰れないな……）

そんなプレッシャーが物凄くあった。

順調に出世しているうちは、遊びに来る人も多い。それが五年経ち、六年経ち、まだ幕下にいると、だんだん来る人が少なくなってくる。

こうなると、何か恥ずかしい気分になり、田舎に帰るのも億劫になってくる。しかも同年代の貴ノ花（現在の貴乃花親方の父）とか金剛が、相次いで十両に上がっていく。どうしても、負い目を感じずにはいられなかった。

それだけに、昭和四六年（七一年）の七月場所後にようやく新十両になった時は天にも昇るような気持ちだった。

俺の人生の中で、あの時の感激に勝るものはないと言っても過言ではない。

夢の新十両。二一歳の時だった。

十両に昇進したのを機に、親方から『天龍』という四股名を頂いた。ウチの親方（第八代・二所ノ関親方＝元・佐賀ノ花）は『大鵬』とか『麒麟児』からもわかるように動物を含んだ名前が物凄く好きで、『天龍』というのも、龍という想像上の動物が天を昇るんだから、凄い名前だ。

ただ最初に、この四股名を聞いた時には不謹慎な話だが、

（ラーメン屋かギョーザ屋みたいな名前だな）

と、何かピンと来なかった。

しかし、天龍というのは実に由緒ある名前だ。

初代の天竜三郎という人は、相撲界の改革を旗印に大勢の力士を誘って協会を脱退し、関西角力協会を興した文字通りの〝革命児〟だという。後年の俺を考えれば、ピッタリなわけだ。

そして元々は出羽海部屋の由緒ある名前だから、ライバル関係にある二所ノ関部屋の人間がそう簡単に名乗れるわけではない。ウチの親方は、俺が関取になったら、ずっと天龍と付けようと思っていたらしく、何回も出羽海部屋の足を運んで承諾を得たというのだ。

そんな経緯や由来を聞いて、

「これは汚せない名前だな」

と改めて気を引き締めた。自分自身の中で身分相応という「馴染んできたな」と感じたのは、二回目に十両に上がって、しばらくしてからだったと思う。

十両に上がった時は、本当に相撲取りになってよかったと心底思った。

番付発表の前の日までは、

「飯の用意はできたか？」「風呂は沸いたか？」

と自分で行っていたのが、発表のその日から、風呂場に行けば、部屋の若い者が石鹸つけて待っているし、部屋にいれば、

「食事の用意ができました！」

と呼びに来て、行ったらもう飯の支度がしてある。

飯にしても、焼魚と味噌汁、漬物、ご飯があったとしたら、以前はアジかサンマの焼いたヤツだったのが、鯛とかメバルとか、おいしい白身の魚の焼いたヤツに変わっている。味噌汁も具が多くなっている。

外に飲みに行けば「関取！」とチヤホヤされる。そう呼ばれるのが嬉しくて、毎晩のように飲み歩いていた。朝の五時に帰って、八時まで寝て、二時間ぐらい稽古。そのあと飯を食って、一一時から昼寝。そうすると四時頃になると必ず、

「関取、飲みに行きましょう！」

と誰からか声がかかるという毎日だった。

こんな生活をしていたら、相撲にいいはずがない。案の定、新十両で迎えた九月場所は、初日からいきなりの六連敗……六勝九敗の負け越しで、たった一場所だけで幕下に逆戻りしてしまった。

相撲人生の充実期

相撲の社会はシビアだ。

場所が終わり、番付発表までは関取待遇だったのが、東幕下二枚目と発表された瞬間から待遇がガラッと変わった。パッとみればおかずが二品、減っているのだ。

これには〝北向き天龍〟は腐った。

「相撲なんて、どうってことないよ！」

と、またまた飲み歩く毎日。

十両から転落したのは、自分の責任であり、待遇が変わることだって頭のなかでは理解している。しかし、一度腐ると、もうどうしようもなかった。

幕下二枚目となった一一月の九州場所も初日から四連敗だ。五勝ぐらいすれば十両に戻れるのだが、腐っているから、どうしても、すべてが投げやりになってしまう。

「ええい、どうにでもなれ！」

勝つことにこだわることができず負けっぱなしなのだ。

「天龍、そんなに腐らず頑張れよ！」

そう励ましてくれたのは、ある九州の後援者だった。

もう天龍も終わりだな、この辺が限界なんだろう……そんな嘲笑的な声しか聞こえない中で、その後援者は親身になって、俺を励ましてくれた。

人間、一度腐ると立ち直るのは容易ではない。だが、立ち上がらなければ、そこで終わってしまう。立ち上がるきっかけというのは必ずあるものだ。それを見落としてしまってはいけない。

「よし、この人のために、もう一回精進して来年の九州場所には関取として戻ってみせようじゃないか」

心に誓った俺は、その場所は負け越したものの、四連敗の後に三連勝。翌昭和四七年（七二年）の七月場所から十両に戻り、九州場所には東十両三枚目で土俵に上がることができた。そして、この九州場所後……昭和四八年（七三年）を幕内で迎えることができたのだ。

入幕すれば取組がテレビで全国中継される。しかも福井県出身で幕内までいったのは福ノ海に次いで一六年ぶり、昭和に入って二人目だ。

（これで胸を張って勝山に帰れるぞ！）

とニンマリしたものである。

九州は俺にとってゲンのいい土地だ。昭和四八年（七三年）、心に誓った通り、東前頭七枚目で関取として九州場所の土俵に上がった。

当時は関脇だった北の湖（のちの第九、一二代日本相撲協会理事長）にも勝ち、千秋楽を迎えた時点で九勝五敗の好成績。この場所は上位の人たちが大きく負け越していて、何と俺が三役揃い踏みに抜擢されたのである。

三役揃い踏みをやれるのは役力士（大関、関脇、小結）か前頭三枚目以上という暗黙の決まりがある。平幕の俺が抜擢されるのはあり得ないことだった。

さらに西の横綱・琴桜と対戦する予定だった東の横綱・輪島が前日の取り組みで指が裂けて欠場となり、俺が琴桜さんの相手に抜擢されたのである。千秋楽で横綱が平幕と対戦するのも有り得ないことだった。そしてこれが俺の横綱初挑戦だった。当然、勝てなかったが、九勝六敗の成績で明けた昭和四九年初場所で西前頭筆頭に昇進した。

相撲時代に一番嬉しかったのは、初めて関取になった時だが、

「相撲時代で一番楽しかった時は？」

と聞かれたら、俺は迷わず、

「昭和四八年一一月の九州場所！」

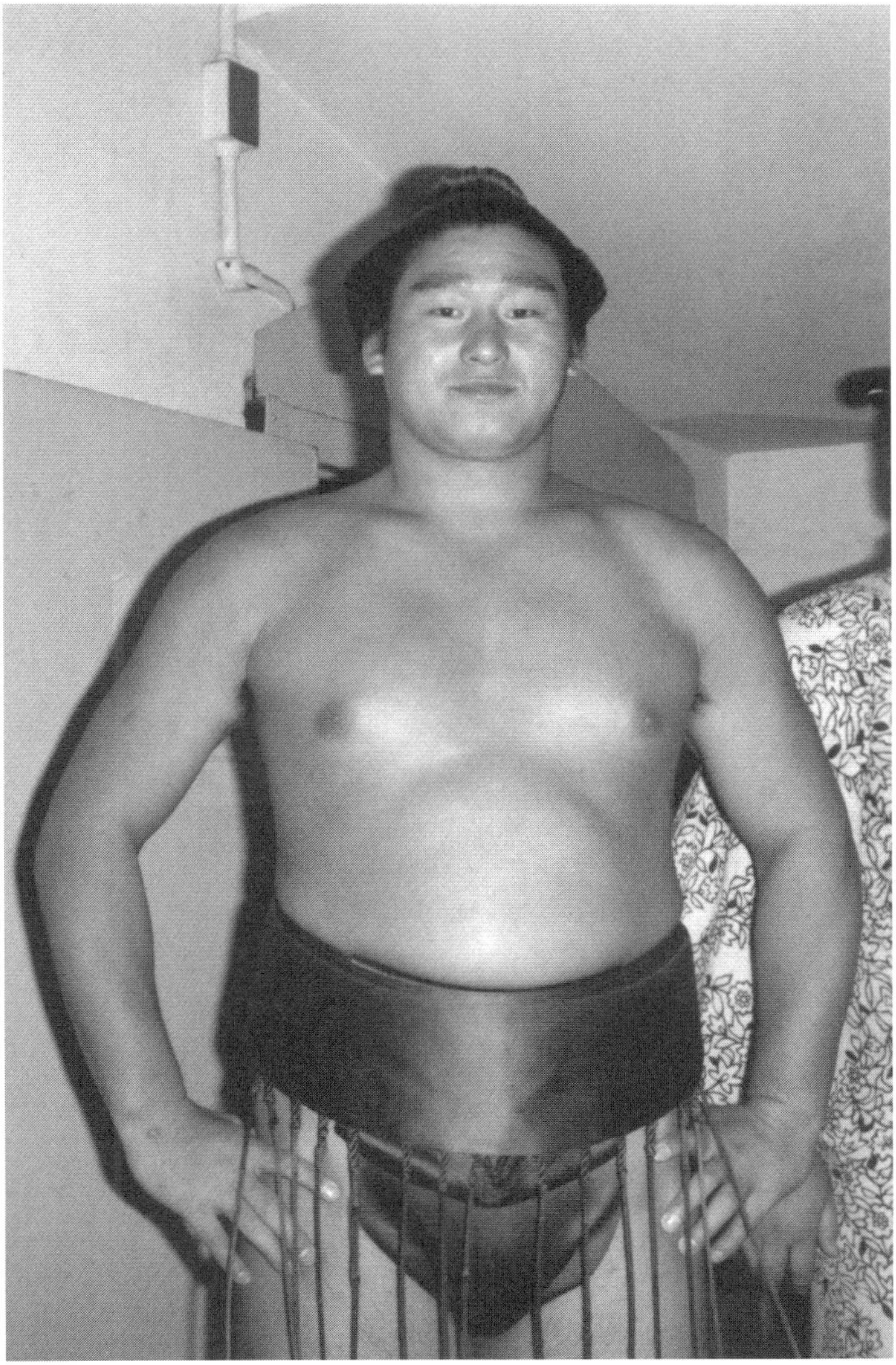

大相撲時代の雄姿。最高位は西前頭筆頭。

と答えるだろう。

前頭筆頭になった俺は横綱の輪島さん、北の富士さんと対戦できるポジションになって夢見心地というか地に足が着いていないような感じだった。初日に同じ二所一門（佐渡嶽部屋）の関脇・長谷川さんに勝ったものだから、調子に乗った俺がいた。

三勝四敗で迎えた八日目が先代の栃東との取組だった。栃東さんにはそれまで四勝一敗で合口がよかったから、

（これで四勝四敗か。後半戦が四勝三敗でも三役が見えるな！）

そう思ったが、結果は俺の負け。そして負け星が先行したら途端にやる気がなくなって、

「まあ、またチャンスがあった時に頑張ればいいや！」

と、自惚れた俺がいたが、二度と前頭筆頭に戻るチャンスはなかった。

（チャンスは、その時、モノにしないと二度とあるもんじゃないな）

後に痛切に感じたから、それがのちの〝LIVE FOR TODAY〟という生き方につながったんだと思う。

「今を一生懸命生きなきゃ、次はない！」

ということだ。

輪島と貴ノ花の印象

ここ何年か、若い女性の相撲ファンが増えて〝スー女〟が話題になっているが、俺が幕内でやれ

るようになった頃も輪島さんが横綱で、貴ノ花、増位山などの若い力士が上位になっていたから、若い女性ファンが増えていた時代だ。

俺にしても番付が上がってインタビューされるようになると、ファンレターがくるようになったし、天龍ファンの女学生が国技館に応援に来てキャーキャー言っていた。これでも俺は一応、美男力士と呼ばれていたのだ。

学生横綱から入ってきた輪島さんは、一般的なスポーツ選手のようにランニングをするなど、それまでにない練習方法を相撲に取り入れて非難を浴びたり、前髪が目に入るからとパーマをかけたりして散々言われていた。

だが、仙台巡業でのこと、新入幕の輪島さんと三番稽古をやった長谷川さんが、俺が付け人をやっていた大麒麟さんに、

「輪島って奴は強いよ、ナメたもんじゃないよ」

と言っているのを聞いて、俺の中に、

(輪島って強いんだ)

とインプットされたことを覚えている。長谷川さんは何年も関脇をキープしていた本当に強い力士だったからだ。

今でも覚えているのは、昭和四八年（七三年）の大阪場所。俺が前頭一〇枚目の時だ。横綱土俵入りを終えた輪島さんに、

「同じ北陸三県だから頑張れよ！」

とケツをポンポンと叩かれたのである。

(そんな風に思ってくれていたのか)

俺は急に親近感を覚えた。だから輪島さんがプロレスに来ることになった時に、輪島さんの後輩の石川敬士と、

「俺たちが輪島さんを守ってやらないといけないいな」

と話し合ったんだと思う。

俺が輪島さんと対戦したのは前頭筆頭の昭和四九年(七四年)一月場所の一回だけだった。もう、あっという間で相撲にならなかった。パッと立ち上がったら、サッと持っていかれた感じで、

(ああ、こんなもんかな)

と、何も考える余地もなかった。

貴ノ花は俺と同い年だった。彼が中学を卒業して相撲教習所に来た時、俺は三段目に上がっていたが、初めて稽古した時に足腰のバネが滅茶苦茶あった。大きくはなかったが、足の指に根っこが生えているような感じだった。

彼が一八歳で十両に上がった時に、俺は幕下から三段目に落ちた頃で、

(あの時、稽古したあいつがこんなに簡単に上がれるのに、上がれない俺は相撲の素質がないのかな?)

そんな風に一瞬、思った。いくら中学時代に水泳のバタフライで五輪候補選手になり、横綱・若乃花の末弟だとはいえ「何だ、この野郎は⁉」と思ったことを覚えている。

その頃から貴ノ花は生意気だった。相手が先輩の場合、番付に関係なくプライベートでは〝さんづけ〟で呼ぶものだが、貴ノ花は二年先輩の俺を「嶋田！」と、平気で呼び捨てにしていた。

しかし、後年、藤島親方になった貴ノ花が全日本プロレスの京都大会を観に来て、

「嶋田、元気？　頑張ってるねぇ」

と声を掛けてきた時には、何だか妙に嬉しいと感じてしまう情けない自分に苦笑いしたものだ。

それはともかくとして、輪島さんも貴ノ花も、俺が「こんなもんでいいだろう」と思っていたのよりも倍は稽古していた。

プロレスに入ってから一生懸命練習していたのは、相撲の時と同じ轍を踏みたくないという気持ちがどこかにあったからだと思う。天龍同盟時代に阿修羅・原と毎日のようにプロレスを突き詰めて話していたのも、その経験があったからだろう。

どこの巡業に行っても泥まみれになって稽古している貴ノ花を見て、

(ダサいな、お前！　適当でいいじゃない、相撲なんて)

という俺がいた。格好つけている俺がいた。だが、結果的には彼の方が上に行って、得るものを得たわけだから、俺の考えが間違っていたということだ。

本当に泥まみれになって、汗まみれになってやっていたら俺の相撲人生も変わっていたかもしれない。

二所ノ関騒動とプロレス界からの誘い

昭和五〇年（七五年）……俺の人生を大きく変える事件が起こった。

一般に〝二所ノ関騒動〟として知られる二所ノ関部屋の相続をめぐる部屋分裂騒動である。

この年の三月、親方が亡くなって、部屋の相続問題が起こった。当然、誰もが部屋頭の大麒麟さんが継承すると思っていた。ところが、おかみさんは金剛と娘さんの結婚を決めて、一転、部屋は金剛が継ぐことになってしまったのだ。

俺はもちろん尊敬する大麒麟さんを支持した。そして九月場所の前、独立を宣言した大麒麟さんと共に俺を含めて一六人の力士が部屋を飛び出した。

俺は昔から器用な方ではない。気分や体調といったものが、すべて表面に出てしまう。七月場所で十両優勝し、再入幕して迎えた九月場所は、千代の富士との初顔合わせに勝ったものの、六勝九敗の負け越しでまたまた十両に陥落してしまったのである。

一〇月に入って大麒麟さんの独立は認められ、押尾川部屋が設立されたが、相撲協会の裁定は無情にも、

「天龍以下、七人の力士は二所ノ関部屋に戻れ」

というものだった。先代の親方と縁故が深かった力士が二所ノ関部屋に戻されたのだ。

俺は先代の親方時代にスカウトされて入った人間だから二所ノ関に戻され、自分で入門してきた青葉城は押尾川部屋行きが認められた。相撲協会は自分たちと大麒麟さんの両方の面子が立つよう

に、力士をふたつに分けたのである。人の悩みや苦しみを無視して、体裁や体面を守る方向に動いた相撲協会に俺は釈然としなかった。

（もう、どうにでもなれ！）

苛立ちを押さえきれないままに迎えた一一月の九州場所で、俺はいきなりの六連敗。

（こうなったら一五連敗してやろう）

そんな風にすら思っていた。

六連敗目の夜、やりきれない気持ちで中洲の飲み屋に行った。そこで俺はある人に話しかけられた。

「おい天龍、お前、大麒麟さんが心配してたぞ。『天龍のことだから、また北向いて負けてるんだろ。そんなことしてちゃ駄目だ』ってな」

俺が腐って負けることで大麒麟さんも傷ついている。そう思うと、とても一五連敗してやろうなどという気持ちにはなれなくなっていた。

翌日から発奮して六連勝。結局、八勝七敗で勝ち越して昭和五一年（七六年）の一月場所で三度目の入幕となった。

だが、心の糸は完全にプツンと切れていた。一度、飛び出した以上は部屋にいてもしっくりいかなかった。

二所ノ関を出ていかなかった他の力士の稽古が終わった後、俺が稽古をしようとすると
「はい、稽古は終わり！」

と言われたり、激励会に俺だけ声がかからないなどの仕打ちがたびたびあった。

何もかもが嫌になって、稽古にも身が入らない。初場所は四勝一一敗で大きく負け越して、またまた十両に落ちた。

（もういいかな、この部屋は……）

そう思っていた頃、かつて東京タイムズの相撲記者で大鵬さんと仲が良く、その当時は筑波大学で講師をしていた森岡理右先生と接点が生まれた。森岡先生はジャイアント馬場さんのブレーンでもあった。

昭和五一年（七六年）四月、土浦巡業が終わり、青葉城と帰り支度をしていたところに森岡先生がひょっこり顔を出したのだ。

三人で上野まで帰ることになったが、その車中で今後の話なって、

「どうでもいいんですよ。相撲辞めてもいいんですよ」

と言ったら、

「じゃあ、プロレスラーになったらどうだ⁉　俺はジャイアント馬場と仲がいいから電話してやろうか？」

森岡先生が、思いがけない話をしてきたのである。

青葉城は「自分は不器用だから向いてませんよ」と、その場で断ったが、俺は、

（プロレスか……、プロレスも悪くないな。こんなもん、明日から行ったって、すぐにできるはずだ。それにプロレスだったら同じ格闘技だから、今まで応援してくれた人たちも、そのまま応援し

てくれるだろうし、応援しやすいんじゃないか）

今にして思えば、実に浅はかな考えだが、そんな気持ちが頭をもたげた。

実際にはそんなに甘いものではなく、プロレスに転向したら、それまで応援してくれた人は誰も振り向いてくれなかった。

後援会は解散になった。それまで個人的に応援してくれた人にプロレスのデビュー戦のチケットを送ったら、封も開けずにそのまま封筒に入って送り返されてきたこともあった。

相撲を辞めてプロレスに行くというのは、それくらい大変なことだったが、当時の俺にはそんなことはわからない。

（そうか、プロレスという道があったか……）

俺の人生は思いもしなかった方向に動き始めた。

興味がなかったプロレス

正直な話、それ以前はまったくプロレスに興味がなかった。

相撲取りにはプロレス好きが多いから、ファンの皆さんも後楽園ホールや国技館で、浴衣姿で観戦している若い衆を見かけるはずだ。

だが俺は「相撲取りは、こうあるべきだ！」という意識が強くあったから、若い衆がプロレスを観に行ったり、テレビで観ていたりするのを好ましく思っていなかった。

「ふざけやがって、この野郎！　お前ら、こんなの観てんじゃねえ！」

そんな感じだから、プロレス転向を意識する以前に会場まで足を運んで観戦したことは一度しかなかった。それは国際プロレスだった。

「仙台さんが出るから行こうよ！」

青葉城にこう誘われて日大講堂に観に行ったのだ。

仙台さんとは二所ノ関部屋の先輩力士だった仙台強さん。プロレスファンには大剛鉄之助さんと言った方がしっくりくるだろう。

幕下上位だったが、相撲を辞めてアントニオ猪木さんと豊登さんが設立した東京プロレスに行き、その後は国際プロレスで大剛鉄之助のリングネームで活躍した。

カナダで交通事故に遭って右足を切断する大怪我を負ったが、日本に外国人選手を送るブッカーになり、国際が倒産した後は新日本に選手を送ったり、天山広吉や小島聡など、新日本の有望選手を海外で鍛え上げた人物だ。

大剛さんは湊川部屋から吸収合併の形で二所ノ関部屋に来たから部屋に馴染めなかったのかもしれないが、負けん気が強くて、激しい性格の人だった。だからこそ小さい体で幕下上位まで行けたのだろう。

「俺は相撲の稽古よりも腕立て伏せとか、四股踏んでる方が好きだから、プロレスの方がいいのかな」

大剛さんがそう言っているのを聞いていて、まだ序二段ぐらいだった俺は、

（あとひと踏ん張りすれば十両に上がれるのに、変わった人だなあ）

といつも思っていた。

二所ノ関部屋は一階に親方の住居があって、二階は俺たち若い者が住んでいて、三階には関取衆と幕下上位が住んでいて、四階が稽古場になっていた。

相撲を辞め、プロレスに行って何年かしてから大剛さんが部屋に遊びに来たことがあったという。それも土足厳禁のコンクリートの階段を、ブーツを履いたまま三階まで上がって、同じ仙台出身ということで可愛がっていた青葉城にこれ見よがしにファイトマネーを見せびらかして、自慢して帰ったそうだ。

「仙台さん、滅茶苦茶、景気がいいんだよ！　札束ガッポリ持ってたよ！」

あとで青葉城から聞いて「やっぱり変わってるな」と思ったが、実は俺ものちにプロレスラーになってから同じようなことをやったから、とやかくは言えない。

まあ、そうした縁があって昭和四三年（六八年）一月三日、日大講堂における国際プロレスの試合を観に行った。

本場所で対戦したことがある寺西勇さんが、リングに上がる前に花道の奥で四股を踏んで気合を入れているのを見て、

「ああやっぱり相撲がルーツなんだなあ」

と、妙に親近感を覚えたものだ。考えてみれば、相撲からプロレスに転向した人が多くいたから、俺もプロレスに傾いたのかもしれない。

寺西さんは立浪部屋の出身。同じ立浪部屋では永源遙、ケンドー・ナガサキ（桜田一男）もプロ

レスに転向している。桜田は同期生で、初土俵も一緒、四股名は網走洋だった。

キラー・カーンは越錦（春日野部屋）という四股名だったし、ロッキー羽田は大厳威（花籠部屋）、石川敬士は大の海（同）だ。相撲時代には戦っていないが、木村健悟にしても宮野城部屋にいたし、大鵬部屋の新弟子だったジョージ高野とミスター・ポーゴには稽古をつけてやったのかもしれない。

だが、この初観戦でプロレスを凄いとは全然思わなかった。

子供の頃にテレビで観ていたグレート東郷が出てきた時には「おおっ、これがグレート東郷か！」とテンションが上がり、肩をすくめてニタッと笑う姿を見た時には嬉しかったが、

（プロレスってこんなものか……）

それが初観戦の時の正直な感想だった。

俺がプロレスに興味を持つのは、それから八年半後のことだ。

森岡先生から話があった二カ月後の六月一一日、蔵前国技館に全日本プロレスを観に行った。メインエベントはジャンボ鶴田がテリー・ファンクに挑戦するNWA世界ヘビー級選手権試合だった。

同じ国技館なのに、場内は相撲にはない一種独特の明るいムードに満ちていた。中央大学の応援団が太鼓を叩いてジャンボを応援している。一方、世界王者のテリーは、いかにも〝アメリカ西部の男〟といった感じで躍動感に溢れていた。相撲は礼に始まって礼に終わる……制約の多い相撲界にいたためだったろうか、俺はプロレスから自由なムードを感じとっていた。

「許容量が広くて楽しそうだな」

というのが、この時の印象だった。

その後、名古屋での七月場所を控えた七月一日にも名古屋市体育館に全日本プロレスを観に行ったが、この時は蔵前国技館とは違って客の入りは悪く、地味な印象を受けた。

（相撲の地方巡業と同じようなものかな……）

と少し釈然としなかったが、俺のプロレス入りの決意はもはや固まっていた。

この時、名古屋担当だった浜風親方に、

「愛知県体育館にもプロレスも来るけど、超満員になってる団体はひとつもないよ。プロレスに行ったっていいことないよ」

と諭されるように言われたが、俺の気持ちを見透かしていたのだろうか……。

ジャイアント馬場との初対面で即決

森岡先生を介して馬場さんと初めて会ったのは、ジャンボとテリーの試合を観た前後だったと記憶している。場所は東京・永田町のヒルトンホテル（現在のザ・キャピトルホテル東急）だった。

キャディラックから降りてくる馬場さんは、まさしくスターだった。

（オッ、デカイなぁ。これがジャイアント馬場か。やっぱりデカイよなあ）

それが第一印象だった。体はデカかったが、向かい合って座ると馬場さんは、温厚そうな紳士という感じの人だった。

「プロレスをしたいと考えているんです」

俺が切り出すと馬場さんは、

「ちゃんと生活の保証はしてあげるから……」

と言ってくれた。相撲の社会に嫌気がさしていた俺は、馬場さんのニコッと笑った顔を見ただけで、なぜか少し安堵感を持った。

（この人なら、いいかな）

そう思った俺は、プロレス入りをその場で即決した。どうしてそんなに簡単に決断できたのか少し不思議な気分だった。

この時、ハーリー・レイスと、のちにＮＷＡ会長になるアメリカの有力プロモーターのジム・クロケット・ジュニアにも会った。

レイスが丁髷を付けた相撲取りの俺を見て、怪我のために金属のプレートを入れているという腕を叩いて音を出してみせたり、ウイスキーを一気に飲んだりして、

「プロレスという商売は、タフじゃなきゃ務まらないんだ！」

と、やたらと凄んできたのを覚えている。

プロレスラーになる決断をしたが、俺には問題が山積みになっていた。まず、実家や後援会など周囲に対しての説得である。

「絶対に許さん！　俺がジャイアント馬場と刺し違えてやる！」

親父は烈火の如く怒り狂った。

プロレス入りに大反対した親父の気持ちは理解できた。相撲取りを持った家族は大変なのだ。

例えば、化粧回しや紋付きを作る時、村の誰かが音頭を取ってくれる。

「天龍が出たから集めよう！」

こんな感じで村中から寄付金が集められる。そうすると村中の人が、たとえ一万円でも、出してやったという意識があるから、

「おめでとう」

と家を訪れてくれれば、酒の一杯でも振る舞わなければならない。それが一場所一五日、年間だと六場所で九〇日もあれば、それだけでも大きな負担だ。

「あそこの息子は遊んでいる」

「一生懸命に稽古しないから駄目だ」

負けたら負けたで、そう言われる。結局は村の人たちと揉めて、近所で浮いてしまったりもする。番付が上がったら上がったで、普通以上の生活をして胸を張って見せたりとか、なかなか平静には生活できないのだ。

それが今度は「相撲を辞める」である。親父が猛反対するのもわからないではない。

「天龍に裏切られた。プロレスになんか行きやがって！」

と周囲が大変な騒ぎになることは目に見えている。

それでも俺は親父と周囲を説得し続けた。馬場さんも森岡先生と一緒に勝山の実家にまで足を運んでくれて、親父を説得してくれた。

プロレス行きを決意していた俺は七月場所を一〇勝五敗で勝ち越し、九月場所で四度目の入幕を

果たした。そして九月場所で勝ち越して幕内力士として辞めるつもりでいた。

この九月場所前に後援会の集いがあり、幹事の人に、

「実は今場所で辞めようと思ってるんです」

と打ち明けたら、

「また幕内に上がったのに何言ってんだよ!? これだけの人が集まってくれて激励会やってるのに、とぼけたこと言うなよ！」

「いや、もう辞めたいんです」

と押し問答みたいになってしまい、苦し紛れに、

「実は肝臓が悪くて、力が出ないんですよ」

などと言ったが、

「そんなのは治るんだから、とりあえず頑張れよ！」

という感じで一切認められずに話が決裂してしまった。

それでも、もう俺の決意は変わらない。俺の中で、周囲に対して「すまない」という気持ちと「プロレスラーとして大成して、みんなを必ず喜ばせるから！」という思いが交錯していた。

天龍源一郎の価値を見せつけてやる！

「絶対に勝ち越して相撲の社会を出ていく！」

相撲取りからプロレスラーに転向するにあたって、このことにはこだわった。相撲崩れと言われ

ることだけはしたくなかったのだ。

最後と決めた九月場所の星取りは一進一退だった。

そうした中で今でも憶えているのは、五月場所中に引退して秀ノ山親方になっていた長谷川さんに、

「天龍、お前、はやまった考えは起こすなよ」

と言われたことだ。俺は不思議に思っていたが、どうやら九月場所直前に引退を表明して二所ノ関部屋を継ぐことが正式に決まった金剛が、後援会から俺が辞めると言った話を聞いて、周囲に吹聴していたようだ。

金剛にとって俺の方が先輩だから扱いづらかっただろうし、一度は大麒麟さんに付いて部屋を出ていったから辞めさせたかったのだろう。

「天龍関、プロレスに行くのはやめてくださいよ。残って一緒にやりましょうよ」

そう言ってくれたのは麒麟児（現・北陣親方）だった。俺が黙っていると、

「じゃあ、頑張ってください！」

と言ってくれた。彼は俺がプロレスで日本デビューしてすぐの七七年夏、半田市民ホールに若い衆を連れて応援に来てくれた。

一三日目、魁輝（現・友綱親方）に勝って八勝五敗。ようやく勝ち越しを決めた。結局は八勝七敗。一二年八カ月、七七場所に一番の休みもなく連続出場して七四八戦三九三勝三五五敗で青春のすべてを賭けた俺の相撲人生は、勝ち越しで終わった。

さすがに千秋楽の夜のことは強烈に憶えている。

(今夜、ここに来てくれた人とも、二度と酒を交えて、いろんな話をすることもないんだなあ。ここから見る景色も最後だなあ……)

勝ち越しが決まって本当は嬉しいはずなのに、四階の稽古場から外を見ながら俺はホロッときていた。

新聞記者が取材にきたが、会うわけには行かなかった。すでに金剛からリークされて俺が辞めることを知っていたのだと思う。若い奴に「いないって言え」と言ってコソコソとしなければならない自分が情けなかった。

千秋楽から二日後の九月二八日。

『天龍プロレス転向』

新聞にデカデカと見出しが躍った。

「二所ノ関としての俺の体面が保てないから、辞めるなら辞めるでハッキリしてくれ。番付編成会議の期限が迫っているんだ」

親方の金剛は俺にそう迫った。そして翌二九日に勝手に相撲協会に俺の廃業届を出してしまった。もう部屋から出て行かなければならない。俺は知人が借りてくれた軽トラで麻布十番のマンションに転がり込むことになった。部屋を出る日、俺の引っ越しを手伝ってくれた若い衆に向かって金剛が言った。

「お前ら、馬鹿だなあ。こんな相撲協会を辞めて、いなくなる奴なんか手伝って」

この時の言葉を俺は決して忘れない。

「絶対負け犬にはならない。今に見ていろ！　天龍源一郎の価値を見せつけてやる！」

福井から東京に出てきた時とは違った気持ちで、俺は心の中でそう叫んでいた。

振り返ると、いつもそうだった。全日本プロレスからＳＷＳに移って誹謗中傷された時も、ＳＷＳが崩壊してＷＡＲを設立した時も、俺は心の中で叫んでいた。

「今に見てろ！　必ず天龍源一郎の価値を見せつけてやる。言いたい奴は言わせておけ。でも身近で応援してくれる人には絶対に恥をかかせない。『天龍を応援していてよかった』と言わせるから」

もしあの時、廃業してちゃんこ屋をやっていたら、世間から何も言われなかったと思う。プロレス転向は相撲協会に対する〝一寸の虫にも五分の魂〟という俺の気持ちだったような気がする。

「やっぱり、あいつは駄目だった」

と言われるのだけは嫌だった。

だから「希望に燃えて」という感じではなく、それが相撲協会に対してなのか、二所ノ関騒動に対してなのかはわからないが、

「こん畜生！」

という強烈な反骨心、そして、

「天龍源一郎の何かを見せたい、世間に問いたい！」

この感情が、結果的に俺にプロレスを選択させたのだと思う。

昭和五一年（七六年）一〇月一五日、ヒルトンホテル『京都の間』で、馬場さんに伴われて全日

本プロレス入団記者会見に臨んだ。

俺の〝第二の格闘技人生〟のスタートである。そして、それは予想をはるかに上回る苦難の道でもあった。

第三章 放浪

1976 - 1981

日本でのデビュー戦で、対戦相手に
相撲仕込みの突っ張りを見舞う。

とまどいの新天地

「プロレスなんて、明日行ったってできる」

それは相撲取り全般が思っていることだろう。だが、相撲とプロレスでは社会のシステムも、プロの格闘技としてもまったく違うものだった。

入団会見の翌日、東京スポーツの取材でベンチプレスをやらされた。たかが六〇キロなのだが、持ち上げるコツがわからなくて腕（かいな）の力だけに頼ってやったから、腕がパンパンに張ってしまった。ダンベルや、他の器械トレーニングもやったが、すべて初体験だったから腕がナマってしまって、風呂に入ったら桶も持つことができない。

（いやー、プロレス入りは、ちょっと早まったかな）

少し考え込んでしまう俺がいた。

その翌日一七日、馬場さんに連れられて新潟県三条から巡業に加わったが、ホテルに着いて、まず戸惑った。相撲だと必ず大広間があってそこにみんないるのだが、そういう場所が見当たらない。

「みんな、どこにいるんですか？」

俺は、馬場さんに尋ねた。

「みんなは部屋にいるよ。俺も四時頃になったら降りてくるから、適当な時間になったらロビー降りてこいや」

馬場さんは、そう平然と言ってサッサと自分の部屋に行ってしまった。仕方がなく俺も自分の部屋に行ったが、何をしていればいいのかわからず、ボケッとしているだけだった。

試合後も同じだった。みんなバラバラに飯を食いに出て行ってしまう。俺は、どうしたらいいのかわからず、相撲で同期だった桜田にくっついて歩いたものだ。

その時に通りかかった店から箸を持ったまま、

「もちゃ（桜田の愛称）、どこ行くの？」

と、出てきたのが高千穂明久さん……現在のザ・グレート・カブキさんだ。

最初に指導してくれたのが、このカブキさんでよかった。一緒に早目に会場入りしてくれて、受け身、足や腕、バックの取り方といった基本中の基本である動きを親切にコーチしてくれたことには今も感謝している。

「受け身を覚えれば、飯を食っていけるから。受け身を巧く取れよ！」

馬場さんからそう言われたが、倒れちゃいけない相撲の世界にいた俺には〝受け身を巧く取る〟という意味がわからない。そうすると、カブキさんが自分でパーンって取ってみせて、

「こうやってひとつの音が鳴るのが巧い受け身だよ」

と身をもって教えてくれた。相撲は怪我がないようにコロコロッと転がるのが基本だったが、プロレスでは大きく受け身を取って、衝撃が一箇所に集中しないように分散させるのである。頭ではわかっても、これがなかなか難しい。こぢんまりとした受け身を取って、馬場さん、カブキさんによく注意されたものだ。

ジャンボ鶴田にボディスラムで投げられて受け身を取った時には、内臓が動いて「グワッ！」ともどしてしまった。

しかし、人としてのジャンボの第一印象は、爽やかで凄くよかった。

「ジャンボ鶴田です。よろしく！」

屈託のない笑顔で挨拶してくれた。巡業のバスでも隣の席に座らせてくれて、いろいろな話をしてくれた。ジャンボから「元関取でも、このプロレスではそうはいかないぞ」というようなムードを感じていたら〝北向き天龍〟は、プロレスへの取り組み方が変わってしまっていたかもしれないが、

（これがテリーと戦っていたジャンボ鶴田か。何だ、気の良さそうなあんちゃんだな）

という、いい感じを受けたからプロレス界にスッと入っていけたんだと思う。その意味では今でもジャンボに感謝している。

全日本プロレスそのものの雰囲気はよかったが、プロレスの練習は想像以上にきつかった。受け身もそうだし、ロープワークをやればアバラのところにアザができる。廻しと違ってプロレスのタイツは細い紐一本だから力が入らないし、それまで裸足だっただけにリングシューズは違和感があった。土俵とリングの感覚も全然違うし、相撲は摺り足だが、プロレスはステップを踏まなければいけない。

年齢的には二十歳前後だが、キャリアを重ね、若手の上の方にランクされていた大仁田厚や、渕正信は涼しい顔で練習メニューをこなしていた。彼らの、

「相撲で有名だったか何かは知らないが、プロレスじゃ負けないよ！」

という厳しい視線が俺に突き刺さっていたことは忘れられない。

プロレス転向に際しての親父との約束は、一二月に決まっていた妹・富美子の結婚式に丁髷姿で出席することだった。「相撲取りの天龍の家から嫁に出したい」というのが親父の希望だったのだ。

だから俺は丁髷を付けたまま、全日本入団会見に出席して、丁髷のままプロレスの練習をしていた。練習すると、どうしてもザンバラ髪になってしまう。練習が終わると一度ホテルに戻ってシャワーを浴びて着物に着替え、会場に戻って桜田に髷を結ってもらい、試合の途中でリングに上がってお客さんに入団の挨拶をするというのが、最初の巡業中の生活だった。

廻しをつけてリングへ

実際に日本で基礎的な手解きを受けたのは二週間程度。一〇月三〇日に馬場さん、桜田とともに日本を発ち、まずハワイに入った。

「これからはスープレックスと飛び技の時代だから」

と言われて、馬場さんのコンドミアムにあるプールでドロップキックの練習に励んだ。やるたびにバシャーンと大きな水しぶきが上がるため、住人から管理人にクレームがあったようで五～六回やったら、

「おーい、天龍！　怒られちゃったからやめだ」

と馬場さんに言われ、その後は人がいない時にこっそり練習していた。

その後、ロサンゼルスを経由して一一月七日にテキサス州アマリロに入った。ハワイは相撲時代

も海外巡業で行ったことがあったが、アマリロは未知の土地。

「ハワイと全然違うぞ。凄い田舎だから覚悟しておけよ」

馬場さんからそう言われていたが、確かに飛行機の窓から見えるのは牧草だけ。「本当に何もないな！」と思うと同時に、未知の土地で過ごすということは「違う自分が出せる」「新しい自分が発見できる」という意味で嬉しかった。何か人生のリハビリテーションという気持ちだった。

アマリロでの生活はカルチャーショックの連続だった。相撲からプロレスに来ただけでも別世界なのに、加えて外国となればなおさらだ。

外国人レスラーと体を合わせて練習すると何かソース臭い。「ソース臭い」と言ってもわかり難いかもしれないが、よく外国人は日本人を「大豆臭い」と言う。体臭も人種によって様々なのだ。中には想像を絶するほどに臭いがきつい奴もいる。

（海外修行っていうのは、体臭に慣れる意味もあるんだろうな）

と変に納得したりしたものだ。

またアマリロ地区のトップレスラー兼プロモーターのドリー・ファンク・ジュニアと若手のテッド・デビアスがシャワールームで背中の流しっこをしているのを見て、俺は驚いた。その頃の俺の感覚としたらドリーは横綱で、デビアスは幕下。そんな関係の二人が仲良く対等にやっているというのは、相撲上がりの俺には奇異に映る光景だった。

（プロレスって不思議な社会だな）

と戸惑うことばかりが続いた。

アメリカだから当然、英語を使わなければならない。俺がひとりで初めて使った英語は、

「ハワイアン・ハムステーキ・プリーズ！」

常宿していたホリデーインのレストランで飯を食った時だった。

（ハムステーキか……いいじゃない！　それのハワイ風のやつか）

メニューを見て、注文したのだ。そうしたら分厚いハムの焼いたやつにパイナップルがのせられて出てきた。今となったら懐かしい笑い話である。

アマリロ入りして四日後の一一月一一日、アマリロ・スポーツアリーナで桜田と相撲のデモンストレーションマッチをやることになった。

「丁髷を付けた本物の元相撲取りの日本人が、プロレス・デビュー前にアマリロで相撲マッチをやる」というパブリシティと、本番のデビュー前に会場の雰囲気やリングの感触に慣れるために馬場さんとドリーが考えたようだ。

アマリロでは以前、相撲出身の大熊元司さん（伊勢ヶ濱部屋の崎錦）がファイトしていたこともあってか、廻しがあったのだ。

テキサスの田舎ということもあったが、当時のアメリカでは相撲はまだポピュラーではなく、好奇の視線が集中し、ケツを出した変な格好に観客からは笑い声も起こった。

「何がおかしいんだよ!?」と少し腹も立ったが、俺にはそれほど抵抗はなかった。むしろ相撲を辞めて時間が経っている桜田の方が嫌がっていたことを覚えている。

そんな俺も一二月に一度日本に戻って断髪式をやった後、再びテキサスに戻ってきて、アビリー

ンという町で相撲マッチをやらされた時は嫌だった。丁髷がないのに廻しを着けるのは違和感があったし、アメリカでお尻を出すという意味も段々とわかったからだ。そこで初めて桜田の気持ちがわかったのだった。

本番のデビュー戦は桜田との相撲マッチから二日後の一一月一三日、アマリロから車で一時間ほどのヘレフォードという町で組まれた。テッド・デビアスとの一五分一本勝負だ。

ドリーからデビューを言われた時、俺は正直なところ「無理だ！」と思ったが、ドリーは「デビアスがリードしてくれるから大丈夫だ」と言うし、デビアスも「頑張って俺に付いてくれば試合になるから」と言ってくれた。

俺は一カ月足らずで習ったことすべてをデビアスにぶつけた。ヘッドロックからの投げ、アームドラッグからアームロック、トーホールド、ボディスラム……基本技だけで何とか試合を組み立てた。何秒かで勝負がつく相撲と違ってプロレスは試合時間が長い。俺が知っているのは基本中の基本だけだから、しまいには相撲時代の得意技である突っ張りまで繰り出して、何とか時間切れ引分けまで持ち込んだ。

終了のゴングを耳にした時には、もうヘトヘト。改めて持久力の大切さを思い知らされたデビュー戦だった。気休めかもしれないがデビアスが「ベリーグッド！」と声を掛けてくれたのが嬉しかった。

デビュー戦には月刊ゴングの海外通信員として茨城清志さん（のちのW★INGプロモーションの社長）が取材に来ていて、ホリデーインから会場の送り迎えもしてくれ、

「デビュー戦のお祝いに……」

と、試合後にホットドッグを奢ってくれた。そしてコーラで乾杯。

(俺はこれからプロレスラーとして食っていくんだな)

さすがにジーンとくるものがあった。気付いてみたら全日本プロレス入団会見から一カ月も経っていなかった。

的確だったドリーのコーチ

一二月、妹・冨美子の結婚式に出席するために一時帰国した。丁髷姿で出席して親父との約束を果たした俺は、一二月一九日に日大講堂のリング上で断髪式をやってもらった。

髷に別れを告げる。これは相撲取りにとって、生涯忘れることのない神聖な瞬間である。だが、そんなことはプロレス・ファンには分かりはしない。

「そんなもん、あさってやれよ!」

二階席の後方から、そんな野次が飛んだのである。

「クソッ、今、野次った奴に、いつか必ず拍手させてやるからな。俺の試合を見るためにチケットを買わせてやる!」

俺はグッと奥歯を噛み締めた。そして二日後の二一日に再びアマリロへと発った。一日も早くプロレス修行を再開したかったのだ。

ここから日本デビューに向けて本格的なプロレス修行がスタートした。コーチはドリー・ファン

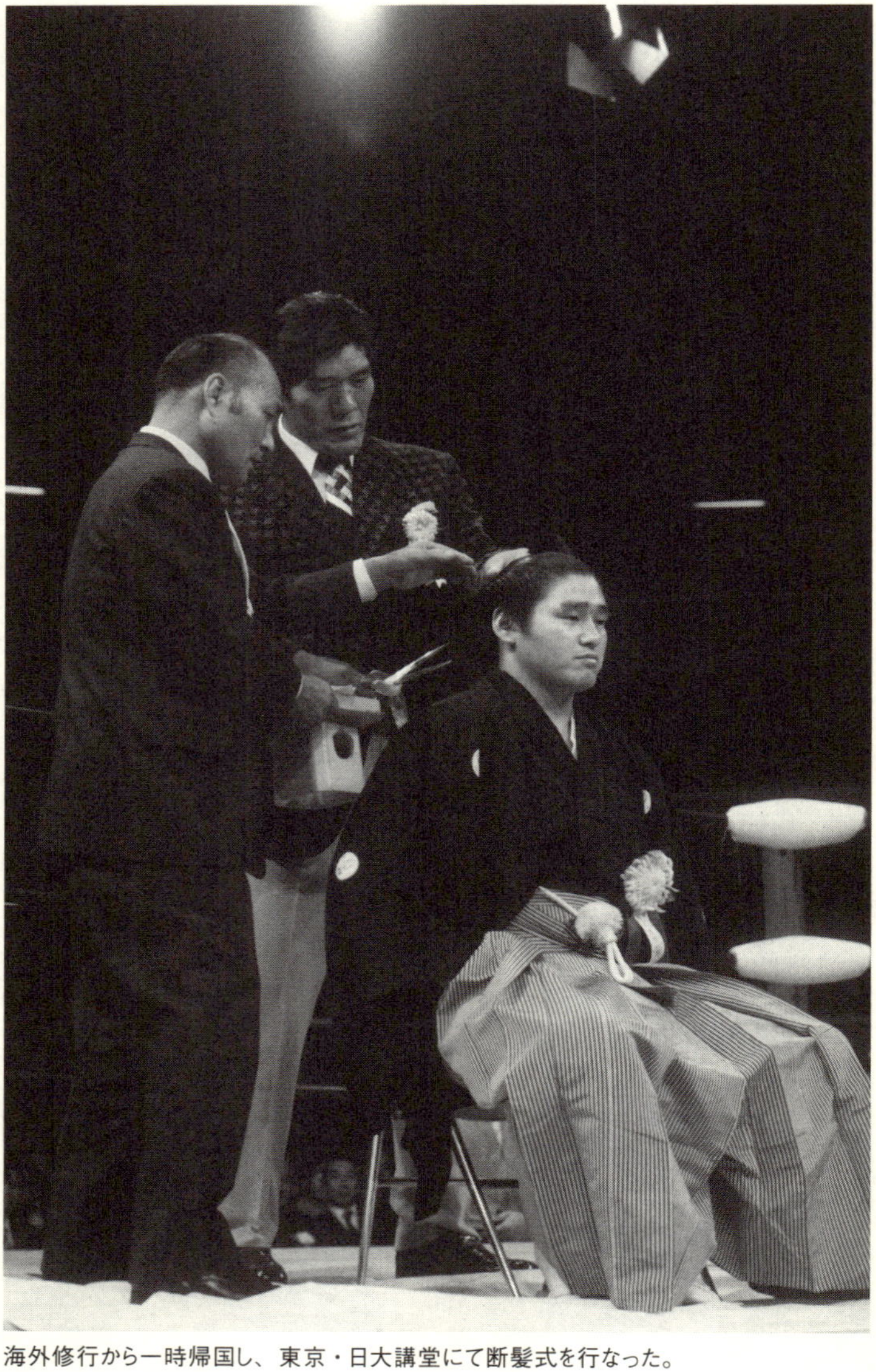

海外修行から一時帰国し、東京・日大講堂にて断髪式を行なった。

ク・ジュニアと〝業師〟として鳴らしたジェリー・コザック。NWA世界チャンピオンだったテリー・ファンクも、たまにアマリロに戻ってくると俺をコーチしてくれた。

晩年、体が思うように動かなくなってからも使っていた、ヘッドロックを取られたらカニ挟みで切り返してバッと相手を前に倒してグラウンドに持ち込むという流れは、ジェリー・コザックに教わったものだ。

ドリーの教え方は、いま思えば、かなりうまかったと思う。

よく他の格闘技からプロレスに入ってくる者に対して、

「ちょっと腕を出してみな」

とか何とか言って、ガチッと関節を極める奴がいる。

「なっ、極まっちゃうだろ?」

なんて仰々しく言ってプロレスの凄さを見せつけようとする悪い風習があるのだ。すぐにプロレスとは厳しいものだとか、甘くないとか、奥が深いとかをことさらに見せたがる奴は多い。だがドリーの場合は違った。

「プロレスはこういうものだから……」

という感じで、淡々と論理的に順序立てて教えてくれた。俺はまったく疑問を挟む余地を持たなかった。

「こういう風にやっていかなくちゃいけないんだな」と違和感なく受け入れることができて、このひねくれた性格の男が素直に教わっていたのである。

桜田の「こう言ってんだよ」というかなり怪しい通訳も俺には役に立っていた。その桜田は七七年に入ってすぐにディック・マードックから誘いを受けて「あっちの方が稼げるから」とオクラホマに転戦してしまった。

「えっ、修行して金を貰えるんだから、別に稼げなくたっていいじゃない。冷たいこと言わないで、一緒にいてよ」

というのが俺の偽らざる気持ちだったが、ノンビリした俺と違ってさすがに桜田にはプロ意識があったわけだ。

桜田は、俺が髷を結っていた時期は床山の役目もやらなくてはならなかったが、俺の髷がなくなった以上、自由に行動できる。彼には彼の道があるのだ。結局、桜田は、以後、アメリカを主戦場とするようになった。

桜田がいなくなってからも俺は貪欲に修行を続けた。当時のドリーはトップレスラーとプロモーターを兼ねていて多忙を極めていた。だが、俺は練習がやりたくてドリーの都合などお構いなしに、電話のベルを鳴らしていたのだから彼も大変だったと思う。

早朝の三時頃、家に帰ってきて、少し寝たら午前七時から一〇時頃まで俺にコーチして、昼飯を食って、夜に控えた興行の対戦カードを作って、会場へ行って……というのがドリーの日常だった。

ドリーが多忙でコーチをしてもらえない時はアパートの部屋で腹筋のローラーをやったり、壁に向かってブリッジの練習をしていた。ブリッジは最終的にフロアに鼻が着くまでになった。とにかくレスラーらしい体型になろうと必死だった。

練習が終わった後にはアパートから歩いて一〇分くらいのところにある『タケノヤ』という料理屋によく行った。初めてアマリロに来た時に馬場さんに連れて来てもらった店だ。ジャンボも修行時代にお世話になったそうで、御主人に「天龍さんも暇だったら来たらいいですよ」と気さくに言ってもらって、その頃はあまり試合がないから、練習後に通うようになったのだ。忙しい時には「俺が洗いましょうか？」と皿洗いして、終わったら店の家族の人たちと一緒にご飯を食べるというのが生活の一部みたいになっていた。

試合の方はラリー・レーン、デニス・スタンプ、アレックス・ペレス、レジー・パークス、スウェード・ハンセン、タンク・パットン、ダグ・サマーズ、サイクロン・ネグロといった選手たちの胸を借りて勉強していたという感じだ。

スウェード・ハンセンはいかつい顔をしたヒールのベテランだったが、サーキットの時にいつも車に乗せてくれる優しい人だった。彼の恋人は元女子プロレスラーで、俺たちが試合後に行くバーでアルバイトしていたのを思い出す。

ごついラフファイターのタンク・パットンは同じアパートに住んでいて「飯食いに来いよ」とか、何かにつけて気を遣ってくれた。

こうして桜田がいなくなってからも俺はひとりで修行を続けた。

その頃、俺は相撲の色を消そうと必死になっていた。馬場さんがハワイで「これからはスープレックスと飛び技の時代だから」と言っていたのを思い出してダブルアーム・スープレックス、サイド・スープレックスは勿論、バックドロップ、回転エビ固め……何でもかんでも覚えた。

実際、技なんて誰でもできるし、身軽な学生プロレスの連中の方が、よっぽどうまかったりする。プロレスにおいて重要なのは技の数ではなく、試合の組み立てなのだが、あの頃の俺は技さえできれば何とかなると思い込んでいた。

「トミー（ジャンボの愛称）は天才だった。一カ月経ったら何も教えることがなくなっていた」

アマリロでもジャンボのセンスの良さは、語り草になっていた。だから俺も必死だった。

デビュー三カ月の七七年二月、俺は日本デビュー前に日本人レスラーと初めて戦うことになった。相手は長年、馬場さんの付け人をやり、アメリカですでに二年半生活していた佐藤昭雄選手だ。昭雄ちゃんはその後、全日本のブッカーとして俺が〝第三の男〟になるのを後押ししてくれたり、WWF（現WWE）の極東地区代表になってSWSやWARに選手を派遣してくれるなど、いろいろな面でサポートしてくれた人物である。

多分、馬場さんは俺がどれだけできるようになったのか、昭雄ちゃんを通して確かめたかったのだろう。カンザスシティに飛んだ俺は、馬場さんのタッグパートナーになって元世界ヘビー級王者パット・オコーナーと昭雄ちゃんのコンビと対戦した。

この時、俺は昭雄ちゃんをパーンとヘッドロックに取って投げて、起き上がる時に「よいしょ！」と言ったらしい。試合後に、

「アントン・ヘーシンクを思い出したよ。ヘーシンクはいつも起きる時に『よいしょ！』って言ってたよ」

なんて言われてしまった。六四年の東京五輪の柔道無差別級で金メダルを獲ったヘーシンクは

七三年にプロレス転向してアマリロで修行したが、大成しなかった。

俺の中には「ヘーシンクは駄目で不器用」というイメージがあったから、

（えーっ、俺はヘーシンクと一緒なの？）

と気分を悪くしたことを覚えている。それは裏を返せば、自分では気づかなかったがアマリロで天才と呼ばれたジャンボを強烈に意識していたということだ。

実際、ジャンボ鶴田はプロレスラーとしてとてつもなく素晴らしかったし、比較されるにはハードルが高過ぎた。上がジャイアント馬場とジャンボ鶴田とくれば、本当に太刀打ちできるような相手じゃなかった。

帰国一カ月前、俺は急に思い立って、ドリーにローリング・クレイドルを教えてほしいと頼んだ。プロレス転向のキッカケとなったジャンボvsテリー戦で、テリーがフィニッシュに使った技ということで強烈にインプットされていたし、力士風じゃない技を使って世間に「相撲取り時代とは違う天龍」をアピールしたかったのだと思う。

ファンク一家にとって大事な技だったようで、ドリーはいい返事をしなかったが、何度も頼み込んでようやくＯＫを貰い、グルグルっとリングを二周半ぐらいできるようになった時に、

「これでどうにかなる！」

と安堵して六月五日に帰国した。

俺はプロレスに向いていない

六月一一日、東京・世田谷区体育館。いよいよ日本デビューの日がやってきた。馬場さんと組んで、ベテランのマリオ・ミラノ、メヒコ・グランデとのタッグマッチ三〇分分一本勝負だ。覆面レスラーのグランデの正体はアマリロのリッキー・ロメロだった。

「デビュー戦の相手としてリッキー・ロメロが日本に行くから」

帰国前にドリーにそう言われた時、

(えっ、ロメロとは一回も試合をしたことがないのに、なぜ？　それだったらデニス・スタンプがいいのになあ)

と思った。ロメロはアマリロ地区のトップクラスで活躍していたが、それはメキシコ系のファンが多かったためで、ある時、第一試合に出場した後にメインのロメロの試合を観ていたら、隣にディック・マードックが来て、

「見てみろよ、天龍！　あんな下手な奴がメインだから客が沸かないんだよ」

と言っていたことがずっと頭にあった。

新人の俺が偉そうなことは言えないが、確かにロメロは大したレスラーではなかった。それよりも俺としては気風のいい受け身を取り、手も合っていたスタンプとやりたかったというのが正直な気持ちだ。

馬場さんからは、

1977年6月11日、世田谷区体育館で日本デビュー戦を飾った。

「横綱が下の者に稽古をつけるような感じでやれよ」

と言われたが、さすがにそうはいかない。第一試合のあたりからリングシューズを履いていて、カブキさんに「今から履いていたら疲れちゃうよ」と言われてしまった。

（失敗しないで、巧くやらなきゃいけない！）

そんな意識が強過ぎて緊張していたのだろう。

ヘッドロック投げ、アームドラッグからアームロック、サイド・スープレックス、ブレーンバスター……とにかく覚えたことを夢中でぶつけた記憶しかない。多分、突っ張りも出したと思う。最後はテリー直伝のローリング・クレイドルだ。うまく回転しなかったが遮二無二カウント3。アッという間の一二分九秒だった。

この日から、俺は一応、馬場、鶴田に次ぐ第三の男として売り出された。

だが、第三の男と呼ばれるには、いかんせん地力がついていない。2シリーズ目ぐらいから自分の中で実力と待遇にギャップを感じ始めるようになってしまった。

ビル・ロビンソン、ホースト・ホフマンといったヨーロッパのテクニシャンと当てられると、何もわからない俺は、いいようにあしらわれていた。

技はアメリカで一応、覚えてきた。だが、あくまでも〝一応〟だった。相撲の匂いを消して、格好よく見せようという意識が強いから〝型のプロレス〟になってしまう。ベテランには簡単につけ込まれてしまうわけだ。

付け焼刃の技を出しても、お客に見透かされてしまう。あの当時、一番お客さんが喜んだのが

〝天龍チョップ〟とその頃は呼ばれた、突っ張りだった。相撲の匂いを消そうと思いながら、結局は相撲に頼っていたのである。

ジャンボとタッグを組む。ジャンボが相手選手を一気に攻め込んだところで俺にタッチをする。でも、出ていったところで、俺にはやることがない……というよりも、何をやっていいのかわからないから、相手の腕をジッと持っているだけ。

（いいよ、タッチにこなくて）

と内心、思っていたものだ。

同じ相撲出身のロッキー羽田、カブキさんとのタッグも多かったが、それは馬場さんの、

「天龍をうまく立てながら、プロレスを教えてやってくれ」

ということだったと思う。

ある時、ロッキーと組んでいて、ロッキーが相手にやられてタッチしてきた時に、

「やられてこなくていいから。頑丈で体に自信がある俺がやられてくるから、ロッキーはガンガン好きにやってくれよ」

そんなことを言ったことがある。それでもロッキーは、

「いいんだよ、源ちゃん」

と、気を遣ってくれた。それはカブキさんも同じで、俺にとっては凄く負担だった。立ててもらったところで何もできない俺がいたのだ。

帰国した七七年の暮れ、世界の強豪を集めた『オープン・タッグ選手権大会』が開催されて、ロ

ッキーとのコンビでエントリーされた時は、記念撮影の時にきらびやかなメンバーと一緒に並ばせてもらい、相撲を断ち切ってプロレスに来てよかったと素直に嬉しかったが、つい数年前に森岡先生から、

「馬場ちゃんは反対したんだけど、俺が強引にねじ込んだんだよ」

と聞かされた時には、「やっぱりか」と思ってがっかりした。

いざ、公式戦が始まれば、最後まで試合を組み立ててくれるロッキーが、結局は俺をサポートして負けてしまうのが凄く心苦しかった。

「俺はプロレスに向いてないんですかね？」

カブキさんに聞いても、

「いやあ、デビューして間もなくて、これだけできれば大したもんだよ。仕方ないよ」

と言ってくれるだけ。よくよく考えてみれば五年経っても一〇年経っても「この年数で、これだけできれば……」と言われ、晩年になっても「これだけできれば……」と励ましてもらっていたような気がする。

「何がプロレスだ、ふざけやがって。ただの喧嘩だったら負けないのに、リングの上で、くだらないことをやらせやがって！」

と、他の格闘技から来た人間が一度は陥ってしまう〝逃げ〟の気持ちを持ったこともあるし、その一方ではちゃんとプロレスができないのに上位のカードに組み込まれ、新幹線での移動などの時は馬場さん、ジャンボと三人だけグリーン車という好待遇も心苦しく、居心地の悪い日が続いた。

東南アジア遠征

「もう一度、アメリカに行って来い！」

馬場さんから指令が出たのは、年が明けた七八年年二月のことだった。スポーツ新聞や専門誌にも『天龍、再修業に出発』と書かれた。

今だから書けるが、実際に渡米したのは八月。それまでビザが下りなかったのだ。

「アメリカに行ったことになっているのに東京をうろうろされたら困る」

ということで、森岡先生がいる筑波大学の寮に一カ月ぐらいいた。

「ラグビー部の連中に胸出してやってくれよ」

寮に住んでいると、森岡先生にそう言われた。「胸を出す」とは相撲用語でぶつかり稽古の受け手になってやること。まだ相撲から転向したばかりの俺だから「そうはいくかい！」とタックルをしてくるラグビー部の学生を受け止めて、右へ左へとぶん投げていた。

その後、マーク・ルーインとキング・イヤウケアのブッキングで東南アジアに遠征した。これも当時は日本で報道されていないはずだ。

シンガポールを拠点にマレーシアのシンガポール、インドネシアのジャカルタ、ボルネオ島のブルネイ王国などを三カ月ぐらい転戦したが、結構楽しめた。

蒸し暑かったが、どこでもバスタブがついている一流ホテルに泊めてもらったし、東南アジアは米が主食だから食事も困らなかった。イスラム教の王国であるブルネイは禁酒の国だったが、その頃は酒をガンガン飲んでいなかったわけでもないから苦にならなかった。

この東南アジア遠征で印象深かったのは、インドネシアだったと思うが、客が何かに怒って鉄のイスをリングにガンガン投げ込み、さらにビールビンが投げ込まれてパーン、パーンと破裂して、暴動になりかけたことだ。

それでもルーインとイヤウケアは試合を続けた。ビールビンの破片が散らばっているリングの上で平然と裸足でファイトするイヤウケアは凄かった。イヤウケアは二〇一〇年に亡くなってしまったが、その息子のロッキー・イヤウケアはＷＡＲに来たこともあるし、俺にとっては友人のひとりだ。

試合をさぼって大河ドラマ

東南アジア遠征後、ようやくビザが下りた俺は、八月四日に日本を発った。今度の行き先はミネソタ州ミネアポリス……バーン・ガニアが主宰するＡＷＡだ。ガニアといえば有名なのは『バーン・ガニアズ・レスリング・キャンプ』。

ここからはリック・フレアーやケン・パテラといった一流レスラーが育っている。「もう一度、基礎から叩き直してこい」というわけだ。

（よし、もう一度、一からやり直しだ！）

意気込んで再びアメリカの土を踏んだが、初っ端から、つまずいた。ロサンゼルスに着いてガニアのオフィスに電話すると、

「馬場には日本人レスラーはいらないと言っておいたはずだ」

とガチャンと切られてしまった。

途方に暮れていたところ、サンフランシスコに相撲の後輩・石川敬士がいると聞きつけ、進路を変更。早速、シスコへ飛んだ。

「いやあ、天龍さん、久しぶりですね！」

と例によって愛想のいい笑顔で石川が空港まで迎えにきてくれた。俺は顔には出さなかったが、内心凄くホッとしていた。

「今日は僕のアパートに泊まってってください。車もありますから行きましょう！」

見ると、いくらアメリカには車検がないとはいえ、本当に動くのかどうか疑いたくなるようなオンボロ車がある。とりあえず乗りこんでノロノロと石川のアパートへ向かった。

「今日は久々の再会ということでパーッとやりましょう」

石川の提案で、途中でスーパーマーケットに寄って、ビールや食料を買い込んだ。

そこまではよかったのだが、いざアパートへという時に車がエンストを起こしてしまった。結局、そこから歩いてアパートへ……。俺はスーツケースも持っているので汗だくだ。何とも凄まじい海外修行の再スタートになってしまった。

「適当に試合はあるし、食えないことはないですよ。プロモーターも受け入れてくれるといってますから」

と石川は言っていたが、実際には全然試合がなかった。

サンフランシスコはロイ・シャイアーというプロモーターのテリトリーで、かつては太平洋岸の活況地として知られ、マサ斎藤さんも財を成したというが、俺が行った頃はさびれていた。

プライベートな交流はなかったが、新日本から相撲取りだった木村健悟がパク・チューのリングネームで来ていて「どうして、こんな稼げないところに？」と思ったが、新日本は海外修行に出ている時もちゃんと給料が出ていたようだ。

木村とはバトルロイヤルで一回だけ当たって「お疲れさまです！」と、チョップを打ち合ったことを覚えている。

印象に残っているのはビッグマッチの時だけ来ていたジミー・スヌーカだ。あのスーパーフライを見た時には凄いインパクトで、

「凄いレスラーがいるんですよ。日本に呼んだ方がいいですよ」

と馬場さんに国際電話で報告したほどだった。

だが、サンフランシスコは勉強になるテリトリーではなかった。スヌーカはたまに来るだけで、あとは大した選手はいなかった。週四〇～五〇ドルぐらいしか貰えないから、試合をさぼって日本語放送のテレビでＮＨＫの大河ドラマを観たり、和食を食べたりして石川と遊んでいたのが正直なところだ。

結局、サンフランシスコにいたのは三カ月だけ。石川はミスター・ポーゴから声がかかってアマリロに行き、俺はカブキさんに「食えてないなら、こっちに来なよ」と声をかけてもらってフロリダに向かった。

カブキさんとマサさんの教え

フロリダに行ったのは大きかった。俺の転換期だった。

「これがプロレスなのか！」

そう教えられたのが、フロリダでミスター・サト&ミスター・サイトーとしてトップヒールに君臨していたカブキさんとマサ斎藤さんの試合だった。

アメリカのプロレスの基本は善玉のベビーフェースと悪玉のヒールの戦いだが、ヒールはただ悪いことをやればいいということではない。

カブキさんとマサさんはヒールとして試合の間合いや観客の心理をコントロールしながら、ベビーフェースを引き立てて試合の流れを作っていた。相手のベビーフェースは、極端に言えばカブキさんとマサさんの手のひらの上でやりたいことをやっていればいいのだ。どこまでも客をヒートアップさせ、ベビーフェースの良さも引き出しながら、その上を行って勝つカブキさんとマサさんのファイトは、まさに〝目から鱗《うろこ》〟だった。

それまでの俺はアマリロでもサンフランシスコでも、ベビーフェースでもなければヒールでもないような中途半端なレスラーだった。ヒールをやる力量がなかったから、ベビーフェース側が多かったが、日本人がベビーフェースをやってもアメリカのファンが支持するわけがない。試合が組まれないのも、稼げないのも当たり前のことだった。

このフロリダでは覆面レスラーも経験した。ソニー・ドライバーという選手とマスクを被らされてライジング・サンズという日本人マスクマンコンビに変身したのだ。

フロリダはレベルの高いテリトリーだったが、カブキさんがオフィスの重鎮だったデューク・ケオムカさんに話をしてくれて入ることができた。しかし、いざ俺を使ってみると大したことなかったからオフィスの人たちは閉口してマスクを被せることを思いついたのだと思う。

火曜日のタンパではTENRYU、水曜日のマイアミビーチではRISING SUN……という具合に二役を使い分けていた時期もあった。

当時の俺は貪欲に何でもやろうと思っていたから、マスクを被ることに抵抗はなかったが、耳を塞がれて音が遮断されると、人の気配が感じられなくなるから怖かった。

フロリダで初めてヒールをやらせてもらえた俺は、時にはカブキさん、マサさんとのトリオで、プロモーターであるエディ・グラハムとその息子のマイク・グラハム、ヒロ・マツダさんのトリオと対戦させてもらえたこともあった。試合を通してカブキさんやマサさんを間近に見ながら、

（こういう時は、こういうことをやらなきゃいけないのか！）

と肌で感じ、試合後には、飲みながら冗談話のように二人がアドバイスしてくれることが随分と勉強になった。

正直な話、フロリダでも試合数はそれほど多くはなく、タンパのモーテルでひとりボケッとしていると、試合が終わって戻ってきたカブキさんとマサさんが、

「さあ、飲みに行くよ！」

と誘ってくれて、レスラー行きつけのバーで飲み、女の子をナンパしてイタリアン・レストラン

に食事に行ったりと、それなりに楽しい日々を過ごしていた。そうやって寂しさを紛らわせてくれる優しい先輩たちだった。

そうした暮らしの中で、日本から「帰ってこい」という連絡もなかったし、「元幕内力士の……」というプレッシャーがかかることのないアメリカで生きていくことを考えるようになった。

ある時、カブキさんに、

「こっちで気楽にやっていこうと思っているんですよ」

と打ち明けた。賛同してくれると思っていた。

だが、意に反してジロリと睨みつけられた。それは本当に厳しい目だった。

「日本に帰れば何人かは天龍という名前を知ってるよ。でもアメリカじゃ、誰も知らないよ。そっちは帰ろうと思えば帰れるけど、俺は帰る場所がないんだ。帰れる場所があるだけ、いいんじゃないか!?」

カブキさんの言いたいことは痛いほどわかった。そして、その厳しい生きざまにショックも受けた。カブキさんは全日本プロレスのコーチ役になることを嫌い、あくまでも第一線のレスラーであり続けようとして、この年の二月に三〇歳を過ぎて、家族とともにアメリカに来た。妻子をロサンゼルス郊外のカリフォルニア州サンバナディーノに残してフロリダで頑張っているのだ。

マサ斎藤さんにしても何の後ろ盾もなくアメリカに来て、ポジションを築いた人だ。

(プロレスで飯食っていくっていうのは、これだけの覚悟がいるんだな)

そう思い知らされた俺は、気持ちを改めてプロレスに真摯に打ち込むことを誓った。

マサさんにはトレーニングの心構えを教えられた。

「関取（マサさんは俺のことをこう呼んでいた）、プロレスラーはね、ゴツイ体じゃなきゃ駄目よ。ちょっとでも時間があったら、バーベルを上げなきゃ。三〇分あれば、ベンチプレスを一〇セットできるんだから」

マサさんは会場に行く前にわずかでも時間があれば、パッとモーテルの近くにある『ハリー・スミス・ヘルスクラブ』に行っていた。マサさんのゴツイ体を見て「これだけ練習しているからなんだな」と、俺も少しでも時間があるとジムに行くようになった。

フロリダ時代の試合での思い出は、馬場さんが若い頃に尊敬していたというバディ・ロジャーズと試合をしたことだ。元祖ネイチャー・ボーイと言われ、プロレス史の中ではショーマン派の代表のように言われているが、実際に戦ってみたらオーソドックスにビシッビシッと技を決めてくる昔気質の人だった。コブラツイストで締め上げられ、伝説の足四の字固めを食って負けたのは俺の自慢でもある。

七九年に入ると新日本プロレスから声がかかったマサさんが日本に戻ったため、サト&サイトーは解散になった。そこでたまに俺がサトのパートナーになって、キラー・カール・コックス&ジム・ガービンのUSタッグ王座に挑戦したりしたが、サト&サイトーほどのインパクトはなく、カブキさんも休暇を取って家族がいるサンバナディーノに帰り、そこからアマリロに転戦してしまった。

ひとりになった俺にはタイガー服部さんがマネジャーとして付いて、日章旗を振ってお客を煽る役目をしてくれたが、細々とやっていたというのが正直なところだ。フロリダは気候のいい土地だったが、カブキさんとマサさんがいなくなってからは、やはり心もとなかった。

結局、俺がフロリダにいたのは四月半ばまで。前年八月に日本を出て、サンフランシスコは三カ月、フロリダは半年だった。

日本人レスラーは、とりあえず〝日本人〟というキャラクターがあるから三カ月から半年までは食える。カブキさんやマサさんのようにトップを取れる人ならずっと食っていけるだろうが、俺のような前座の日本人レスラーはそれ以後の生活がまったく読めない、その日暮らしになってしまうというのがアメリカのプロレス界の厳しい現実だった。

多分、フロリダのオフィスのブッキングだったと思うが、俺はアメリカ南東部の激戦区ジョージアに向かった。

若き日のハンセンとの交流

アマリロでは日本の馬場のオフィスから来たボーイということで面倒見てくれたし、サンフランシスコには石川がいた。サンフランシスコから少し田舎にあるフリーモントのアパートで暮らしていたが、同じアパートに住む日系レスラーのディーン・ホー（日本にはディーン樋口として来日）さんが車に乗せてくれるなど、親切にしてくれた。そしてフロリダにはカブキさん、マサさん、服部さん、トンガ（プリンス・トンガ＝キング・ハク）がいたから楽しく暮らせた。ところがジョージアはまったくのひとりだ。

車を持っていなかったから、試合場の行き帰りに乗せてくれる人を探すのが面倒だった。朝起きて最初の仕事は「誰に試合会場まで乗せてもらおうか？」と電話のダイヤルを回すことだった。それが決まってからご飯を食べて一安心という状況だった。会場への足がなければ試合に出られないから「頼むから！」って必死だったことを覚えている。

レスラー仲間に頼んでも、大抵は「もう満杯で乗せられないよ」と言われる。よくレフェリーに乗せてもらっていた日々を思い出す。

仕事のポジションは、昨日は右の花道から出るベビーフェースだと思ったら、今日は左の花道から出るヒールというような中途半端なもので、便利に使われていた。

そうして悪戦苦闘して一カ月半ほど経った六月、新日本でトップ外国人に君臨していたスタン・ハンセンがジョージアに入ってきた。俺とハンセンは同じアパートに住んでいたから、彼のピックアップトラックに乗せてもらってサーキットしたこともある。

まだ英語が下手だった俺が、アトランタのアパートの薄暗い照明を見て、

「スタン、この部屋はダークライトだな」

と言うと、

「天龍、そんな英語はないぜ！」

と大笑いされてしまった。

なぜかハンセンはこのことをよく覚えているようで、去年、三沢光晴の七回忌ツアーでプロレスリング・ノアに呼ばれたハンセンに取材したという一般週刊誌の記者の人に、

「ハンセンさんに『かつてのライバルの天龍さんに何かメッセージはありますか?』と聞いたら『ダークライト。そう言えば天龍はわかるはずだ』と笑っていましたが、どういう意味ですか?」

と聞かれてしまった。ハンセンにとって、俺の「ダークライト」はそれだけツボにはまっていたのだろう。

当時の俺は、ハンセンが全日本に移籍することも、戦うようになることも想定していなかったから、新日本のトップの人という意識で接し、アパートではカレーライスを作ってご馳走したこともある。

「今度は俺が飯を作るから遊びに来いよ」

ハンセンが言うので、喜んで彼の部屋に行ったら、ソーセージ三本を鍋で茹でると、

「さあ、食ってくれ!」

とバンズに挟んでホットドックを作ってポイッと寄越した。さすがに俺も、

「これだけかよ!」

とツッコミを入れたが、ハンセンは、

「そうだよ。何か問題あるか?」

と、きょとんとしていた。そんなハンセンだから、きっと財を成したことだろう。

失意のジョージア

ジョージアで五カ月間仕事をした後の七九年一〇月、俺は一年二カ月ぶりに帰国した。

プロレス入門時のコーチ・ドリーとの対戦。デビューから数年は思い悩む日々が続いた。

一〇月五日、横浜文化体育館での帰国第一戦は馬場さんと組んでクラッシャー・ブラックウェル&ビッグ・バッド・オーと対戦した。ビッグ・バット・オーは名前の通りにデカイが、どうにもならないくらいバッドなレスラーだった。首固めで丸め込んだものの、全然いいファイトができなくてイライラした。試合後、渕あたりに、

「天龍さん、全然変わってないですね」

などと言われたような気がする。実際、マスコミやファンの目は冷たかった。

「全然、よくなってないじゃないか」

というのが俺の評判だったようだ。

馬場さんは、プロレス転向から三年経っても入団時の約束を守って、それなりの待遇をしてくれた。しかし俺の心の中には、ちょっと違うなというのがあった。そして自分が下手なのは棚に上げて、「いい対戦相手がいないな……」と、自分で勝手に思って、帰国からわずか四カ月後の八〇年二月二日、三〇歳の誕生日にまたまた日本を飛び出した。

勝手知ったるテリトリー……いや、他のテリトリーは知らなかったからというのが正しいのだろうが、俺は四カ月ぶりにジョージアに戻った。今回は桜田からサンダーバードを安く買っていたから車の心配は無用だった。

この時、ジョージアのブッカーをやっていたオレイ・アンダーソンは日本人が嫌いだった。昔、日本プロレスに行った時に冷遇されたことを根に持っていたらしい。だから俺は当然、いい扱いは受けなかった。ベビーフェースにさせられてヒールのバロン・フォン・ラシクの引き立て役になり、

モンゴリアンとして入ってきたキラー・カーンの引き立て役にもされたと思う。さらにミゼットレスラーとのミックスド・タッグマッチもあった。

「ブッキングしてやるからテネシーに行け！」

と言われたのを断ると、一カ月半も干されてしまった。

試合がなければ金が入らない。朝食は〝ロングフット〟というソーセージか、バナナにマヨネーズを塗ってパンに挟んだバナナ・サンドイッチ、昼はカリフォルニア米を炊いて、生卵をかけて食べていた。アメリカには卵をナマで食べる習慣はないから、

「クレイジーな日本人がいる！」

とアパートで評判になってしまった。だが、そんなことに構っていられない。

そして夕食はインスタント・ラーメンだ。こんな生活が一カ月半続いた。

そんな時、ドリーから連絡が入った。

「ノースカロライナに行けば食えるぞ！」

と言われたが、ノースカロライナまで行く金もなかった。ジョージアから七時間もドライブすれば到着するが、そこまで行くガソリン代がないのだから話にならない。

全日本プロレスの事務所に電話しようと思ったが国際電話をかける金がないし、全日本の常連外国人のアブドーラ・ザ・ブッチャーに借金しようと思って、何度も電話したが、全然通じない。金がないというのは本当に情けないものだ。

結局、全日本の外国人レスラーの飛行機の手配をやっているロサンゼルスの旅行代理店の人に金

を借りて、やっとの思いで八月にノースカロライナに辿り着いたのだった。

素晴らしかったリック・フレアー

長いアメリカ生活を振り返ると、フロリダでカブキさんとマサさんに〝プロレスとは何たるものか〟を教えられて、ジョージアでまた少し食えなくなったが、ノースカロライナで初めてプロレスラーとして格好がついたと思っている。フロリダ、ジョージア、ノースカロライナは当時のNWAのメインロードだった。

ここには、いいレスラーがたくさんいた。リッキー・スティムボート、グレッグ・バレンタイン、ジミー・スヌーカ……スヌーカとはサンフランシスコ以来の再会だった。

そして何よりも素晴らしいなと思ったのがリック・フレアーだ。最初はキザな野郎だと思っていたが、彼ほどプロに徹した男はいなかった。自分を売り出すために自前でゴージャスなガウンを作ったり、毎日、黙々とジムで練習して体を大切にしていた。そして試合では、グレッグ・バレンタインに杖で殴られて鼻の骨を折られても、文句も言わずに次の日からファイトしていた。

「休んだら、誰かに取って代わられてしまうのが、このビジネスなんだ」

フレアーからプロレスの厳しさを教えられた気がした。

性格も親分肌で、アメリカのレスラーだったらトップになれば誰かに運転させてサーキットするのが普通なのに、フレアーは必ず自分で運転して食事やビールを振るまったり、トップの人間として、稼げないレスラーには必ずご馳走するという豪快な人だった。日本人レスラーの俺に対しても、不自由しているんじゃないかと食事やホテルなど、様々な面で気を遣ってくれたし、どんなポジションにいたとしても同業者の他のレスラーに対して常に敬意を持って接していた。フレアーが他のレスラーに偉そうな口を聞いたのは見たことがなかった。彼から得たものは今でも大きい。

延髄斬りを意識して使うようになったのは、このノースカロライナ時代だ。新日本に遠征していたマスクド・スーパースターや、ブラックジャック・マリガンが、

「猪木がこういう変なキック……ラウンドキックを使っている」

と教えてくれたのがきっかけだった。だが、何の気なしに初めて使ったのはジョージアにいた時だった。ジョージア州コロンバスでミスター・レスリングⅡと対戦した時に、膝立ちになったところにジャンプしてキックしたら延髄斬りのような形になったのだ。昨年一一月一五日の両国国技館の引退試合でオカダ・カズチカにお見舞いした延髄斬りと同じ形だったと思う。俺の延髄斬りは最初も最後も相手が膝立ちだったということになる。

ノースカロライナではトップのリッキー・スティムボートが日系レスラーということで空手風のチョップを得意技にしていたから、俺はかぶらないように蹴り技の延髄斬りで違う個性を出していたというわけだ。

帰国前にマスターしたのは、まだ日本で使い手がいなかったトップロープから背面飛びで決めるダイビング・エルボードロップだ。さすがに日本で猪木さんの延髄斬りを使うわけにはいかないし、当時の俺はこれといった技を持っていなかったから、この技を得意にしていたカウボーイ・レスラーのフランキー・レインに使うことを承諾してもらった。

リングが常設してあるジムで最初はサードロープ、次はセカンドロープ、最後はトップロープ……と地道に練習を繰り返した。恐怖心もあったが、

（日本で食うためには、これしかないんだよ！）

と何度もリングに飛び降りてマスターすることができた。

プロレスの本質を学んだノースカロライナ

しかしノースカロライナで重視して学んだのは、技ではなく、プロレスの試合の組み立て、間合いの取り方、タイミングだった。そしてアメリカで上のポジションに行くには政治的な駆け引きがあることも知った。

よく、アメリカのレスラーが皮肉で言うのは〝グッドワーカー・トゥ・オフィス〟。暇さえあればオフィスに足繁く通ってプロモーターやブッカーに胡麻をすって、いい仕事にありつこうとする連中のことだが、日本人レスラーは英語が巧くないし、日本的な考えで「そんなことしなくても大丈夫だろう」と高を括っていると、干されてしまうというのはよくあることなのだ。

「あいつは何もできない。使えないよ」

と誰かにオフィスで悪評を立てられたら、もうおしまいだ。

その反対にトップのレスラーが「あいつと試合がしたい」と言ってくれたり、ブッカーが「あいつはいい！」と言ってくれたら、急にチャンスが舞い込むこともある。

俺の場合は、ノースカロライナで日系のベテラン・レスラーのミスター・フジと日本人ヒールコ

ンビを組んで中堅どころでやっていたが、フレアーやリッキーをトップスターにした名ブッカーのジョージ・スコットが「ベリーグッド、天龍！」と言ってくれて、そのすぐ後にベルト挑戦のチャンスが来た。

ジョージ・スコットが日本スタイルのプロレスを好んだのがラッキーだった。

ノースカロライナに入って四カ月後の八一年二月七日、ノースカロライナ州グリーンズボロで俺とフジのコンビはデュイ・ロバートソン＆ジョージ・ウェルズに挑戦してミッドアトランティック・タッグ王者になったのである。

相撲をやめてプロレスに入って四年半……初めて手にしたベルト、勲章だった。

（これで食いっぱぐれない。とりあえず上の方で使ってもらえる！）

それが実感だった。何とも現実的な喜び方だと思われるかもしれないが、これは海外で食うレスラーの本音なのだ。それまで週に五〇〇ドルぐらいしか稼げなかったのが、一気に一八〇〇ドルから二〇〇〇ドル稼げるようになったから、自炊しないでファミリーレストランで毎日三食食べられるようになった。

それでも日本に帰る時に部屋を掃除していたら棚から二〇〇〇ドルのお札がバラバラッと落ちてきたからビックリした。使うだけ使っても貯まっていたのである。

そんな絶好調な時に馬場さんから国際電話がかかってきた。

「タイガー戸口が辞めて新日本に行っちゃうから帰ってこいよ」

帰国命令だった。

当時、戸口は全日本所属だったが、家族はノースカロライナに住んでいたから、七九年の年末に短期間だけタッグを組んだこともあった。その時、戸口から「俺は大きなことをやろうと思ってるから、その時には協力してよ」と言われていたが、それが新日本への移籍だったのだ。

「まだ、ちょっとこっちにいたいですね。今帰っても自信ないですよ」

そう俺が答えると、

「いいから帰ってこい！」

と馬場さんが珍しく語気を強めて言ったから、「帰らないとヤバイ状況なのかな？」と、八一年五月、後ろ髪を引かれる思いで日本に帰ることにした。

振り返れば、プロレス転向から四年半のうち、ほとんどの時間をアメリカで過ごした。

俺はアメリカの生活は肌に合っていた方だと思うが、それでもトイレに入っている時にネズミ花火を仕掛けられるなどのいたずらをされたり、あからさまに「ジャップ！」と言われたこともある。

そんな時には、

「この野郎、日本に来たら目にもの見せてやる！」

と、なぜかそういう時だけは日本……全日本プロレスに頼っている俺がいた。現実として人種差別はあった。

俺はアメリカで三回クリスマスを過ごしている。みんながホームパーティーやっているクリスマスに、誰からも声を掛けてもらえない俺はアパートの部屋でボケッと過ごしていた。だから今でもクリスマスソングを聞くと寂しい気持ちになってしまう俺がいる。

人種差別や孤独とも戦いながら、俺はアメリカでプロレスラーとしての基本的な考え方を植えつけられ、プロレスで最も重要な間の取り方を体得した。

そして驕らず、自分を卑下することもなく誰とでも同じ目線で戦って自分を発揮する姿勢を学んだ。また、お客を喜ばせるにはどうしたらいいかという発想を培った。

アメリカで苦労したのは決して無駄ではなかった。

第四章 昇龍

1981 - 1987

1984年、UN王座を獲得。
ベルトを賭けて様々な相手と好勝負を展開した。

吹っ切れたインター・タッグ戦

一九八一年五月、一年三カ月ぶりに帰国。俺はいきなり迷路に入り込んでしまった。日本のファンがリアリティのある相撲のようなものを求めているのか、エンターテインメント性を兼ね備えたものを求めているのか摑み切れず、中途半端なファイトしか見せられなかったのである。

プロレスで最も重要な間とタイミングをアメリカで会得したという自負はあったが、表面的には、持ち帰った技はダイビング・エルボーだけだったから、お客さんの反応が薄かったのも仕方がない。プロレスに転向する時にウチの親父に「ちゃんと面倒見ます」と約束した手前もあって、馬場さんが渋々、俺を上の方で使っているのが見えたのも嫌だった。

帰国当初は馬場さんやノースカロライナで一緒だったリッキー・スティムボートとタッグを組むというような無難なマッチメークが多かった。

(全日本にいたって何も将来が見えないし、馬場さんも相変わらずだし、もう一度アメリカへ行こう!)

そう思った俺は、帰国したシリーズにケビンとデビッドのエリック兄弟が来ていたから早速、「使ってくれよ」と頼み込んだ。

彼らの親父フリッツ・フォン・エリックは、テキサス州ダラスを本拠地にする大プロモーターなのだ。

「構わないよ。じゃあ、ビザを持ってきてくれれば、ウチの方は、いつでもＯＫだよ。早く来てくれ」

と返事をもらったのはいいが、俺がその話をすると馬場さんは、あからさまに不機嫌になった。

「お前、本当にアメリカに帰るのか？」

「ハイ、行かせてください」

馬場さんは、それ以上は何も言わなかったが、その顔には「勝手にしろ」と書いてあった。

気まずいムードのまま、七月シリーズが開幕した。エリックの方からは、

「ジャパニーズ・レスラーが来るとテレビで盛んにコマーシャルをやっているから、早く来てくれ。いつ来るんだ？」

と催促が入っている状況の中、シリーズに出場したが、そこで俺の運命を支える出来事があった。シリーズ最終戦でビル・ロビンソンと組んで馬場＆鶴田のインターナショナル・タッグ王座に挑戦する予定だったディック・スレーターが交通事故の後遺症で体調を崩し途中帰国してしまったのだ。

その話を耳にした俺は、グレート小鹿さんに言った。

「最終戦のためだけに外国人をわざわざ呼ぶんじゃ、馬場さんも金がかかるだろうし、俺はどっちみちアメリカに行くから、ロビンソンと組んだって、何も関係ないですよ」

軽い気持ちで喋ったつもりだったが、馬場さんがその案に乗ったのである。

これには後日談があって、昨年の引退試合の時に小鹿さんから、

「馬場さんに話をしたら『何で天龍なんだよ？　あいつはあんな性格だし』って最初は蹴られたん

だよ。でも、それから一〜二日してから一緒にゴルフ行った時に『お前、たまにはいいこと言うなあ。じゃあ、天龍でいくことに決めたよ。いらん金を使う必要もないし』って言ってたんだ」

と初めて聞かされた。三四年目にして知った真実だった。馬場さんが即決しなかったのは、

「俺とジャンボは下手な試合できないし、天龍じゃあ、手こずって使い切れないだろう」

そんな思いがあったのだと思う。しかし最終的には俺の力量は二の次、三の次で、経営者としてお金を優先しただけの話だ。

〝北向き天龍〟だから、それを知っていたとしたら、

「ふざけるな、この野郎!」

と攻め方が違っていたはずだ。

今にしてみれば、馬場さんはかなり不安だったのだろう。タイトルマッチ前日に静岡県のショッピングセンターの特設リングでロビンソンとタッグを組んでジャンボ&ロッキー羽田と対戦した。このマッチメークは明らかにテストだ。試合はロビンソンがロッキーをフォールして勝ったから、及第点ではあったはずだ。

試合後、シャワーを浴びている時にロビンソンがこう話しかけてきた。

「ユーは体格的に猪木に似ている。猪木の使う技をやってみろよ。オクトパス(卍固め)やラウンドキックをやってみろよ。あとは俺につないでくれればOKだ」

「まあ、ラウンドキックはアメリカでも使っていたけど……オクトパスはまずいだろ」

「いやオクトパスはヨーロッパに古くからある技で使い手も多いし、猪木を気にする必要はない

よ」

そんなやりとりがあって、タイトルマッチ当日……七月三〇日、後楽園ホールを迎えた。

「これが終わったら、どうせアメリカに戻るんだし、置き土産として好き勝手にやってやるか！」

迷いを吹っ切った俺は、スタミナ配分も何も考えず、ガムシャラに馬場さん、ジャンボにぶつかっていった。卍固めは使うチャンスがなかったが、延髄斬りは遠慮なくかました。

プロレスに入って以来、常にあった「ジャンボのように巧くやらなきゃいけない」という呪縛から解き放たれて、心の赴くままに戦った。

すると、どうだろう。お客さんから手応えというか、ビンビン何かが伝わってくるのだ。試合は2―1で負けたが、何か凄くスカッとした気分だった。

阿修羅からの挑戦状

翌日、スポーツ新聞を見ると評判は上々。『幕内の天龍がプロレス入り』と見出しが躍ってから五年間、騒がれることがなかった俺には快感だった。

（ほう、あの試合がよかったのか。別に俺は何も変わっちゃいないのにな）

という反発の気持ちと同時に、

（別に思っていることを、その時にやっただけで評価されたってことは、要するに思っていることをやればいいんだな）

とも思ったりした。

猪木さんの技を使ったということで取材も受けたが、

「体型的に猪木さんと似てるし、今まで遠慮していただけで、アメリカでは使っていたし、ロビンソンがヒントをくれたし……」

といった具合にストレートに飾らず喋った。実際、猪木さんは俺にとって馬場さんやジャンボよりも身近に感じられた。

ジャンボは体が大きいから馬場さんの所作を真似つつ、ゆっくり動く馬場さんに対して速く動くことで違いを出していた。俺の場合は真似するには馬場さんは大き過ぎたし、ジャンボは器用過ぎた。やれることのヒントになるのは猪木さんしかいなかったのが正直なところだ。

ちなみにインター・タッグでは出すチャンスがなかった卍固めは、同年の暮れの『世界最強タッグ決定リーグ戦』に阿修羅・原とのコンビで出場した時に、馬場&ジャンボとの公式戦（一一月三〇日、愛知県体育館）でジャンボに決めている。

「全日本なのに猪木の真似をしやがって！」

批判の声もあった。しかしそれによって俺は全日本で目立つことができた。アメリカナイズされた全日本の試合に猪木さんの真似をして入ってきた天龍源一郎は異質に映ったはずだし、なおかつインター・タッグ戦を契機に肩の力が抜けて、自分を飾らなくなり、

「この野郎！　これでも食らえ！」

という性格がさらけ出された結果、朱に交わらない俺が際立ったのだと思う。

インター・タッグ戦の好評価でアメリカ行きは白紙になった。

まあ、そこから三年ぐらいは「いつアメリカに行ってもいい」という気持ちがあったからこそ、好きなこと言って、好きなことやっていたのかもしれない。それが面白いのか、よくマスコミの人がインタビューに来てくれるようにもなった。

思うに、俺は相撲を辞める時に非難されたから、それまで世間に対して八方美人になっていたんだと思う。しかし、あのインター・タッグ戦を機に「本音で生きよう」という気持ちが芽生え、ずっと押し通して今がある。

あの一戦以来、会社、マスコミ、ファンの目が俺に向き始めたのを肌で感じたし、一〇月にはNWA世界王者フレアーへの挑戦という話も出てきた。

だが、ここで外部から「待った」をかける男がいた。この年の八月に崩壊した国際プロレスの阿修羅・原だ。

「団体が違っただけで、何でこんなに差をつけられなきゃいけないんだ。天龍、俺と勝負しろ！」

阿修羅の悲痛な叫びは、俺には痛いほどわかった。俺自身、プロレスに入って以来、この阿修羅と長州力には常に注目していた。

長州については後述するが、阿修羅は、当時としては日本人としてただひとりラグビーの国際選抜選手に選ばれたという名声を引っ提げてプロレスに入り、俺と同じくギャップに悩みながら生きてきた男だ。同病相憐れむではないが、何か親近感を感じていた。

他の社会である程度まで行った人がプロレスの社会に入ってくるというのは、俺の経験を踏まえていうと、前にいた社会に何か不本意なところがあるからだ。俺も阿修羅もそうだった。そんな経緯でプロレスに入った以上は成功してほしいと思う。だから俺は他団体でありながら、心の中で阿修羅や長州にもエールを送っていたつもりだ。

俺は阿修羅の挑戦を受けて立った。

一〇月二日、後楽園ホール。初対面ながら俺と阿修羅はガンガン真っ向からぶつかり合った。結局は両者リングアウト。だが気分は爽快だったし、この試合が認められ、阿修羅は全日本プロレスに入ることになった。この出会いから六年後、俺と阿修羅は二人で突っ走ることになるのだ。

女房との出会い

八一～八二年というのはリング上ばかりでなくプライベートな部分でも充実していた。

女房のまき代との出会いである。武井まき代と知り合ったのは、例のインター・タッグ戦が終わって、俺の心の中では、曲がりなりにも、

(日本に残っても、どうにかやっていけるかな)

と思い始めた頃だった。

俺の友達が女房の従兄弟を知っていたのが、そもそもの始まりだった。その従兄弟は歌手をやっていて、東京の店によくキャンペーンに来ていた。そこに、たまに手伝いがてらに付いてきていたのが、まき代だったというわけだ。

それで顔を知って、何かの時に友達といろんな話をしている時に、

「あのコってどうなの?」

という話題になった。

みんなに聞いてみると、そんなに評判は悪くない。じゃあ、一回会ってみようかなと思って、大阪で試合があった時に、彼女の母親が京都で経営しているラウンジに行ったのが初デートだった。八一年秋のことだ。

どんな話をしたのかは、あまり覚えていない。だが、まき代に聞くと、

「あなた、あの時は二八歳だって言ってたわよ」

などと言われる。

当時三〇歳を過ぎていたから、俺も結構な嘘をついていたわけだ。また、俺はアメリカから帰ってきたばかりだから何も知らない。あの頃、大ヒットした寺尾聰の『ルビーの指環』という曲さえも知らなかった。

（へぇー、こんなに歌に興味ない人っているのかしら。それとも拳銃でも売ってる危ない人……？）

などと、まき代は俺のことを思っていたらしい。

初デートからほどなくして、世田谷区の烏山に俺が名義貸しした『ちゃんこ天龍』がオープンすることになり、開店日に呼んだりもした。

その時は、まだ、若手だったターザン後藤に、出前用の寿司桶に日本酒をガーッと入れて「飲め！」っと飲ませたら、イッキ気飲みしたまではいいが、その後に寿司桶に全部吐いたりして大騒ぎ。色気も何もありもしなかった。

そうこうしているうち、間に入った友人が、俺を焚きつけてきた。

「あのコ、そっちのことが好きらしい」

そんな話をされれば、俺も嬉しくないはずがない。年が明けてから巡業で京都に行った時に、俺はまき代に会って思い切って聞いてみた。

「どう思ってんの、俺のこと?」

どう思ってんの、と言ったところで、そんなに会ってもいない。案の定、

「そんなに会う暇もないし、まだ、お互いによく知らないし……」

という答えが返ってきた。

「俺は結婚してもいいと思っているし、結婚を前提に付き合おうか。それで差し障りないか?」

と、俺は言った。

「ハイ、ありません」

「じゃあ、今日から、ちゃんとそういうことで、付き合おう!」

今、思い出しても笑い話のようだ。付き合おうと言ったところで、東京と京都……ただ電話を何回かするというようなもの。つまり遠距離恋愛というやつだ。

こうして正式に付き合い始めてすぐの八二年二月四日、東京体育館でミル・マスカラスのＩＷＡ世界ヘビー級王座に挑戦する試合で、俺のテーマ曲として高中正義さんの『サンダーストーム』が初めて流された。事前に日本テレビから知らされていた俺は、すぐにまき代に電話で報告して、テレビ放送された後に感想を聞くと、

「カッコイイ曲ね！」

という答えが返ってきた。俺としてはアップテンポなテーマソングが流行っていた時期だったから「ガラガラ〜ッ！」という雷鳴から始まる曲はちょっと間抜けだなと思っていた。それだけに、まき代の意外な高評価に気分をよくしたが、彼女はマスカラスの『スカイハイ』を俺のテーマソングだと勘違いして褒めてくれたのだ。

『スカイハイ』が格好いいのは当然として、『サンダーストーム』も俺にピッタリな格好いい曲だと今は自惚れている。長州力の『パワーホール』も、長州が革命戦士になって初めて輝いたように、その選手が伸びることで曲と合致するものだと思う。

そんな笑い話もありつつ、俺とまき代はその年の四月二六日に婚約を発表し、九月二六日に東京プリンスホテルでゴールインした。

大きな場所を借りて披露宴をやるというのは、やはり自分に自信がないとできないものだ。来る人、来る人に、

「頑張ってくれなきゃ困るよ！」

なんて言われたら、シャレにならない。

それなりの自信がないと、なかなかできないと思う。

俺の場合、その前の年に石川が結婚したのが大きな刺激になった。同じ相撲をやっていて、俺より一年近く遅くプロレスに入ってきたのに結構器用で、それなりの実績を作り、プライベートでもちゃんと婚約者を見つけてきて、結婚式を挙げた。

1982年9月26日、東京プリンスホテルにて挙式。

披露宴にはジャイアント馬場ら全日本プロレスの関係者が多数列席した。

ああ、こいつはちゃんと自分の人生設計ができているんだと思った時は、ちょっとショックだった。

その頃の俺は、いい加減……ではなかったが、お金を持ったら、持った分だけ使っていたし、いつまでもノホホンと独身生活を送っていたから、その日暮らしばかりしていては駄目だなという気持ちが強烈に迫ってきた。だからこそ結婚まで行き着いたんだと思う。

相撲時代も含めて、もちろん付き合った女性は何人かいる。でも、そんな感じで生きていたから、

「あなたには付いていけない」

とフラれたこともあるし、逆に、

(このコのことが好きだけど、俺の今の生活が面倒なことを全部教えて、なおかつ家庭を守ってやっていくのは多分、負担になるだろうな)

(このコじゃ、とても天龍源一郎の女房としてはつとまらないだろうな)

とか、こういう職業のことが頭にあって、俺の方から口に出さないこともあった。

そんな中で、まき代を見た時に、

(このコだったら、何とかうまく切り盛りして、取り繕ってやっていってくれるんじゃないかな)

という気持ちを俺は持った。

結婚披露宴で「どういう家庭を持ちたいですか?」と聞かれて、

「ジャイアント馬場のようなリッチな生活をしたいな」

とジョーク交じりに答えたことを覚えている。

夫として、父として…家族への想い

翌八三年七月八日、娘の紋奈（あやな）が生まれた。現在の天龍プロジェクト代表である。

出産に際して、まき代は実家がある京都の病院に入院していた。その日はシリーズ開幕戦だったから、俺は東京に戻っていた。そして午後三時に六本木の事務所を出発して熊谷市民体育館に向かったが、その三分後に紋奈は生まれたという。午後四時半過ぎに到着すると、すでに京都の実家から会場に連絡が入っていて、いきなり「おめでとう！」とみんなに言われて戸惑ったことを覚えている。その記念すべき夜、俺はジプシー・ジョーとのシングルマッチに勝った。

そして試合後、すぐに京都に飛んで行って紋奈にようやく会えた。

（ああ、家族が増えたんだ！）

親としての責任を感じた。嬉しいのはもちろんだが、それよりもこの子が成人するまで、世間に負けないようなものを、ちゃんと与えてやっていかなければいけないという責任感が強烈に芽生えた。

そして、この職業をやっている限り、親の死に目に会えないかもしれないし、自分の子供の出産にも立ち会えないだろうからこそ、いい加減なことはできないと心に誓った。

家族を持ってから三四年……今、俺はまき代、紋奈に支えられて生きている。よく人から「奥さんにも娘さんにも愛されて幸せですね」と言われる。俺自身、そう思う。

山あり谷ありの人生だが、俺はどんな状況になったとしても、一緒に生活している家族が誇りを

家族三人での記念写真
（1987年7月撮影）。

持てるような男であり、夫であり、父親でありたいと思って生きてきた。

娘が他人から俺のことをとやかく言われても、「ウチのお父さんは違う！」と反発できるような男、父親でいたいと思って生きてきた。

人にああでもない、こうでもないと言われる職業だから、女房と娘がきつい思いをして耐えてくれているとわかった時から、亭主関白だった俺にも家族を尊重しないといけないという気持ちが芽生えた。その逆に人にとやかく言われる俺を見て、女房と娘の方が「この人を守らなきゃいけない！」という気持ちが強くなったのかもしれない。そうやって俺たち家族は支え合いながら生きているのである。

ハンセンとブロディが怯んだ

さて、話を仕事に戻そう。

まき代との婚約を発表する直前の八一年四月、俺は初めて春の祭典『チャンピオン・カーニバル』に出場した。日本人vs外国人を大前提にしていた全日本では年に一度、日本人と外国人の区別なく総当たりで覇権を争う大会だ。

だが、俺は正直、参加するのは気乗りしなかった。まだ俺の中でシングルマッチが完成されていない時だったから、点数を付けられ、序列を決められるのが嫌だったのだ。

覚えているのはブルーザー・ブロディに二〜三分でやられたことと、馬場さんとの初対決は、やりづらくてしょうがなかったということ。

あれだけデカイ人とやるとメチャクチャ息が上がるし、間合いや距離感など、勝手が違って空回りしてしまう。馬場さんが試合をコントロールして、それに俺が抗うという感じの展開で、最後は河津落としを食らって完敗だった。

最終戦の四月一六日、福岡国際センターでやったジャンボとの初対決は、イケイケのジャンボに正面から挑んで、自分の力量を自分で確かめたいという感じで、真っ向からぶつかったのを覚えている。お客さんが全日本の中でも日本人同士の戦いに声援を送ってくれるというのが心地よかった。

あのジャンボと三〇分いっぱいやって引き分けた試合は、まき代も応援に来てくれていたこともあってか、凄く印象に残っている。

なお、ベテランの記者に調べてもらったら、俺はこのカーニバルで石川、プリンス・トンガ（キング・ハク）、昭雄ちゃん、小鹿さん、大熊元司さん、ロッキー、マイティ井上さん、モンゴリアン・ストンパー、アレックス・スミルノフ、バック・ロブレイ、ビル・ハワードに勝ち、ジャンボ、ロビンソン、デビアスと引き分け、負けたのは馬場さんとブロディだけだという。優勝した馬場さん、同点二位のジャンボ、ブロディ、デビアスに続く成績だったから、自分の記憶よりもいい位置にランクしていたわけだ。

そうやって俺は、いつしか〝全日本プロレス第三の男〟と呼ばれるようになった。

だが〝第三の男〟というポジションはハードなものだった。一応は名前があって、上の方でボコボコやられていたというのが正直なところだ。

のべつまくなしにタイガー・ジェット・シンとやらされて、家で寝ていてゴホッと咳をしたら、

額から血がダラーッと流れたりして、結婚間もない女房は、

「こんな職業って、やっぱり……」

と、よく嘆いていたものだ。

ハンセン、ブロディが来れば、必ず俺か阿修羅が絡んでいた。

ハンセンは「てめぇ、この野郎！」と相撲と同じ感じでガンと来る。あの馬力とプロレスの技でガガーッと押し込まれると、

（どうしようもねぇな）

という感じだった。

ブロディの場合は、ガッと突っ込んでみるとパッと引いたり、引くとガッと突っ込んでくる。そのタイミングが絶妙だった。それと誰に対しても絶対に隙を見せず、自分の世界というものを持っていた。そして、その世界を侵そうとする奴は、誰であろうと容赦しないという怖さを持っていた。

「俺も目いっぱい行くから、ガンガン来い！　俺は逃げも隠れもせず、真正面から受けとめてやる！」

強豪レスラーたちとの激しい戦いの毎日の中から、そんな俺のファイト・スタイルが生まれた。

相手がガバッと来れば、最初に戦った時のダメージは凄いものがある。だが、そこで「これ以上のものはないだろう」というのが見えるから、次に戦った時に楽なのだ。それに真正面から行って勝てば、相手には「こいつには勝てないな」という意識が芽生えていく。

これは相撲で培ったものでもある。ガップリ四つになって、どういう危ない場面があったにせよ、

ブロディへ豪快なダイビング・エルボーを見舞う。強豪との戦いの中で自分のスタイルを確立していった。

それを凌いで勝った相手には、絶対に負けない自信がついたし、突っ張って、はたいて勝ったとか、何かでひょこっと勝った相手には「今度は負けるかもしれない」という不安感が常につきまとった。

不思議なもので、普通ならプロレスを長くやっていれば、段々と相撲のことは忘れるはずだが、プロレスをやればやるほど、相撲でやってきたことを生かしていた。そして、それが確実に生きたのである。

ある時、ハンセンとブロディが例によって遠慮会釈なしにガンガン来た。ここで当たり障りなく負けてしまえばダメージも少なくて済むが、俺は、頭にきた。

(こいつらに目にもの見せてやる!)

と逆に遠慮なくガンガン向かっていったら、何と、あのハンセンとブロディが怯んだのだ。

(こいつらだって怯むんだな)

これは俺にとって大きな自信になった。

(何なんだよ。俺がコテンパンにやられていれば、それでいいのかよ)

馬場さんやジャンボを、そんな風に恨んだこともあったが、この二人をガードする立場にあったから、俺は誰が来たって怖いものがないと開き直ってやれたんだと思う。二人とは大きな差があると自覚していたから、

「これが俺の生きる道!」

という感じだった。その結果、俺は抜群に受け身が巧くなった。当時のデカイ外国人にやられるだけやられたことで、体が覚えてしまったのだ。あの頃、大事に育てられていたら、今の俺はなか

ったようにも思う。

パワーボム開発秘話

〝第三の男〟と呼ばれるようになってから、馬場さん、ジャンボ、俺の三人でサイン会をやる機会が増えた。大抵は馬場さんのところに一〇人並んだとしたら、ジャンボのところは八人、俺のところには二人しか並ばない。そういう時に馬場さんのサインを貰い終わった人が俺に並んでくれたりした。

「天龍さん、頑張ってください！　応援してますから！」

と声を掛けてくれるファンに心の中でいつも、

（今は、このサインに大して価値はないかもしれないけど、いつか必ず、もらってよかったと思えるようにするから、もうちょっと待っててくれよ！）

と誓ってペンを走らせていた。

そんな俺だから、ファンの期待がプレッシャーになったことは一度もない。レボリューションをスタートさせてからも、それ以後も、俺はファンの人たちに期待されればされるほど自惚れて、それをエネルギーに変えてリングに上がっていた。

結婚後の八二年秋からコスチュームを黒のタイツ、黒と黄色のリングシューズにした。未だにマスコミの人たちに「黒と黄色」の意味を聞かれるが、俺の中では、

「反骨と従順」

黒は真っ黒に染まっているのに対して、黄色は何の色にも変えられる。信号に例えるなら青と赤の真ん中の色だ。

この色を提案してくれたのは、のちに西武ライオンズの森祇晶監督の娘さんと結婚するジョージ柴田というデザイン企画をやっていた人だ。相撲の時に後援してくれた人と同級生だったという縁で俺のコスチュームを考えてくれていた。

馬場さんが赤、ジャンボが青と赤のタイツだったから、その中間色ということで黒と黄色を提案してくれたのかもしれない。

そして八三年に入ってからは、オリジナル・ホールドの開発に真剣に取り組んだ。いつまでも「全日本プロレスのくせに猪木の真似している変な奴」ということだけで注目されているわけにいかない、という意識が強烈に芽生えたのだ。

その頃、俺はカナディアン・バックブリーカーの要領で、相手を仰向けに肩の上に担ぎ上げ、そこから相手の肩を膝に叩き落とすショルダーバスターという技を好んで使っていた。そして、このバリエーションで何か新しい技はないかと模索してもいた。

（このまま肩じゃなく、頭を膝に叩きつける……いや、それじゃあ危険すぎて使えないよなあ）

などと思案していたが、ある時、古いプロレスのビデオを観てピンときた。ルー・テーズがバックドロップと並行して〝奥の手〟として使っていた元祖パイルドライバー……今で言うと、投げっ放しパワーボムである。

（そうか、この要領で相手を叩きつけて、そのままフォールする方法があるぞ）

俺はテーズのビデオからヒントを得た技を練習し始めた。

そして、ほとんど完成段階に入った頃、とんでもないことが起こった。俺自身がパワーボムでフォールされてしまったのである。

俺にパワーボムを決めたのはテリー・ゴディ。この年の八月、テリー・ファンクの引退試合にハンセンと組んで戦うため初来日したゴディと後楽園ホールで戦った時のことだ。ゴディの来日第一戦だったと記憶している。

とにかく言葉で言い表わせないほどショックだった。試合後、シャワーも浴びずに、一目散に家に帰った。

ただショックと同時に「やっぱり凄い技だぞ、これは!」と身をもって確信した。

振り子のように持ち上げられると、リングの照明が目に飛び込んでくる。そして、そのまま叩きつけられると、平衡感覚を失っているからモロに後頭部及び首筋をキャンバスに叩きつけられてしまう。

(怖い!)

と心底、思った。

俺としてみれば〝ゴディの真似〟とは言われたくないから、さらに改良を重ねた上でオリジナルな技として世に出した。

細かい部分になるが、俺のパワーボムとゴディのそれは別物だ。ゴディの場合、上背もあるし、相手を高々と持ち上げて落差をつけ、叩きつけることに重点を置いているが、俺の場合は持ち上げることよりも、押さえつけることに重点を置いている。

首を極めて押えつけてしまえば、相手は動けない。下手に動くと、首を痛めてしまうのである。

つまり、俺の場合は、見栄えは悪いかもしれないが、ほんの僅かでも相手が持ち上がれば、それだけで十分なのだ。

俺とゴディは、それから六年後の八九年九月二日、俺の三冠統一ヘビー級王座を賭けて日本武道館で戦った。そしてパワーボム合戦の末、俺がパワーボムでゴディをフォールして雪辱を果たした。

思い入れのあるUN王座

「そろそろ天龍にもベルトを……」

八三年夏頃には会社に、そんな動きが出てきた。そこで白羽の矢が立てられたのが、ジャンボが返上したばかりのUNヘビー級王座だった。

(何でジャンボの〝お古〟を俺が争わなきゃいけないんだ!?)

と釈然としないところもあったが、ベルトの歴史を紐解いてみると猪木さん、坂口さん、カブキさんが持っていた価値あるベルトだ。

(一丁、ベルトの一本も巻いてやるか)

俺も、その気になった。

だが、俺のベルト奪取は、なかなかうまくいかなかった。ジャンボの後にチャンピオンになったのは、デビュー戦で戦ったテッド・デビアスだが、彼はとにかくタフで粘っこい。二回挑戦したが、一回目は首固めに丸め込まれ、二回目は両者リングアウト……ベルト奪取は八四年の最重要課題になった。

ようやく腰にベルトを巻いたのは八四年二月二三日、東京・蔵前国技館。この時、ベルトはデビアスからマイケル・ヘイズ、そしてデビッド・フォン・エリックへと移っていたが、王者デビッドが来日中に急死し、急遽、俺とアメリカ代表のリッキー・スティムボートが王座決定戦を争うことになったのだ。

リッキーはノースカロライナ時代に一緒にサーキットした友達だった。俺が桜田から買ったサンダーバードを、日本に帰ってくる時に安くリッキーに譲り売ったという思い出もある。

気心は知れているものの、ヒールを経験したことのないリッキーは常にベビーフェースであろうとするから、どういう試合になるかはわからなかった。

リッキーがノースカロライナと同じようにアピールして観客とコミュニケーションを取ることで盛り上げようとしたために、アメリカのベビーフェースマッチのようになってしまったが、俺は構わずガンガン攻めたてた。最後はグラウンド・コブラツイスト……細かい試合展開は覚えていないが、リッキーの左肩を必死になって右肩でリングに押さえつけたのを覚えている。

プロレス入り八年目にして初のシングル・ベルト獲得……だが、この時はベルトを巻いたということよりも、

(蔵前国技館でタイトルマッチができるようになって、やっと格好がついたな)

というホッとした想いの方が強かった。

（あと一回ぐらい、蔵前国技館でメインエベントを取れば、もう相撲協会の奴らに文句言わせないぞ）

という気持ちだった。相撲を辞めてプロレスに来た時以来、国技館でメインエベントを取れたら、ヨシとしようと自分の心の中で決めていたのである。

このUN王座奪取には、さらに尾ヒレがつく。俺の試合のすぐあとにジャンボ鶴田がニック・ボックウインクルからAWA世界王座を奪取して〝俺の光〟を全部、奪ってしまったのだ。

（この野郎！　俺がせっかくUNのベルトを取って、人生で最高の日だと思っているのに、いつまで経ってもジャンボは目の上のタンコブだな）

それが、俺の偽らざる気持ちだった。ジャンボに対して強烈なるライバル意識……というよりも割り切れないものがあったのは確かだった。うまく表現できないが〝やきもち〟とは、また別な、何か割り切れない感情があったのだ。

俺はUN王者だ、と実感できたのはベルトを取ってから一カ月後、三月二四日に所も同じ蔵前国技館でデビアスをピンフォールして初防衛に成功した時だった。

とにかく俺はUNのベルトを大切にした。当時の風潮は、新日本プロレスでは長州が藤波に牙を剝いてタイトルマッチよりも日本人対決が主流になっていたし、全日本でもベルトが賭かるとどうしてもチャンピオンが両者リングアウトに持ち込んだり、反則負けだと王座は移動しないというルールを使って〝守り〟に入る傾向があり、ファンは明らかにタイトルマッチに飽きていた。

そんな中で俺は、

（天龍の、UNのベルトが賭かった試合が見たい）

と言われるように一生懸命、誠心誠意、戦ったつもりだ。

ベルトを巻いた人の歴史を見た時に、汚すわけにはいかないと思ったし、ノンタイトルであっても、何でもない奴に負けたりした時は、

「持っていても仕方がない」

と、自分からベルトを返上したこともあった。こうした地道なことが、のちに三冠統一戦に火をつけたという、かすかな自負がある。

終生のライバル・長州力

この八四年は俺のプロレス人生の中でも実にドラマチックな年だった。UNに続いて九月にはジャンボとのコンビでインター・タッグ王者になったのだ。暮れの『'84世界最強タッグ』ではハンセン、ブロディ組を破って初優勝した。そして一番は……あの長州力がジャパン・プロレスとして、全日本プロレスに上がることになったことだ。

俺が長州力という男に興味を持ったのは、七八年にサンフランシスコからフロリダに移ったばかりの頃。カブキさんやマサさんに触発されてプロレスに前向きになる前だ。。


ジャンボと同じく七二年のミュンヘン五輪レスリングの代表という肩書きを持って新日本に入団した長州は、俺よりも三年以上も前にフロリダにいたというが、

「プロレスなんてどうってことないよ」

そう言ってタンパにあったカール・ゴッチの家に行かず、トレーニングをさぼって、遂には破門されたというような話を聞いた。

当時、プロレスの社会なんて煮ても焼いても食えない社会だなと、同じように自虐的な生活を送っていた俺は、

(俺もそう思うよ)

と妙に親近感を覚えた。

それから何かにつけて、阿修羅と同様に、

(成功してくれたらいいな)

と注目していたが、ある時、長州と藤波が揉めているのをテレビで観た。当時は日本人同士で戦うことは珍しかったから、

(何やってんだ、これ!?)

という感じだった。

それからの長州は、あれよあれよという間に、まるで竜巻のように昇っていってしまった。俺は目を覚まされる思いだった。人間どんなに不器用で地味だって、信念を持って一生懸命にやっていれば、光る時があるのだということを長州は教えてくれた。

その長州力がウチに来るのだ。

実は直接的な接点も、長州がウチに来る前年の八三年暮れからあった。写真記者クラブの表彰式で初めて会い、それから何回か飲みに行ったりしたのだ。酔っぱらって長州のマンションに行った

こともあったかもしれない。

どこから耳に入ったのか、

「長州と仲がいいらしいな。だったらウチに来ないかと声を掛けてみろよ」

馬場さんにそう言われたことがあったが、やんわりと断った。

当時は、同じリングに立つなどとは微塵にも思わなかったし、それよりも、

（いい飲み友達でいたいな）

という気持ちの方が強かったことは間違いない。

だからマット界の状況が変わって戦うことになった時、ためらいがなかったとは言えない。でも、だからこそ、全日本に来る以上は俺に目を向けさせなければ意味がないと思った。絶対に俺がイの一番にやってやると燃えるものがあった。

一一月一日、後楽園ホール。新日本を辞めてジャパン・プロレスに移籍した長州が、全日本プロレスの試合を視察にやって来た。付け人の冬木弘道にあらかじめ席を確認させておいた俺は、リングに上がるなり挑発した。

「長州、そんなとこに座わってないで、上がって来い！　この野郎！」

その頃、長州はまだ新日本やテレビ朝日との契約問題があって、リングには上がれない。それを知っていて俺は敢えて挑発したのだ。すると、長州はサングラスをかけたまま、リングに向かって突進してきた。凄い迫力だった。と、同時に「やった」と思った。長州の目を完全に俺に向けさせたのだ。

年が明けての八五年一月から二年間、俺と長州は鎬を削って戦いに明け暮れた。

もし、俺の中での全日本プロレスを一軒家に例えるとしたら、土台が馬場さんとジャンボで、長州と輪島によって外観ができて、天龍で内装ができて、三沢たちの四天王プロレスで、ちゃんと一軒完成したと思っている。

毎日が対抗戦……リングの中は常に緊張感が充満していた。本当に毎日毎日、飽きもしないでやっていた。

違う団体同士だから当然、選手たちの間に不平不満や愚痴が出てくる。全日本の選手たちは、

「あいつらプロレスがわかってない。基本を知らないから、やってて危なくてしょうがない」

と言っていたし、ジャパンはジャパンで、

「全日本の連中は、会場に来ても、全然、練習しないし、ウチのファイト・スタイルが8ビートのロックなら、全日本はワルツだ」

と、お互いに好き勝手なことを言っていた。そういったことがお互いの耳に入って、それがまたリング上でスパークするわけだ。

練習に関して言えば、団体で、みんなで同じような練習をしている長州たちを凄いとは思わなかった。

みんなでこなす方が精神的に楽なのだ。ひとりでいろいろなメニューを組んでやる方がきつい。怠けようと思えば、いくらでも怠けられるが、もし怠ければ、長州たちからとやかく言われる。

(全然、練習していなかったら、毎日練習しているお前らと互角に渡り合えるわけないだろ)

という気持ちだった。

そんなこともあって、あの頃は、戦うのはハードだったが、「どうにかして、目にもの見せてやろう」と思っていた。長州にコンマ何秒でもいいから、

「オッ！」

という声を出させてやろうと絶えず考えていた。

長州力のファイトは一見荒々しいが、アマチュアレスリング出身だけに、本当に無駄がない。ステップもススス
ッと入ってくる。アッと思った時には、いつの間にかピタッと左足に食いついていたりする。

「長州力のバックドロップをわざとらしく受けるのはよくない」

とか、よく訳知り顔した評論家が言っていたが、あれは食った奴じゃなきゃわからない部分がある。本当にスッと入ってくるのだ。実にうまい。

スッと入ってきて、ピタッと左の腹に密着させてくる。こうなると変に踏ん張るより、持ち上げられてやった方が、自分の体へのダメージが少ないのである。

全日本時代、長州とはシングルで三回戦った。初対決は全日本とジャパンの対抗戦が始まって間もない八五年二月二一日、大阪城ホールだった。

この試合は三回の内で一番、俺にとってインパクトが強かった。エプロンでバックドロップを食って、俺がリングアウト負けになったやつだが、エプロンに平気で凄い落とし方する長州は、今思い返してもゾッとする。それをまた、怪我もしないで平気で乗り切った俺自身も褒めてやりたい。

まさに「仕掛けも仕掛けたり、受けも受けたり」という試合だった。

二回目は、それから、ちょうど四カ月後の六月二一日、日本武道館。

この時は俺を攻め切れなかった長州が暴走して、俺の反則勝ちになったが、その前に俺が仕掛けたパワーボムで長州が首を負傷した。それが原因でずっと〝爆弾箇所〟になっているらしい。

九〇年に長州が入院して「引退か⁉」と騒がれた時に見舞いに行ったが、

「あの武道館で食ったパワーボムのおかげで、今頃になって入院する破目になったよ……」

と冗談まじりに言われたことを今も覚えている。俺は俺で、

「何、言ってんだよ。そっちだって初めて戦った時にエプロンでバックドロップだなんて随分、ひどいことやってくれたじゃないか」

と逆襲したが……。

三回目の対決までのインターバルは長かった。ようやく実現したのは翌八六年九月三日の大阪城ホールだった。

この頃になると、長州が〝新日本への郷愁〟を口にしているというのが、よく耳に入ってきた。

(天龍源一郎と戦っている限りは、そんなことはないだろう。せっかく全日本に来て、そんな思いを長州にさせたくない。俺が火をつけてやる)

そんな気持ちで俺は精いっぱい戦った。

長州は応えてくれた。それまではお互いに感情が先走ってしまい、グチャグチャな展開になることも少なくなかったが、二年近い戦いを通してお互いに相手の戦法を熟知していたから読み合い、

長州率いるジャパン軍が1985年から参戦。2年間、ふたりは鎬を削った。

裏のかき合いなど高度な攻防が生まれた。

最終的には、またも俺の反則勝ちになったが、長州のラフな仕掛けは俺への解答だと解釈した。シングルだけでなくタッグ闘争も過熱した。俺とジャンボ、長州と谷津のインター・タッグをめぐる戦いは〝名勝負数え唄〟と呼ばれた。

新日本に寄り道しないか…

それでも長州は全日本を去った。

八七年二月五日、札幌中島体育センターにおける俺とジャンボが長州&谷津に挑戦したインター・タッグ戦、これが俺と長州の全日本マットでの最後の戦いになった。

試合は俺が谷津をジャーマン・スープレックス・ホールドでフォールし、王座を奪回したが、試合後、「カウント2じゃないのか?」と抗議する寺西さんをそっと抑え、おだやかな笑みを浮かべている長州を見た時に、

(新日本に帰るんだな)

と直感した。

だが、不思議と、これで終わった、という気はしなかった。

いつか戦う……。

(長州と俺は、どんなことがあっても、絶対に相まみえていく運命にある)

なぜだか、そう感じた。

次のシリーズから長州は手首のガングリオン（腫瘤）を理由に全日本のリングを降りた。そして、そのまま新日本プロレスに帰って行った。

ある時、電話が鳴った。長州だった。

「天龍さん、俺、新日本に帰るよ。今までありがとう。もしアレだったら新日本に寄り道しないか？」

その声は敵対するジャパンの長州ではなく、昔の飲み友達の長州だった。

「いや、俺はこっちで頑張るよ……」

俺は答えた。

「そう……残念だな。もし、寄り道する気になったら電話してよ。じゃあ」

俺は静かに受話器を置いた。

そして、心の中にポッカリと大きな穴があいた——。

第五章 革命

1987 - 1989

1987年6月、「天龍革命」スタート。
阿修羅・原と二人で突っ走った。

緊張感のないリング

長州が去って全日本プロレスは〝昔〟に戻った。

カード的にも、日本人対外国人のパターンに戻り、何かダラーッとした緊張感のないリングになってしまった。

そんな中でジャンボ鶴田は相変わらずだ。

俺が一生懸命にリングの中でヒィヒィ言ってやっている時にジャンボの方をパッと見たら、お客さんに向かって「オーッ!」なんてやっている。

「何なんだよ、これ!?」って感じだった。

本当にあの頃のジャンボは、俺から見ればプロレスをナメているようにしか感じられなかった。

「こういう風にやれば、お客は喜ぶんだよ」

そんな感じでタイガー・ジェット・シンなんかが来ると、同じように場外をガチャガチャ走り回っていた。シンの頭を摑んで壁にぶつけて「オーッ!」……こいつはプロレスを本当にいい加減にやっているな、とつくづく思った。

ジャンボの背中を見ているのに疲れたのは、それより一年前の一九八四年六月だった。まだ長州が全日本にいた頃のことである。

高松でジャンボと組んでロード・ウォリアーズと試合をして、俺がラリアットを食らってフォール負けした時のことだ。

試合後、力尽きて立ち上がれないでいる俺の髪の毛を摑んで引っ張りながら、ジャンボは言った。

「ほらほら、いつまでもひっくり返ってないで起きて起きて！」

「うるせぇな、この野郎！」

俺は思わず、怒鳴っていた。

こんな奴のお守りをするのは金輪際、嫌だと思った。

ジャンボの人に対する思いやりのなさが凄く嫌だった。

大相撲の横綱からプロレスに入ってきた輪島大士にも、俺はあることを感じていた。

「凄いよ、輪島さんが来たら。絶対、みんなワーワーってなって、人気が沸騰して、客が入るぞ！」

輪島さんが全日本に入って来る時には、石川と二人でそんな風に話していた。俺も石川も相撲の時の輪島人気を知っていたし、別に俺たちは輪島さんと戦うわけじゃなくて、長州たちと戦うのだから、何も変な感情を抱いていなかった。

（輪島さんがお客を集めてくれて、来た客に俺たちと長州の凄い試合を見せればいい）

むしろ、そんな感じだった。

だが、長州が去り、改めて輪島さんを見ると、

（ちょっと違うんじゃないのか）

という気持ちが胸の中に広がってきた。

「プロレスなんて、こんなもんだろ」

俺がかつてそうだったような感じで輪島さんは試合をしている。

そして、あのハンセンやシンが輪島さんに付き合うように適当に流す試合をして、それを見ても馬場さんやジャンボは何も言わないのだ。

阿修羅と組ませて下さい

長州の離脱、ジャンボと輪島に対する割り切れない感情……これらが重なって、長州が去ってから2シリーズ目に遂に俺は爆発した。

『スーパーパワー・シリーズ』第二戦、一九八七年五月一六日、小山ゆうえんち大会。この日が俺とジャンボの鶴龍コンビ最後の日になった。

「とにかく長州がいなくなった現状は現状として受けとめなければ仕方がない。でも、お客さんにはフレッシュ感とインパクトを与えていかなければ失礼になるし、ウチの会社にとってもよくない。もう鶴田、輪島と戦ってもいいんじゃないか⁉　戦いたいってことだよ。俺はジャンボの背中は見飽きたし、輪島のお守りにも疲れた！」

鶴龍コンビとしてシン＆テキサス・レッドに勝った後、報道陣に囲まれた俺は、そう宣言したのである。

当然、全日本内部は騒然となった。俺は孤立せざるを得なかった。

「ウチの会社の体質はどうやったって変わらないんだから、やめたほうがいいよ」

そうアドバイスしてくれる先輩もいた。だが唯一人、阿修羅・原だけが、

「天龍、立ち上がれ！　俺もやるぞ！」

と呼応してくれた。

前にも書いたが、阿修羅には国際プロレス時代から注目していたし、八四年四月一一日の大分県立荷揚町体育館におけるUN戦の印象が心の中に強く残っていた。

唐突に組まれたタイトルマッチ、しかもお客がクソもいない中で、阿修羅はひたむきにぶつかってきてくれたのだ。それ以来「男気のある素晴らしい奴だな」という意識が芽生えていた。

阿修羅は一時期、自分のプロレスに限界を感じて姿を消していたが、俺と長州の試合を見て「俺とも戦え！」とフリーの一匹狼になって戻ってきた。阿修羅が俺に呼応したのはラッシャー木村さん率いる国際軍団と共闘しながらも、

「あくまでも俺はフリーの一匹狼！」

と突っ張っていた時期だ。

実はシリーズに突入する前に阿修羅と話したことがあった。ちょうど阿修羅が合宿所に寝泊まりしていて、練習に行った時にバッタリ顔を合わせたのである。

「源ちゃん、最近元気ないよ」

「別にそんなことないよ……」

「もし何かやる気だったら、俺もやるよ。源ちゃんが燃えていてくれなきゃ、俺も目標がなくなっちゃって困るからさ」

そんな短い会話だった。

俺は腹を括って馬場さんに直訴した。まだ阿修羅に具体的に相談する前だった。

「阿修羅と組ませてください。好きなようにやらせてください！」

そう馬場さんに頼んだ。ひとりだとシングルマッチしかやれない。試合のバリエーションを増やすには最低一人はパートナーが必要だったのだ。

なぜ阿修羅だったか？

心意気も実力もある阿修羅を、このまま中堅の立場で終わらせてしまうのはもったいないという気持ちがあった。それにパートナーを全日本の中の人間から選ぶと、どうしても全日本のカラーが出てしまう。外で戦ってきた阿修羅だからこそ、違うカラーが出るはずだし、全日本の人間と戦う踏ん切りがつきやすいという気持ちだった。

もちろん頭の中に計算がまったくなかったとは言わない。

ここで潰れても、俺と阿修羅だったら、どこかが必ず手を差しのべて使ってくれるだろうという自信はあった。それに阿修羅だって元々は違う団体から来たのだから、駄目になっても別に責任はどうでもいいだろう、お互いに何もないだろうという気持ちがあったことも否定しない。

果たして、馬場さんのＯＫは出た。

「お前に私利私欲がないのはわかっとる。思った通りにやってみろ」

馬場さんはそう言って俺の背中を押してくれた。

そしてオフの六月四日、名古屋のシャンピア・ホテルで阿修羅とジックリ話し合った。

「源ちゃん、俺は大分の試合が忘れられないんだ。ラグビー時代、勝ち負けにこだわらず頭の中が真っ白になって無心でボールを追ったゲームが一日だけあった。それに近い感覚があったのが、あの大分なんだよ。それをもう一度、味わいたくてやってきたけど……源ちゃんと一騎打ちができるチャンスはせいぜい年に一～二回。俺も時間がないし、それだったら組みながら競い合う方法もあると思うんだ……」

というのが阿修羅の言い分だった。

俺と阿修羅はガッチリ握手した。そして報道陣を集めて、高らかに宣言した。

「ジャンボ、輪島を本気にさせて、全日本プロレスのリング上を熱く活性化させてやる。そして、俺たちの最終目標は二人で新日本プロレスに上がることだ！」

これがレボリューションのスタートだった。

二人だけの革命

二日後の六月六日、長門市スポーツセンターで俺と阿修羅の龍原砲が発進。輪島&大熊を血祭りに上げて祝杯を上げた。

シリーズ最終戦の六月一一日の大阪ではジャンボ&タイガーマスク（三沢光晴）と激突して俺たちが反則負けになってしまったが、ジャンボが熱くなっているのがわかった。

（これから面白くなるぞ！）

俺と阿修羅は確かな手応えを感じていた。

マスコミの人たちは俺と阿修羅の行動を〝天龍革命〟と名付けてくれたが、レボリューションという横文字を世に出して、俺たちのイメージ作りをしてくれたのは大阪デサントの大谷典久さんだ。

大谷さんと俺の相撲時代の後援者、全日本の営業部員が同級生で、巡業中に大阪で知り合ったのだが、歯に衣着せぬサッパリした性格で、本音で付き合える友人のひとりだった。

「源ちゃんが腹を括ってやるなら、応援するよ！」

と、大谷さんは次のシリーズの開幕戦に間に合うようにコスチュームを作ってくれた。背中にREVOLUTIONと大書きされ、その下には〝WE ALL WANT TO CHANGE THE WORLD（俺たちは皆、世界を変えたいんだ）〟のメッセージが入ったジャージだ。これはザ・ビートルズの『レボリューション』の歌詞から取ったそうだが、その頃の俺と阿修羅の気持ちにピッタリだった。

以後、大谷さんは俺たちの試合を観て、また雑誌や新聞で俺たちの発言を読んでは、節目節目に新しいジャージを作ってくれた。これがレボリューション・ジャケットとしてファンに注目されるようになった。

デザインも改良されていき、REVOLUTIONの文字がMLBのロサンゼルス・ドジャースのものに似た格好いいロゴになり、このロゴが入ったTシャツが販売されると、爆発的に売れた。天龍革命と呼ばれた俺たちの行動が、レボリューションという言葉で浸透した陰の立役者は間違いなく大谷さんである。

七月の『サマー・アクション・シリーズ』から大谷さんにプレゼントされたコスチュームを着た俺と阿修羅は必死になって無我夢中で走り始めた。

何しろ〝二人だけの革命〟である。一日でも、まずい試合をやったら終わってしまう、そんな切羽詰まった気持ちだった。

見方によっては藤波に牙を剝いた長州たちの維新軍の二番煎じになってしまうだろう。本当に毎日が勝負なのだ。

俺たちはターゲットを、まずファンではなくマスコミに置いた。毎日取材に来るマスコミの人たちを「凄い！」と言わせることができるかが勝負だった。

彼らが「凄い！」と思って熱い記事を書いてくれるようでなければ、とてもじゃないがファンを振り向かせることはできないと思っていたからだ。

一度だって同じ試合はできない。サンドイッチ・ラリアット、サンドイッチ延髄斬り、スローイング・ラリアット……いろいろなコンビネーションを考え出し、常に流すことなく、思い入れを込めて使った。

テレビのある大会場だろうが、客が入っていない田舎町の小会場だろうが、俺たちは区別することなく同じボルテージでファイトした。

もし、地方での試合だからといって、アッサリと終わってしまったら、どうなるだろう。

「やっぱりテレビがなくちゃ、手を抜くんだな」

と思われるだろう。

だが、そこでテレビと同じくらいの、いや、それ以上の試合をやれば、次にその土地に来た時に、観に来てくれたお客さんは「面白いから」と、友達を誘って来てくれて、いずれは超満員にできるんじゃないかと信じて戦っていた。

「これ以上はない」龍原砲は
毎試合、全力ファイトを展開。
全日マットを変えていった。

（テレビは予告編。テレビで見て、面白いと思ったら、ナマで会場で観てくれ！）

という気持ちだった。

ハネ発ちの日は余計に力が入った。〝ハネ発ち〟とは、試合が終わったらホテルに泊まらずに、そのまま次の試合地に向かうことである。

普通だったらサッサと試合を切り上げたいところだが、そういう時に限って俺と阿修羅は意地になって相手を引っ張り回し、長い試合をやっていた。

とにかく、すべてにおいて徹底した。

移動や宿舎は、もちろん全日本の連中と別である。例えば一緒にいて、輪島の辛そうな顔を見てしまうと、どうしても手心が加わってしまう。だから絶対に全日本の連中の顔は見なかったし、たまたま町でスレ違ってもヨソ見したり、道場で練習する時も、全日本の連中とは時間をずらして、絶対に顔を合わせないようにした。

全日本の連中と行動を共にしていれば、シリーズ中の移動もバスに乗っていればいいから楽だ。でも俺と阿修羅は時刻表と睨めっこして、電車を乗り継いで巡業に参加していた。場所によっては電車では行くことができず、リング屋さんのトラックに乗せてもらったこともあったし、マスコミの車に乗せてもらったこともあった。

実際は俺たちが勝手にやっていることだが、そのたびに、

「俺たちは、こんなにいらない苦労をしているのに、ジャンボたちはノホホンと楽しやがって。試合でガンガンやって必ずギャフンと言わせてやる！」

と闘志を奮い立たせたものだ。

とにかく俺たちは会社の中にある不平不満を全部エネルギーにして走り続けた。

俺は相撲からプロレスに来て一一年目に入っていた。阿修羅がラグビーからプロレスに来たのは俺より二年遅いが、年齢は四〇歳になっていた。お互いに一度は挫折感を味わいながらここまでプロレスをやってきて、もしも名前が残らなければ、自分たちがあまりにもかわいそうだという思いがあった。だからこそ俺たちにギブアップの言葉はなかった。人間・嶋田源一郎、人間・原進を大事にしたかったのである。

試合で「これ以上ない！」というぐらい戦って、ホテルに帰ってくると阿修羅、マスコミの人たちと一緒に飲みに行った。午前三時、四時までプロレスの話をしたり、馬鹿をやる毎日だったが、充実した日々で疲れなんか全然感じなかった。

体の中から汗を絞り出したあとのビール……ちょうどアサヒスーパードライが発売になった頃で、試合後に呑んだあの旨さが、その後の俺のプロレス人生を支えてくれたと言っても過言ではない。

この時期、俺は家族よりも阿修羅と過ごす時間の方がはるかに多かった。

「売れない漫才師と同じで、俺たちは二人じゃないと駄目だなあ。落語だったら、ひとりでいいんだけど」

などと、自虐的なジョークをよく言っていたものだ。

熱く燃え上がるリング

行動を開始してから一カ月で全日本プロレスのリングは熱くなった。

ジャンボ、輪島だけでなく、反対のコーナーに立っていても俺たちの行動に共鳴してくれていたカブキさん、石川などの選手たちがムキになって向かってきてくれたからだ。

選手の誰もがジャパン・プロレスとの対抗戦で日本人対決の魅力を知ってしまったから、俺と阿修羅が行動に出た時にワッと乗っかったのだろう。

「俺たちに乗っかれ、乗り遅れるな。食い潰すくらいの気持ちで食いついてこい！」

俺と阿修羅は、そんな気持ちで毎日代わる代わる向かってくる全日本の連中に目いっぱいの攻撃を仕掛けていた。

七月一九日の後楽園ホール。鶴田&輪島のコンビと戦い、輪島を血ダルマにして、ボコボコにやっつけたところ、馬場さんまでもが輪島に檄を飛ばしにリングサイドに飛び出してきた。

「俺もカーッと熱く燃えてきた。最終戦でタイガーと組んで、俺も天龍、原と戦う！」

馬場さんが、そうコメントした。

だが、この後、アクシデントが起こった。

七月二二日の札幌の試合で阿修羅が石川にイスで殴られた際、イスの金属部分が脳天を直撃してしまったのだ。阿修羅の頭の中を見ると、骨が見えるくらいザックリいっている。しかも指が入るほど傷口が深い。

その翌日、旭川で俺と阿修羅はハンセン&デビアスのPWF世界タッグ王座に挑戦することになっていた。俺は今の勢いを止めたくなかったが、さすがに傷口を目の当たりにすると、欠場をすすめないわけにはいかなかった。

「この怪我じゃ無理だ。明日はやめよう」

俺は言った。ところが阿修羅は、

「いや、走り始めた今が大事な時。ましてや龍原砲として初のタイトルマッチなんだから休むわけにはいかないよ」

そう言って、頭を縫わずに強行出場。ベルトを取ることはできなかったが、阿修羅の捨て身の心意気が嬉しかった。

それから一週間後、七月三〇日の東村山における最終戦の馬場さんとの対決にも当然、阿修羅は出てきた。痛み止めの薬を飲んでの強行出場だったから、試合の途中から意識を無くしていたが、それでも最後まで戦い抜いてくれた。

馬場さんをダブル・ブレーンバスターで叩きつけて戦闘不能に追い込んだ上で、タイガーマスクを袋叩きにしたが、ここで鶴田と輪島が飛び込んできた。さらに長州が去った後もジャパン・プロレスを名乗っている谷津までもが飛び込んできた。

みんな熱くなっている。

俺たちのレボリューションが、確実に全日本に大きなうねりを興していることを実感できた忘れ得ぬ試合だ。

続く『サマー・アクション・シリーズ２』では新局面が生まれた。

開幕戦の八月二一日の仙台・宮城県スポーツセンターで龍原砲vs鶴田&カブキというカードが組まれたが、ゴング前にカブキの毒霧攻撃を食った俺は戦闘不能になってしまった。

孤立した阿修羅をジャンボとカブキが二人がかりで攻めたてる。ここで全日本のセコンドについていたはずの若手の川田利明がジャンボに殴りかかって阿修羅の助けに入ったのである。そうこうしているうちにアメリカから帰ってきたばかりのサムソン冬木までリングに駆け上がった。

（おっ、冬木まで心配して来てくれたのかな）

場外でダウンしていた俺は、そう思った。何といっても冬木は、ずっと俺の付け人だったのだ。

ところが冬木は、

「上がってこい！　天龍！」

と俺を呼び捨てにして、明らかに挑発している。

何が何だかわからないまま、馬場さんの断によって、天龍&阿修羅&川田vs鶴田&カブキ&冬木という形で改めて試合開始になった。試合は本隊に反逆した川田をジャンボがバックドロップでKOして終わった。

「今日はとりあえず、向こうに詫びを入れて帰れ！」

試合後、俺は川田を怒鳴りつけて全日本の控室に戻した。俺と阿修羅は腹を括ってやっているから、どうなったっていい。だが将来ある若手の人生にいたずらに触わるのはよくないと考えたからだ。

だが、しばらくすると川田は、またこっちに戻ってきた。聞けば、ジャンボとカブキにぶん殴られ、荷物まで放り出されて帰る場所がなくなったという。

川田はこうして押しかけてくる形で天龍同盟の一員になった。

川田が入ったシリーズの序盤戦は、電車移動が不便な東北の巡業だった。その頃はまだ天龍同盟の移動バスはなかったから、自腹でレンタカーを借りて、川田がドライバーになってサーキットした。川田の天龍同盟の最初の重要な仕事は運転手だった。

俺に牙を剝いた冬木は、川田に先を越され、そこでどうやったら目立つかを考えて、敢えて俺の反対側に回ったということがわかった。それまでの主従関係からしたら俺に付くのが当たり前だが、敢えてその逆をやってのけたのだ。そのあたりは、のちに理不尽大王と呼ばれてプロデューサー的な才能を発揮する冬木ならではの感性だったのだろう。

その後、冬木と川田は抗争に突入したが、冬木の気持ちを察していた阿修羅が間に入り、当事者同士も戦いを通して心にヨシとするものが芽生えたのか、ごく自然に握手した。そしてシリーズ終盤には冬木も天龍同盟のメンバーなった。

このシリーズでは八月三一日の東京・日本武道館でジャンボと俺の一騎打ちも実現した。

何が何でも勝ちたかった。別にピンフォールじゃなくたっていい。とにかく勝って、何歩か差があったところを一線上に並びたいという気持ちだった。この一念だけでリングアウト勝ちを拾ったようなものだと思う。

その三日後の九月三日には名古屋において龍原砲としてハンセン&オースチン・アイドルを破り、ＰＷＦ世界タッグ王座を奪取した。

形はどうあれ、ジャンボに勝ち、龍原砲としてベルトも巻き、川田と冬木という新メンバーも入った。そこでシリーズ終了後、鬼怒川温泉で天龍同盟の合宿をやった。全日本じゃなくて、俺たちだけの合宿をやってやるという意地もあった。

あれは俺のプロレス人生の中でも楽しい思い出の一つだ。取材に来てくれたマスコミの人も一緒になって芸者をあげて、コンパニオンをワンサカ呼んで、飲んで、歌って大騒ぎだ。帰りにパッと領収書を見たら、六八万円！　バアーッと払うだけ払ったら三万七千円しか残っていなかった。

「体を鍛えるために合宿に来たのに、体を壊して帰る破目になった……」

なんて川田がブツブツ言っていたが、本当に帰りはヘロヘロ……何とも愉快な思い出である。

昨年（一五年）の九月、引退を前にしてBS日テレが特別番組を作ってくれることになり、そのロケで川田と鬼怒川の護国神社を訪れた。鬼怒川合宿の時に特訓をした懐かしい場所だ。だが、すでに阿修羅と冬木はこの世にいない。二八年という歳月を感じざるを得なかったが、あの時の楽しい記憶が昨日のことのように甦った。川田は「ここで〇〇しましたよね！」と細かいことまでよく覚えていた。やはり、あの時代は俺たちにとって青春だった。

思えば、天龍同盟はユニークな連中が揃っていた。俺と阿修羅は説明するまでもないだろうし、川田はちょっと全日本の中で馴染めていないところがあった。彼からは会社に対する不平不満がビンビン感じられたのだ。

冬木は国際プロレスが崩壊して全日本に移籍してきた。ジャンボと俺に付け人が付くことになった時に、俺は〝外様〟として肩身の狭そうだった冬木を選んだ。冬木は俺にとってプロレスでは初めての付け人で、いつも俺の傍にいて献身的に世話をしてくれた。だが当時の俺はまだ大したファイトマネーを貰っていなかったから飯を食わせるのがやっとという感じで、馬場さんに頼んで海外修行に出してやることぐらいしかしてやれなかった。

冬木がメキシコ修行に行った後に付け人になった小川良成は、彼は新弟子時代に仲間が夜逃げしてひとりになったり、腕を怪我したりで、ちょっと屈折したところがあり、俺の言うことしか聞かないという感じだった。だから俺が勝手にメンバーに入れた。

正式には天龍同盟のメンバーにはならなかったが、その後の付け人の北原光騎は初代タイガーマスクの佐山聡が主宰していたシューティングのチャンピオンからジャパン・プロレスに入り、ジャパンが駄目になってウチに来たが、人員整理されそうになっていたところを俺の付け人にした。

全日本時代の最後の付け人の折原昌夫は、いつも先輩にいじめられてビィービィー泣いていたが、なぜか俺が練習していると、いつも付きまとって、いつの間にか付け人になってしまった男だ。

俺のもとに集まる人間は、何か枠からあぶれた一筋縄じゃいかない奴ばかりだった。

みんな斜に構えたひねくれ者で、

「俺のことなんか、誰も見ちゃいねぇよ！」

みたいな感じだったから、

「いや、頑張ればスポットライトを浴びる日が来るんだよ！」

ということをわかってほしくて一緒に突っ走った。

まあ、偏屈な奴ばかりだったからこそ、あそこまで馬鹿正直にやれたのかもしれない。

輪島への厳しい攻めのワケ

ジャンボ鶴田と同様にレボリューションを語る上で忘れることができないのが輪島大士の存在である。俺と阿修羅は遠慮会釈なく輪島を毎日、ボコボコに痛めつけた。それが結構、話題になった。

当時、格闘技プロレスとして前田日明のＵＷＦが注目を集めていたが、後年になって前田に会った時に、

「俺たちのパットが入ったレガースじゃなく、普通のレスリングシューズで輪島さんの顔面を思い切り蹴って、額に靴紐の痕をつける天龍さんの厳しいファイトをテレビで観た時に、ＵＷＦはヤバイと思いましたよ」

と言っていたが、俺にとっては普通の攻撃だった。俺は〝相撲の横綱〟の強さを肌で知っている。輪島大士は、俺が青春をかけた相撲界で最高位に君臨した男なのだ。

「相撲の横綱はあんたたちが思っているより凄いんだよ。輪島も必死になったら捨てたもんじゃないんだよ」

そう言いたかっただけなのだ。

みんな適当に輪島さんにに合わせて調子良くやっている。でも、それは馬鹿にしているのと同じなのだ。俺は輪島さんの強さと頑丈さを確信しているから真正面からガンガン行った。すると、どうしたことか今まで輪島さんをチヤホヤしていた連中までもが、「輪島は……」と平気で言い出すようになったではないか。

輪島への厳しい攻めは「横綱」への敬意があった。

これには腹が立った。

輪島大士の本当の強さを知っている俺は、えげつない顔面蹴り、喉元へのチョップとかラリアット、首からガボッと入るパワーボムを食らわした。それでも、何もこぼさないで、耐えて起き上がってきた。

「まあ、同じ相撲出の天龍にやられてんだから仕方ねぇな」

案外、そんな風に思っていたのかもしれない。

俺は厳しい攻めをすることで輪島大士の強さを世間に知らしめたかったが、実際には輪島さんの太陽の光を吸収してしまった俺が、逆に満月のように輝いてしまった。

ある意味で天龍革命のインパクトは輪島大士によってできたと思うと、嫌がらずに向かってきてくれたことに感謝の気持ちすらある。

仕事も遊びも目いっぱい

あの頃はリング上だけでなく、プライベートでも青春を謳歌していた。

両国中学で同学年だった三遊亭楽太郎さん……現在の三遊亭円楽師匠と交流が生まれ、後楽園ホールの試合後には水道橋駅前のビルにあった焼肉屋で打ち上げをやり、その後は御徒町のスナック、赤坂のミスター林さんの店、銀座などに繰り出して朝まで飲むというのがパターンだった。

円楽さん……他人行儀になるので、ここからは楽ちゃんと書かせてもらおう。楽ちゃんと知り合ったのは、中学時代ではなくプロレスに来てからだ。結婚してすぐの三三〜三四歳頃、楽ちゃんが銀座の博品館で初めて独演会をやった時だった。

当初は馬場さんがゲストとして行くことになっていたが、都合が悪くなり、俺がピンチヒッターとして行ったのだ。お互いに両国中学の同じ学年だったことは知っていたから、すぐに打ち解け、「打ち上げがあるから、顔を出さない？」と言われたところから付き合いがスタートした。

まだレボリューションを始める前、楽ちゃんに、

「銀座で身銭切って飲むには年収いくらぐらいあったらいいのかな？」

と聞いたことがあった。その金額を聞いて、まだそれほどファイトマネーを貰っていなかった俺は、

（よし、俺も銀座で身銭切って飲めるように頑張ろう）

という気持ちになり、仕事に対して貪欲になれた。

そしてレボリューションがスタートしてしばらくして、楽ちゃん、楽ちゃんのスポンサー、俺の三人で銀座に行き、一軒ずつ勘定をもてるようになった時は嬉しかった。

振り返ると、一三歳で相撲に入り、その後はプロレスに転向し、ずっと勝負の世界で生きてきた俺には気の置ける友達というのがなかった。

いい先輩・後輩はいたが、それは友達とは違う。俺にとっては、楽ちゃんとその仲間の人たちが初めての友達だったと言っていいのかもしれない。

ハワイでゴルフに連れていかれた時には、やっぱり性に合わなくて途中でやめてしまったが、日焼けするようになったのは楽ちゃんの影響かもしれない。

シリーズが始まって地方に巡業に出た時も、楽ちゃんはたまたま同じ土地で独演会や落語会があると、終了後に会場まで応援に来てくれて、

「源ちゃんと阿修羅が、こんなに客がいない地方の会場でも手を抜かないで必死に戦ってお客さんを熱くさせているのを観ると勉強になる。俺も地方で落語をやるけど、その時に源ちゃんたちを思い出すよ」

と言ってくれた。

レボリューションをスタートさせてから、俺は常に、

「一生懸命やっていれば、必ず誰かが見ていてくれる！」

こう言い続けていた。それは応援してくれるファンであり、取材してくれるマスコミであり、一緒に生活している家族であり、楽ちゃんのような友達だ。

そしてレスラー仲間もそうだ。あの頃、女房には随分と迷惑をかけたと思うが、若いレスラーを楽ちゃんたちと連れ回して飲んだのは、

「お前たちも頑張って上に行けば、こうなれるよ」

ということを知ってほしかったからだ。

あの当時の若手はみんなトップのレスラーに成長してくれた。九〇年春に俺が全日本プロレスを辞めた後には、よく連れ回していた三沢が俺のように若い人間の面倒を見ていたようだ。

「みんなの体が大きくなったのも、お酒が強くなったのも、天龍源一郎が家を一軒も建てないでやってきたからだよ」

つい、そう言いたくなってしまう天龍源一郎もいるのだ。

全力疾走したレボリューション一年目……充実した一九八七年暮れの最強タッグは、最終戦でハンセン＆ゴディと引分けて優勝を逸したが、それでも俺はマスコミの人たちにコメントを求められ笑顔で答えた。

「今年一年、面白かったよ……いろんな意味で。特に阿修羅と一緒にやった下半期は、阿修羅に励まされ、励まし……励まされることの方が多かったけどさ、これから先、どんなことがあったとしても、この下半期の事は一生忘れることはないよ。川田や冬木にしても良くなってきたし、この一年を糧《かて》に来年も頑張らなきゃいけないいな」

ハンセンとの一線を超える戦い

一九八八年に入ると、スタン・ハンセンと前年に全日本に復帰したブルーザー・ブロディが存在感を示してきた。

俺たちのレボリューションがメインを取って、自分たちはどんどん脇役に追いやられていくという気持ちを抱いていたのだと思う。数年前まで全日本のトップを張っていた当事者だからこそ、そういう危機感が芽生えるのだ。俺がよく言っている、

「トップを張った人にしか、トップの人の気持ちはわからない」

というのはそういうことだ。

「俺たちはヤバイんじゃないか？　そのうち、次のシリーズはいらないと言われるぞ」

ハンセンとは試合後も大乱闘になるほど激しく戦った。

ハンセンとブロディはそんな話をしていたんじゃないかと思う。

特にハンセンとはプロレスの範疇を越えるような戦いになることも少なくなかった。

この八八年は全日本にあるインターナショナル、UN、PWFの三大ヘビー級王座を統一しようという気運が高まって、まずUN王者だった俺とPWF王者だったハンセンが二つのベルトの統一戦をやることになった。その前哨戦として三月五日の秋田で龍原砲vsハンセン&ゴディが組まれたが、この時にアクシデントが起こった。

俺と阿修羅がサンドイッチ延髄斬りをかましたところ、俺の蹴りが顎に入り、ハンセンが失神してしまったのだ。その後、意識を取り戻したハンセンが怒り狂って試合は両軍反則になったが、収まらないハンセンが試合後も俺たちを探して会場内を暴れ回り、俺と阿修羅は控室の裏口から慌てて飛び出してタクシーでホテルに戻った。

その四日後の横浜文化体育館での二大タイトル統一戦がただで済むわけがない。

試合は俺が一瞬の首固めで逆転勝利してUN&PWFの二冠王者になったが、内容的にはボコボコにされた。

この日は俺の方がカーッと頭に血が上った。負けたハンセンが試合後にカウベルを巻いた左腕で俺の顔面に思い切りラリアットをかましたからだ。我慢できなかった俺は外国人控室に直行し、洗面所で顔を洗っていたハンセンの顔にパンチを入れたから大変だ。そのまま廊下で大乱闘になった。

阿修羅とゴディが慌てて止めに入ったことで、なんとか大事には至らなかった。

まあ、俺としては思い切り殴り合えたからスッキリした。当時の俺たちのプロレスはそういう感じで、時として一線を超えてナマの感情をぶつけ合うものだった。

この二冠王になった八八年三月九日の横浜は、天龍同盟にとって最高の日だった。俺がハンセンに勝つ前には、冬木と川田のフットルースも石川&マイティ井上からアジア・タッグ王座を奪取した。これに俺と阿修羅のＰＷＦ世界タッグを合わせれば、たった四人で四つの王座を独占したことになる。

「今日で終わってくれれば、ホント、最高なのにな」

そんなコメントを思わずしたが、立ち止まっている時間はなかった。

三週間も経たない三月二七日に日本武道館で再びハンセンと戦ってＵＮ&ＰＷＦ二大王座の防衛戦をやり、四月一五日には大阪府立体育会館でインター王者ブロディと史上初の三冠統一戦をやった。ブロディは、俺がハンセン相手に防衛戦をやった日本武道館でジャンボに勝ってインター王者になったのだ。

試合は三〇分で両者リングアウトになり、三大王座の統一は成らなかったが、あのブロディが俺に歩み寄ってきた感じで、真っ向から三〇分もやり合えたというのは大きな自信になった。

だから、この三冠統一を巡ってハンセンとブロディと戦ったシリーズの後に、

「ハンセンにプロレスの凄さを、ブロディにプロレスラーの凄さを見させられた。ハンセン、ブロディを相次いで凌いで〝プロレスで食ってるんだ〟っていう職業意識が出てきた気がする。今までの俺のバックボーンは相撲だったけど、今後は、このシリーズでの闘いが俺を支えてくれると思う」

とコメントしたのだ。

充実の革命一周年

シングルだけでなくタッグ王座もウォリアーズが保持するインター・タッグ王座と、俺と阿修羅が保持するPWF世界タッグ王座の統一の気運が生まれた。

そこに〝待った〟をかけてきたのが鶴田、谷津の五輪コンビだ。

俺と阿修羅はウォリアーズと戦う前に五輪コンビの挑戦を受けることになった。それは俺と阿修羅が握手して、ちょうど丸一年の六月四日、札幌中島体育センターだった。

試合は……負けた。実は左腹部肋膜軟骨亀裂骨折の怪我を負っていた阿修羅が、谷津のジャーマン・スープレックスに屈してしまったのである。

あんな奴らに負けるはずがないと思っていたが、阿修羅のコンディションを考えれば仕方のない結果だった。

だが、俺たちに暗さは微塵もなかった。控室に戻ってから天龍同盟全員で、笑顔で記念撮影した。

一年目にしての敗戦だけに、さすがに冬木などは暗い顔をしている。

「おっ、何、暗い顔してるんだ。笑えよ！」

俺は冬木の肩を叩いた。

これは何も強がりではなかった。

一年間、突っ走ってこられたことの充実感、そして一年経って、ジャンボや谷津がムキになって

天龍同盟のメンバーと革命一周年を祝って記念撮影。

向かって来るようになったことが勝敗を抜きにして無性に嬉しかったのだ。

レボリューションを始めた当初は〝大きな夢と小さな希望〟だったのが、小さな夢が叶って、全日本プロレスに大きな希望が生まれたと実感できた。阿修羅と始めた当初に引き摺っていた長州の影も消えた。俺の中の何かが吹っ切れた。

「今日の負けは、何ら恥じることはない！」

俺は胸を張ってコメントした。

その夜は当然、一周年を祝う宴だ。知り合いのスナックで阿修羅、親しいマスコミと飲み明かした。ホテルに帰ったのが朝六時。三時間後の九時には出発だ。

その頃には、会社も天龍同盟専用の移動バスを用意してくれるようになっていた。俺はシャンペンを持ってバスに乗り込んで、ゲンナリしているみんなと、またまたお祝いだ。こうした馬鹿をやることも、俺たちのエネルギー源だったのである。

タッグ王座統一はウォリアーズを破って五輪コンビが果たした。誰もが天龍同盟の勢いは一段落ついたと思っていたはずだ。ところが思わぬところから俺たちに牙を剝く連中が出てきた。

タイガーマスク（三沢光晴）、田上明、仲野信市、高野俊二（現・拳磁）、高木功の五人組である。

俺たちは相手がジャンボだろうが輪島だろうが、若手だろうが、お構いなしにボコボコにやっつけていたが、彼ら五人は、

「いつまでもコケにされていたら冗談じゃない。逆にやってやる！」

と〝決起軍〟なるグループを作って向かってきた。

次のシリーズは連日、決起軍と戦った。俺たちは「これ以上ないだろう」というぐらいに彼らをぶちのめした。

「トップの力はこれぐらいあるんだよ。これぐらいのことを超えていかないと上には行けないんだよ」

と、体で思い知らせてやった。

毎日、誰かが俺たちにイスでかち食らわされ、顔面を蹴り上げられ、ラリアットをぶち込まれて、血を流しながら、のたうち回っていた。それでも食らいついて「離れまい」と必死に向かってきた三沢、田上は、俺が全日本プロレスを去った後に四天王と呼ばれるようになり、トップを取った。

俺たちと組みながらも「馬鹿野郎！　それがメインの試合か⁉」と毎日のように怒鳴られていた川田もそうだ。

川田や小川、北原は天龍同盟時代の俺について、

「いつも不機嫌でピリピリしていた」

と言うが、それは当然だ。俺は意識して自分の気持ちをイライラさせて、不服がある状態にしていたからだ。

腹いっぱいではなく、ハングリーでイライラした状態でリングに上がると、相手に対してシビアな攻撃ができる。シビアに攻撃すれば、相手が倍返ししてくるから、それによって自然に試合が白熱して、観客を満足させられるっていうのが俺の考えだった。

適当にやっていると、相手も適当にしかこない。だから俺は相手に対して目いっぱいの攻撃をや

るし、その代わり目いっぱいこられる。全力の攻撃を食らうから、自分の体にダメージはあるが、それがお客に対する返礼だと思ってやっていた。そして、それは俺がトップと言われるポジションになってから引退するまでずっとやってきたことだ。

決起軍の壁になった七月シリーズ中盤に悲しいニュースが入ってきた。ブロディがプエルトリコでレスラー仲間のホセ・ゴンザレスに刺されて現地時間の七月一七日に死亡したというのだ。親友のハンセンの悲しみは深かった。そして、その悲しみを怒りに転化させて、俺にぶつけてきた。

七月二七日、長野市民体育館で俺はハンセンの挑戦を受けてUN&PWF二冠王座の防衛戦をやったが、感情が高ぶっているハンセンに試合前に襲撃されてベルトで顔面を殴られて大流血してしまった。試合はラリアットで場外フロアまで吹っ飛ばされて、壮絶なリングアウト負けに。

俺は前歯を二本折り、右の瞼を一五針縫うほどの怪我を負った。その日はハネ発ちだったから、バスで東京まで戻ったが、揺れると縫った傷口から血がダラダラ流れた。それでもハンセンの悲しみをガッチリ受け止めてやったということで俺は満足した。

突然いなくなった盟友

この頃になると阿修羅の体がガタガタになってきた。無理もない。一年半近くも全力で突っ走ってきて、毎日、ジャンボや輪島、ハンセンやブロディ、決起軍……と、代わる代わる向かってくる敵とムキになって、やり合ってきたのだ。

ラグビー時代から悪かった両膝はガクガクになり、腰も悪く、タイツの下をキチキチにテーピングしてリングに上がっていた。控室にいる時も、おじいさんのように腰を曲げてソロリ、ソロリと歩いている。それでも出番近くになると、

「さて、そろそろ行くかね。源ちゃん、今日も一丁、ぶちかまそうか」

と腰を伸ばしてリングに上がり、ひとたびタックルを食ってバーンと受身を取ると、怪我が嘘のように、ひたむきにファイトしていた。

俺がハンセンとの試合で大怪我をする三週間前の福井・小浜での6人タッグマッチで、阿修羅は背後からハンセンのタックルを食って、コーナーのマットと鉄柱をつなぐ金具に顔面から突っ込んでしまった。

顔の肉が金具に引っかかって、大げさではなく本当に一瞬ベロリと剝がれた。その傷口を見たら、しばらくは焼き肉が食べられないほどの大怪我だったが、阿修羅は自分が興行を担当した四日後の大会に強行出場し、二週間後には完全復帰を果たしてしまった。

まさに阿修羅のような生きざま……俺は心中密かに阿修羅のレスラー生活が、そう長くないことを悟っていた。

「思うように体が動かなくなったらレボリューションはやれない。来年の春あたりが限界かな……」

阿修羅自身も、時折漏らすようになった。

だが、阿修羅が全日本プロレスを去る日はそれよりも早くやってきた。

『'88世界最強タッグ』開幕前日の一一月一八日、阿修羅は全日本プロレスを解雇されてしまったの

である。

この日、前夜祭ということで品川のホテルに集合になっていた。ホテルに着くと、すぐに馬場さんに呼ばれた。

「阿修羅なんだけど……借金とかいろいろ問題があってな、話をしていたんだけど『ちょっと電話をかけてきます』と席を立ったまま、いなくなっちゃったんだよ。解雇するしかない。（お前が）最強タッグを休むわけにもいかんから、冬木か川田と組んでやってくれ」

そう言われて、俺はハンマーで頭をぶん殴られたような思いだった。詳しい経緯はわからないが、いろいろな思いが頭の中を駆け巡った。

（一言も俺に言わないで、パッていなくなって……阿修羅、冷たいよ、水臭いよ）

（俺たちは、こんなにも頑張ってきたんだから、金で解決がつく問題だったら、馬場さんも何とかしてくれりゃあいいじゃないか）

翌一九日、足利市民体育館における開幕戦。馬場さんが日本テレビのカメラの前で阿修羅の解雇を正式に発表した。驚いたマスコミの人たちが俺の周りに集まったが、

「それを俺にコメント取りに来るの？　じゃあ、てめぇの女房が浮気してるからって、どう答えりゃいいの……それと一緒だよ。そんな質問してくれるなよ。何で俺が答えられるの？　だろ？　何も話すことはないよ」

と答えるのが精いっぱいだった。

阿修羅がいなくなっても、俺たちは踏ん張って走り続けた。俺たちが一生懸命、踏ん張り続ける

ことによって、解雇された阿修羅も踏ん切りがつくと信じたからだ。

阿修羅が今までやってきたことを認めていたし、俺には発言する場はあっても、阿修羅にはない。だから自分の心の中に留めて、阿修羅のことは口にしないことを心に誓った。

この時、改めて思い知ったのは、誰が抜けてもスペアは腐るほどいるということだ。

「休んだら、誰かに取って代わられてしまう」

鼻の骨を折られても休まなかったノースカロライナ時代のフレアーを思い出した。

「どんなにトップにいても、隙があると自分のスペアなんか掃いて捨てるほどいるのが組織というもの。立ち止まっている暇なんてない！」

俺は新パートナーに川田を選んだ。川田よりキャリアもあり、俺の付け人をやっていた冬木を選ぶのが自然なのだろうが、俺としては意外性を狙った部分もあるし、川田は空中殺法などの縦の動きがあって阿修羅とはまったく違うタイプだったからだ。ずっと身近にいた冬木だったら、自分より後輩の川田が抜擢されたとしても、グッと呑み込んでくれるだろうという気持ちもあった。

俺と川田は最強タッグを完走した。一二月二五日の日本武道館での最終戦ではハンセン＆ゴディと戦い、俺がハンセンのラリアットにKOされたが、それはそれで納得だった。川田にメインイベントの景色をみせてやることができただけで十分だったのだ。

この最強タッグ開催期間中に一筋の光明がアメリカから差し込んできた。ノースカロライナのジム・クロケット・ジュニアからNWAの権利を買収したテレビ王テッド・ターナーが設立した新会社のWCWから、

「NWA世界王者のフレアーの挑戦者として、ぜひ天龍をアメリカに迎えたい」

とラブコールを送られたのである。

WCWはNWAの体制を一新し、ショーアップされたWWFにストロング・プロレスで対抗するという方針を打ち出していた。

「それだったら七〜八年前に一緒にノースカロライナをサーキットして気心も知れている日本の天龍をチャレンジャーにしたい。彼はストロングだし、俺と彼のチョップ合戦はアメリカのファンに新鮮な衝撃を与えるはずだ。それに外国人のチャレンジャーとなれば、ベルトの国際的価値も認識される」

世界王者のフレアー自身が、俺を強力にプッシュしたという。

単なるタイトルマッチ挑戦というのではなく、テッド・ターナーが持つケーブル・テレビ局WTBSによる全米中継なども駆使して、何カ月もかけて〝日本の天龍〟をアメリカで売り出すという、ビックリするような話だった。

俺は時が時だっただけに心底、嬉しかった。

「一生懸命やっていれば必ず、どこかで誰かが見ていてくれているという俺の信念は間違っていなかった！」

そう思えて嬉しかったのだ。

結局は日本のスケジュール優先のため、長期的な売り出しとNWA世界王座への挑戦というプランは実現しなかったが、WCWの熱心なオファーに応えて、年明け九〇年二月に渡米して、同月一五日のオハイオ州クリーブランドにおける全米生中継のビッグショー『クラッシュ・オブ・チャンピオンズ』に出場した。ＷＣＷのブッカーは、かつてノースカロライナで俺を引き上げてくれたジョージ・スコットだった。控室ではリッキー・スティムボートとも再会した。

俺はペイントも施さず、日本と同じようにレボリューション・ジャケットで登場したが〝ジャパニーズ・ウォリアー〟ということで、いきなりウォリアーズとＮＷＡ世界６人タッグ王者に認定されていて、その防衛戦が組まれていた。

相手はスティング＆マイケル・ヘイズ＆ジャンクヤード・ドッグだと聞かされていたが、試合前にスティングらを控室に監禁したスティーブ・ウイリアムス＆マイク・ロトンド＆ケビン・サリバンが襲いかかってきて、そのまま試合に突入し、途中で控室から脱出してきた本来の挑戦者チームのスティングたちもリングに飛び込んできて、まるでバトルロイヤルのような訳のわからない展開になってしまった。

だが、アメリカン・プロレスで育った俺にとっては、こんなことはどうってことない。収拾がつかない中でも俺は向かってくる奴を俺のいつものファイトで撃退しただけだ。

日本のことを考えると、ＮＷＡ世界王者になってアメリカを長期間サーキットするという夢は断念しなければならなかったが、ＷＣＷに正式に招待され、ビッグショーでタイトルマッチをやれたことは、第二の故郷に錦を飾った気分だった。

以後、ＮＷＡ世界６人タッグのベルトがどうなってしまったのか、俺にもわからない。ただ、ＷＡＲを旗揚げしてからＷＡＲ認定世界６人タッグ王座を新設したのも、６人タッグ・トーナメントをやったのも、これがヒントになっている。

全てをぶつけ合ったジャンボとの抗争

ジャンボ鶴田との戦いが最高潮に達したのは元号が昭和から平成に代わった一九八九年ではないかと思う。

レボリューションをスタートさせてから初一騎打ちとなった八七年八月三一日の日本武道館は俺がリングアウト勝ちした。

同年一〇月六日の所も同じ日本武道館での二回目の対決は、ジャンボが暴走して俺の反則勝ちだった。またもピンフォール決着ではなかったが、大きな手応えがあった。

(完全に火がついてるな。これがある限り戦いは伸びていくし、ジャンボも捨てたもんじゃないな。納得の反則裁定だ!)

いつも冷静なジャンボが逆上したのを見て、俺は心の中でニタッと笑った。

それから一年後の八八年一〇月二八日、横浜文化体育館での三度目の対決では、今度は逆に俺が反則負けになってしまった。応援してくれるファンには申し訳なかったが、ジャンボがレフェリーの制止を無視して俺をコーナーに詰め、上目線でエルボーやパンチを連打してきた時に、

(ここでジャンボにナメられたら、一生、こいつの上に行けない。ここで目にものを見せなければ!)

という気持ちが芽生え、逆にジャンボをコーナーに詰めて袋叩きにしてしまった。勝敗は二の次

互いのプロレス観、生き様…全てを賭けて鶴田と激突した。

で俺は俺の意地を通したのだ。

あの頃の俺とジャンボの関係は、それこそ箸の上げ下げから気に入らないというか、お互いの生き様すべてをぶつけて戦っていた。

「そうはいくかい！」

「チンケなことやりやがって！」

彼を見て、あんな風になりたくないというのが正直なところだった。

逆にジャンボも俺を見て、

（あんな風になりたくない！）

と思っていたはずだ。ジャンボはマスコミの人たちに、

「あんな馬鹿みたいに銀座で酒飲んで、もし金が残らなかったらプロレス辞めた時にどうするんだよ？」

と、ことさら生き様の違いを主張していたようだが、俺もジャンボの悪口を言いながら酒を飲んでたわけだから、相容れないものが絶対にあったのだ。

俺は常に「こいつよりも一ミリでも先に行ってやろう」と思っていた。もちろん殺し合いではないけれども、そこのギリギリのところだったと思う。

実際、ジャンボの技は強烈だった。

（ジャンボのこんなニーなんか、よけてたまるか！　もっとガーンと来いよ！）

そんな感じでやっていたら、ジャンボもそのうちにニーパットを外して膝頭を立てて真正面から

顔面にぶち込むようになった。あれは本当にえぐかった。首を持っていかれて、意識が飛ぶことが何度もあった。

俺はアホな性格だったから、その意識が飛ぶようなプロレスをやりながら心の中で、誰に対してだかわからないが、

「見たか、この野郎!」

と叫んでいたような気がする。

高角度のバックドロップは受け身が取りづらい危険な技だった。背が高い分だけ落差があるのだ。本人は相手の受け身の技術のレベルによって角度を調節していたようだが、腰をもう一捻りしたら誰もが真っ逆さまにキャンバスに突っ込んで首をやってしまう危険な技だった。当然、俺には最上級のえぐいやつを平気でお見舞いしてきた。

首はその時は痛くなくても、時間が経ってから後遺症が出てくるから怖い。のちに患う狭窄症もそうだし、握力が無くなって手が痺れたりする時があると、今さらながら、

(ジャンボ、この野郎!　やりやがったな!)

などと思ったりする。俺の体にはジャンボと戦った傷痕がしっかりと刻み込まれているのだ。

時計の針を二七年前の一九八九年に戻すと、俺とジャンボの戦いは三冠ヘビー級王座を巡る戦いになっていた。この年の四月一八日、インター王者のジャンボが、俺からUN&PWF二冠王座を奪ったハンセンに勝って初代三冠ヘビー級王者になったのである。

その二日後の四月二〇日、大阪府立体育会館、ジャンボの初防衛戦の相手は俺だった。

この時のジャンボもえぐかった。パワーボムで変な角度で叩きつけられた俺は、首をモロに強打し、その衝撃で首だけでなく爆弾を抱えていた腰も負傷して欠場に追い込まれてしまった。ハッキリ言って完敗だった。

一カ月ちょっとでカムバックしたものの、この頃が一番辛い時期だった。そうすると、やっぱり阿修羅のことが思い出されるのだ。昔は励まし合える阿修羅がいた。でも今はいない。不安だし、めげそうになる俺がそこにいた。

その一方で、怪我をしながらも「ナーニ、このぐらいのことで……」と阿修羅と二人でシャカリキになって走っていたことも頭の中に浮かんでは消えた。

六月五日、日本武道館。再び俺はジャンボの三冠に挑戦した。俺を負傷させてしまったことをジャンボは気にしていた。故意ではなく、汗で滑って変な角度のパワーボムになったらしい。だが、そんなことは俺にとってはどうでもいいことだ。俺は不安を承知で、ゴングと同時にジャーマン・スープレックスをかましてやった。

「俺はリング上で起こったことには文句は言わない。もし、それを引きずってるのなら、お前は馬鹿だ。この通り大丈夫だし、ガンガン来てみろよ！」

というジャンボに対するメッセージだった。

ジャンボも吹っ切れたのか、えげつないほど首を狙ってきた。ブルドッキング・ヘッドロック、ラリアット、フライング・ネックブリーカー、首筋へのニードロップ……相撲のかわいがりの時と同じで、途中から痛みがわからなくなってきた。ズシンという重みがあるだけなのだ。

鶴田の猛攻を凌ぎ、渾身のパワーボムを決めて三冠王者に。

俺にはパワーボムしかなかった。一発目……カウント2だ。

(これで決まらなきゃ、俺に勝ち目はない!)

間髪を入れずに二発目を決め、渾身の力でジャンボの大きな体に覆い被さった。

「ワン、ツー、スリー!」

レフェリーの和田京平のカウントする声と、マットを叩く音、そして地鳴りのような大歓声が聞こえた。

遂に俺は三冠王者になったのである。

これまで何度も死闘を繰り広げてきたスタン・ハンセンがリングに駆け上がって、俺を祝福してくれた。その顔が阿修羅にダブッて見えた。

俺はインター、PWF、UNの三本のベルトを、どこかで必ず見てくれているであろう阿修羅に向かって高々とかざした。一九八九年六月五日……奇しくも天龍革命三年目に突入した第一日目であった。

この時を境に俺とハンセンはタッグを組むようになり、ファンやマスコミの人たちには〝龍艦砲〟と呼ばれたが、ハンセンは常に俺以上にイライラしていた。

やはりハンセンには「俺は天龍よりも上の扱いを受けるべきだ」というプライドがあったと思うし「なぜ俺が天龍の下のように見られるのだ」という不満もあったと思う。俺を取材しようと控室に来る記者をブルロープで追っ払うハンセンを見て、そう感じた。

ハンセンとは世界タッグも取ったし、暮れの『'89最強タッグ』でも史上初の全勝優勝という記録を作ったが、俺にとっては気を遣うパートナーだった。

友達として付き合えるようになったのは二〇〇一年に彼が引退してからだ。

ジャイアント馬場をフォール

三冠王者になり、ハンセンとのコンビで世界タッグ王者になった頃から、俺はあることを感じ始めていた。それはレボリューションの役目は終わったということだ。

リング上は、みんな熱い。日本武道館は超満員になるし、天龍同盟がいなくても全日本はもう大丈夫だという自信があった。当初、掲げた大義名分も、ほとんど実現させてしまっていた。

それでも俺は『サンダーストーム』がかかれば、最初の頃と何ら変わらない気持ちで意地になって走り続けた。

それは、阿修羅と二人で走り始めて……何もなくて、すぐに行き詰まりそうで、それでも心を一つにしてやってきたということを過去の物にしたくはなかったからだ。

頭では理解していても、他の選手や社員から「もう天龍同盟がいなくても……」という声が漏れ聞こえてくると腹が立った。

（全日本プロレスをここまで隆盛に導いたのは、お前らじゃないんだよ！）

そう心の中で叫び、走り続けていた。

年を締め括る『'89世界最強タッグ』で馬場&ラッシャー木村と激突した一一月二九日の札幌中島体育センターと同じ日、大ブームになっていたＵＷＦが東京ドームに初進出した。

俺は、これを相当に意識していた。

マスコミの数も少ない……。

（よし、来てないマスコミと客に後悔させてやる）

という気持ちだった。

当時、ＵＷＦはプロレスと対極にある格闘技という風潮があったが、馬場さんは、

「ああいうものを超えたものがプロレスだ」

と言っていた。俺もそうだと思っていた。

当時、馬場さんは「明るく、楽しく、激しいプロレス」を全日本プロレスのキャッチフレーズにしていたが、俺もプロレスはそういうものだと理解していた。

〝楽しいプロレス〟という表現をとやかくいう人間もいた。しかし手加減してヘラヘラやるのが〝楽しいプロレス〟ということではない。観に来たお客が「やっぱ、スゲぇ！」と楽しむのが本来の姿だと俺は解釈していた。

今、「プロレスって何ですか？」と聞かれたら、俺は、

「プロレスとは最高の娯楽で、最高のエンターテインメントですよ」

と自信を持って答えることができる。

とにかく俺も馬場さんもＵＷＦを意識して燃えていた。

そして俺はゴング前から仕掛けた。入場して来た馬場さんにトペでアタックしたのである。不意をつかれた馬場さんは左脇腹を強打し、試合開始のゴングを待たずして戦闘不能に陥った。

俺とハンセンは孤立した木村さんを容赦なく攻め立てた。結果、木村さんは八分で場外に沈んでしまった。

ここから試合終了まで、体勢を立て直した馬場さんの出ずっぱりになった。俺とハンセンはダブル・タックル、ダブル・ブレーンバスター、合体パイルドライバー、合体パワーボム……と、馬場さんを潰しにかかった。

俺は、この日に限らず常に馬場さんに対して厳しい当たりをしていた。もし変に遠慮して、技の出し方が甘くなってしまったら、見ている人に対して、

「馬場はこんなもんだよ」

そう言っているのと同じで失礼だと思ったからだ。

馬場さんが〝ジャイアント馬場〟として反対側のコーナーから出てくる限りは、俺は持っているものを全部出して、目いっぱいの力でぶつかっていった。

馬場さんも俺に16文キック、バックドロップ、ランニング・ネックブリーカーを必死に繰り出してきた。俺の攻めが半端じゃないからこそ、「この野郎！」と〝ジャイアント馬場〟を発揮したのだと思う。

その馬場さんに渾身のパワーボムを決めた。ハッキリ言って見栄えはよくなかったと思う。本当に角度だけ……角度だけでフォールできたパワーボムだった。馬場さんの体が真っ直ぐに落ち、首に体重が全部かかったのがわかった。

俺はジャイアント馬場に勝ったのだ。

ジャイアント馬場から記念すべき
ピンフォールを奪取。

3カウントが入った後、凄い馬場コールが起こった。

改めて、この道一筋三〇年トップでやってきた人に対する大衆の支持は凄いものだなと思い知らされた。そして嬉しさよりも、

(馬場さんは本当に俺のパワーボムを返せなかったのだろうか?)

こんな想いもよぎった。普通に考えれば、翌日のスポーツ新聞はUWFの東京ドーム進出一色になるだろう。

(だったら、少しでも紙面を全日本に割かせてやろうじゃないか!)

という全日本プロレスの社長としての馬場さんが顔を出したのではないかと一瞬思ったのだ。

本当のところはわからない。それこそ、いつかお迎えが来て、馬場さんと再会した時に聞こうかとも思う。いや……聞かないで永遠にクエスチョンのままにしておく方がいいのかもしれない。

試合後、俺は、

「この勝ちは東京ドームより重い!」

とコメントした。これから重荷を背負っていかなきゃいけない、というのが実感だった。

トップレスラーになってからの馬場さんをフォールした日本人レスラーは俺が初めてというのは紛れもない事実。これで否応なしに矢面に立たされたのだ。

(これから俺が全日本プロレスを引っ張っていかなきゃいけない……いや、引っ張っていってやる! 絶対にコケるわけにはいかない!)

そんな意識が強烈に生まれた。

俺はこうして一九八〇年代をプロレスラーとして最高の形で締め括ることができた。

それからわずか五カ月後、全日本プロレスを飛び出すことになろうとは夢にも思っていなかった。

第六章 逆流

1990 - 1992

1990年5月10日、SWS設立発表会にて。

悶々たる日々

年が明けて一九九〇年。

俺は悩んでいた。

前の年の一一月、馬場さんをフォールして、

（これから俺が全日本プロレスを引っ張って行ってやる！）

と決意したのだが、その一方で、俺は会社の空気を察知していた。

長州離脱後、全日本プロレスはドン底に落ちた。

「後楽園ホールを超満員にしてやろう！」

俺と阿修羅はそこからスタートした。

それから二年半が経過し、お客が入るようになった。後楽園ホールは超満員記録が続き、日本武道館クラスの大会場でもカード発表前からチケットが馬鹿みたいに売れるようになった。

俺たちの全力ファイトにファンが共鳴してくれたことは嬉しかった。

しかし、その後の尋常ではない人気を、俺は好きになれなかった。どこか嘘臭くて信用できないのだ。それでも、こういう状況になると会社は胡坐をかき、平然としている。そして、

「別に天龍たちのお陰でこうなったわけじゃないよ」

と、俺たちを隅に追いやろうというムードが日々、露骨に感じられるようになったのである。

相も変わらず俺は「新日本が……」などと好き勝手なことを言っていたから煙たくなっていたの

かもしれない。俺たちが、いくらアイデアを出しても通らず、知らないうちにカードや日程が発表されることも、度々あった。

（そうかよ、もう全日本プロレスには天龍源一郎は必要ないのかい！）

日増しに、そんな思いが募っていった。会社の方向性と俺たちの間にギャップが広がる毎日……そんな中で一筋の光明となったのが、二月一〇日、東京ドームで新日本プロレスのリングに上がることが決定したことだ。

どういう状況であれ、俺は全日本プロレスを愛していた。

相手は長州力とジョージ高野。

（絶対に負けるわけにはいかない！）

俺は、そう感じていた。だから敢えて俺のパートナーから川田を外し、普段は戦っているタイガーマスクを起用した。

川田では勝てなかった、というのではない。大勝負になればなるほど、プレッシャーが重くのしかかる。そのプレッシャーに対するには、キャリアが必要となるのだ。キャリアの差を考えてタイガーマスクと組むことにした。どうしても負けられない……万全を期したのである。

相手は長州。俺なりのメッセージを長州に肌で伝えたかったし、長州からもメッセージを発してほしかった。

「お前が『夢がない』と去っていった全日本プロレスを背負って俺は戦う。この三年間の俺の人生をガッチリ見せつけてやる！」

愛社精神に燃えた俺は、レボリューション・ジャケットではなく、久々に大勝負用のガウンを着て、全日本プロレスを背負って東京ドームのリングに立った。

それは八四年九月三日の大阪府立体育会館での長州との最後の一騎打ちの時に来た黄色のガウンだった。そうすることによって、かつての長州との熱き戦いの日々が蘇るとも思ったのだ。

(今までのモヤモヤをこの一戦にぶつけよう、ここから何かが生まれるだろう)

俺はワクワクして戦いに挑んだが……結論から言うと、新日本のリングに夢を見たが、次の夢は見させてくれなかった。

うまく表現できないが、長州と久しぶりに肌を合わせたものの、気持ちがスーッと引いてしまったのである。

俺はずっと維新軍でやっていた長州の影を追っていたんだと思う。だが、目の前にいた長州は、すっかり新日本プロレスという体制に組み込まれていた別人だった。

俺は、ここで響くものを感じ取ることはできなかった。

(「もっと激しく、もっと激しく」と俺の求め続けていたものなど、本当は何処にもありはしないのではないか?)

そんな気分で試合の最後の方は戦っていた。

結果はタイガーマスクがジョージにリングアウト勝ちした。

試合が終わった瞬間、新日本に上がりたいと言ってきた夢、長州ともう一度戦いたいという夢、レボリューションでやってきたこと……三年間のすべてから解放された気分だった。

勝つには勝った。とりあえずは団体の面子は保てたが、それだけだった。

（やっぱり俺は全日本プロレスが好きだ。これだったら全日本の次の世代が育ってくるまで、向かい風になっている方が性分に合っている）

そんな風にも思った。だが、悶々とする日々は続く。

二月末にあった契約更改も俺を本当にガッカリさせた。

会社側の誠意が、まるっきり感じられないのだ。契約更改の場に、肝心の馬場さんもいない。

俺は専務に言った。

「ジャンボは、この条件でサインしたんですか⁉」

「もう帰ったよ。源ちゃん、俺もこんな嫌な仕事はしたくないんだよ」

「ジャンボが文句言わないなら、僕も言えないですよね。わかりました」

そんな話をしていると、馬場さんの奥さんの元子さんが俺を呼びに来た。

「源一郎君、下の喫茶店で、お父さん（馬場さん）が呼んでますから……」

俺は「みんなをちゃんとしてやれなくて……」というような言葉が聞けると思っていたが、馬場さんは新装後のプロレスこけら落としとなる五月一四日の東京体育館大会の話しかしなかった。俺が契約更改に来たのがわかっているのに、そこには一切触れないで、

「東京体育館でラッシャー木村とやるか？」

と、いきなり言われたからカチンときてしまった。頭にきた俺はコーヒーも飲まずに五～六分言葉を交わしただけで、

「話ってそれだけですか⁉　帰っていいですか？」

馬場さんにそんな偉そうな口をきいて帰ってきたのを覚えている。

当時の気持ちを思い起こすと……金銭的というよりも〝天龍源一郎に対する評価〟に満足感が得られなかったんだと思う。もう少し馬場さんから労いの言葉、それは俺だけではなく、俺に向かってくることで頑張っていたみんなに対しての言葉が欲しかったというのが正直なところだ。

金銭的なことを言えば、俺にケツを叩かれて突っ走ってきた冬木、川田はもちろんだが、カブキさんや中堅の渕あたりにも「天龍と絡んでいて良かった」と思えるような待遇にしてほしかった。

だからジャンボがさっさとサインして帰ったというのにも頭にきていた。

(トップの人間として、みんなのことをもうちょっと配慮してくれよ)

それが俺の気持ちだった。

「馬鹿らしいな、この会社だけは。とんでもねぇ会社だな！」

家に帰って、まき代にそう言ったのを覚えている。

雨の中の解散

阿修羅がいなくなって、俺と冬木、川田の三人だけの天龍同盟。ずっと走り続け、毎日メインでジャンボたちと戦ってきた冬木と川田は明らかに疲れ切っていた。

それと同時に、これは俺も含めてかもしれないが、完全に甘えてしまっているのも見えた。段々、熱意ではなく、惰性でやっている感じになってきたのだ。

例えば、試合前、控室で、

「どうする、今日？　なんかやるか？　やりたいことは？」

と言っても、二人とも黙って意見を言わない。

「ヨシ、今日は一発、これをやってみよう！」

結局、俺しか意見を言わないのである。ムカッ腹が立つ一方で、

（こいつらも毎日メインで、俺にどやしつけられて突っ走ってきて、疲れてるんだ。こんなに頑張ってきたのに、こいつらのギャラを上げてやることもできなかったし、これ以上、こいつらを引っ張り回してボロボロにするよりも、余力のあるうちに全日本に戻してあげて、自由にやらせた方がいいかもしれない……）

そんな思いが募っていた時、ある事件が起こった。四月四日、小倉の試合後のことだ。

例によって俺は親しいマスコミの人たちと試合後にちゃんこ屋で飯を食っていた。

その場で、天龍革命のスタートから密着取材していたが、ここ一年は他団体の担当になっていて、久しぶりに取材に来た記者がこう言った。

「天龍さん、久しぶりに天龍同盟の試合を見たけど、昔に比べてつまらなかったなあ」

俺は必死に弁明した。

「いや冬木も川田も疲れているし、あいつらのギャラも上げてやれないし……」

だが、その記者も酔いが手伝ってか一歩も退かない。

「でも、面白くない！」

その瞬間、俺はキレてしまった。

「これだけ言ってもわかんねえのか、この野郎！」

素人には手を上げないというのが俺の信念だったのに、テーブルを引っくり返し、その記者を蹴飛ばしてしまった。

それほどまでに痛いところを突かれてしまったのだ。

（もう、ごまかせない！）

その記者には次の日に謝ったものの、三日後、俺は高知の十和村十川こいのぼり運動公園で天龍同盟を解散した。

そうだ、俺たちの身上は、妥協なき懸命のファイトを続けることで、お客さんにまでも、その痛みを伝えきるファイトをすることだった。

それが、惰性でやっていることを薄々自覚するようにまでなってしまっている。もう解散しかない、そう思った。

四月七日、天龍同盟最後の試合は屋外で雨だった。俺と冬木、川田は雨の中でジャンボ＆カブキ＆マイティ井上に敗れた。

阿修羅と二人で走り始めてから二年一〇カ月、一つの時代に幕が下りた――。

メガネスーパーからの誘い

当時のことを振り返ると、運命としかいいようがない気がする。すべてがすべて、俺を全日本プロレスの外に出そうという方向で動いていたのだ。

テーブルを引っくり返す前の日のオフには桜田一男（ケンドー・ナガサキ）から電話があった。

「実は新しいプロレス団体ができるんだ。メガネスーパーという会社がスポンサーになるんだけど、天龍に来てほしいということだ」

というのが話の主旨だったと思う。俺は俺で、

「今、シリーズ中だし、そんな話はしないでくれ。とりあえず、終わってから……」

と桜田に返答した。

決して迷惑な話ではなかった。しかし、熱意が薄れてきたことを自覚していたとはいえ、大切なシリーズ中だ。シリーズが終わるまでは、それ以上、桜田の話に耳を傾けるつもりはなかった。

そして全日本プロレス最後の日……四月一九日、横浜文化体育館を迎えた。

ハッキリ言っておくが、この時点で全日本プロレスを辞めるとは自分でも思っていなかった。

確かに様々な状況の中で苛立ってはいたものの、気持ちをリフレッシュするために、このシリーズが終わったら、しばらく休みたいな、というのが偽らざる気持ちだった。

だが、この日、ジャンボとの三冠戦に負けた時点で俺の気持ちは完全に固まった。

問題なのは負けたことではない。とにかくジャンボが相変わらずだったのだ。打っても全然、響いてこない。戦っていて馬鹿らしくなってしまったのである。

プロレスとは表現するのが非常に難しいものだ。

戦う者同士の気持ちが、どこかで一致していないと納得のいく試合ができない。反則を仕掛けて

こようと、汚い不意打ちを食らわされようと、時には憎悪の感情が入り込んでいようと、それは構わない。

俺とジャンボは、それこそ憎悪に近いような、お互いの相容れない感情をリングの中ですべて吐き出し、ぶつけ合うことで熱い戦いを生み出してきた。だから過去のシングル対決では、

（お前のような生き方をしている奴に負けてたまるか！）

という熱さを感じることができた。だがこの日のジャンボは違った。

（天龍同盟も解散したことだし、以前の通りのマイペースでやろうぜ）

ジャンボが、そう言っているようにしか思えない戦い方をしてきたのだ。魂に響くものは何もなかった。

「またジャンボと組んで一緒にやればいいじゃないか」

当時、方向性に悩んでいた俺に馬場さんは、そんなことを言っていた。ジャンボはそれを知っていたから、〝調子を下ろした〟試合をしたのかもしれない。〝調子を下ろす〟とは、相撲界の言葉で「相手を見くびって、気を抜いた相撲を取る」という意味だ。

全日本を辞めたのは様々な要因が重なっているが、

（今さらジャンボの下にはいけない！）

という感情が根底にあったんだと思う。

（今まで必死に「ジャンボをやっつけろ！」と応援してくれた人がいるのに、どの面下げてジャンボの下に行けるんだよ⁉）

この思いが間違いなくあった。

ジャンボに負けた後、

(もう、辞めた！　俺なんか、どうでもいい)

と、心底思った。

試合後、飲みに行き、カブキさんに俺はキッパリ宣言した。

「俺、辞めますよ、全日本を。天龍同盟も解散したし、今日だってお客が入ったし、俺はすべてを入った時の状況にして全日本に返したつもりだから……」

みたいなことを言ったと思う。

したたかに酔った俺は家にも帰らず、ホテルを取った。体が虚しさに包まれていた。

急に長州の顔を思い出した。

「もし、寄り道する気になったら、連絡してよ……」

三年前の長州の言葉を思い出したのだ。

すでに真夜中だったが、俺は長州の自宅にホテルから電話を入れた。あいにく長州は韓国遠征中で、奥さんが電話に出た。

しばらくしてＳＷＳ入りが決まってから長州から電話がかかってきた。

「源ちゃん、はやまったよ！」

だが、俺には悔いはなかった。

全日本を辞めると決意した時、心の中に、

（ここまで一生懸命やってきたんだから、新しい道が開けるだろう。このままプロレス界に見捨てられる天龍じゃないはずだ）

という変な自意識があった。その裏には新日本があったかもしれないし、声をかけてきた桜田のことが頭にあったのかもしれない。

現実問題として考えると、桜田は絶妙なタイミングでメガネスーパーの話を持ってきてくれた。もし、それがなかったら、食わせていかなきゃいけない家族がいるわけだから、グッと呑み込んで、全日本の本隊に戻るしかなかった俺がいたかもしれないのである。

馬場さんの誤解

馬場さんに辞表を持って行ったのは横浜大会から四日後の四月二三日だ。

その日、馬場さんは新宿の京王プラザホテルのラウンジでアンドレ・ザ・ジャイアントと会うというので、俺はホテルの一室を予約し、アンドレと会った後に話を聞いてもらうことにした。

「全日本プロレスを辞めたいんですが……」

俺が単刀直入に言うと、

「メガネスーパーに行くのか?」

と、馬場さんは薄々と事情を知っているようだったから、メガネスーパーから話が来ていることもすべて話した。

「俺の一存では決められんから、ちょっと考えさせてくれよ。でも、お前、考え直してくれよ」

というのが馬場さんの返事だった。

俺は言った。

「でも馬場さん、僕がこんなことを言っちゃって、馬場さんの性格からしたら、やっぱり戻りますと言っても、もう許せないんじゃないですか?」

それ以上、馬場さんは何も言わず、結論は二、三日待ってくれということだった。

馬場さんに返事を保留されてしまったから待つしかないが、その間にも桜田から電話がかかってくる。

「どうすんの? ウチに来るの?」

「馬場さんが『待ってくれ』と言っているから、返事を聞かないと、いいとも悪いとも言えないよ。ちょっと待ってくれ」

と答えるしかなかった。だが、馬場さんは俺と会った翌日には全日本の選手全員を招集していた。

「天龍はメガネスーパーに行く。もう金も貰っているし、止めようがないから、残ったみんなで頑張ってくれ」

馬場さんはそう言っていたのだ。

馬場さんが俺のことを誤解していた部分もある。会いに行った時、借金していた金を持って行ったからだろう。俺としては、

(金を借りたまんまで、こんな話はできないな)

と必死にかき集めた金だった。この時点でメガネスーパー側とは一切、接触していないのだ。

馬場さんにこんなことを言われたら、どんなに説得されても全日本には戻れない。また、このままメガネスーパー側と会うのを延ばし延ばしにして、

「もう天龍はいらない」

と言われたら、行き場を失ってしまう。

俺は腹を括ってメガネスーパー社長の田中八郎氏と会った。

「どういうプロレスをやりたいんですか？」

そう尋ねると、田中氏は、

「相撲部屋のような体制を作って、慣れ合いではないシビアなプロレスをやりたいんです」

というような話をして、ＵＷＦの名前も出てきた。

「だったらＵＷＦをやればいいじゃないですか」

「ＵＷＦも来ます！」

正直、漠然とした内容でピンとこないところもあったが、相撲部屋のような体制を作って、その部屋同士の対抗戦でシビアな戦いを提供していきたいという心意気と、ＵＷＦが来るというのが俺の琴線に触れた。プロレス界の活性化になると思った。そして一番は、

「メガネスーパーが新たなプロレス団体ＳＷＳを設立するのに天龍源一郎が必要だ」

という熱意を感じたことだ。

俺は、プロレスラーとして育った全日本プロレスを熱愛していたが、その思いは届かなかった。

だが田中氏は、そんな俺に対して、ＳＷＳ設立における天龍の必要性を熱っぽく語ってくれたので

ある。

馬場さんとの最後の話し合いは四月二六日、キャピトル東急ホテルだった。

「そんな、お前が辞めたら、全日本は潰れちゃうよ」

「いや、馬場さん、大丈夫ですよ。三沢とか、みんな育ってきているし、大丈夫ですよ。それにメガネスーパーから金を貰っているとか言われたら、戻れませんよ」

そんな会話が続いた。遂には、

「お前を社長にするから……」

という話まで飛び出した。だが、それではジャンボの立場がない。俺は丁寧に断わった。

この日、俺は一三年間、全身全霊をかけて一生懸命尽くしてきた全日本プロレスに別れを告げたのだった。

全日本プロレスを離れる時に何の感情も持たなかったはずはない。なにしろ、俺がプロレスラーとして育った団体なのだ。愛していた。でも、この時ばかりは感傷的にならないよう務めた。

（これで終わりではないのだ、俺は新たなスタートを切ろうとしているのだ）

そう自分に言い聞かせている俺がいた。

新団体ＳＷＳへ移籍

二週間後の五月一〇日、新団体メガネスーパー・ワールド・スポーツ——略称ＳＷＳ（スーパ

東京ドームでサベージと好勝負を展開。プロレスに新たな可能性を見出した。

ー・ワールド・スポーツ）の設立発表会が東京・虎ノ門のホテルオークラで行われた。ＳＷＳ所属選手として出席した俺は、

「〝カラッと厳しいプロレス〟を目指します！」

と宣言した。これまで辛気臭いプロレスをやってきた俺の、この発言は驚かれたようだが、これには訳がある。

全日本で八方塞がりだった頃、唯一、楽しかったのが四月一三日に東京ドームでのＷＷＦ＆全日本＆新日本三団体共催『日米レスリング・サミット』でやったＷＷＦのランディ・サベージとの一騎打ちだったのだ。あの試合は俺にとって、まさに〝目から鱗〟だった。

この大会のコーディネーターは昭雄ちゃん（佐藤昭雄）だったから、

（譲れない正反対のキャラクター同士を戦わせたら面白い）

と思ってマッチメークしたのかもしれない。

それまで俺は、

「同じようなタイプの奴が戦い続けて内容を向上させるのが、一番ファンに支持されるものだ」

と信じていたが、サベージと違うキャラクターをぶつけ合った結果、自分でも意外なほど、手応えのある、面白い試合ができた。

あの試合では、アメリカでやっていた頃の俺がところどころに出ていたのかもしれない。それをサベージが感じてくれて、押したり引いたりしていたのだろう。大舞台に慣れているサベージが、観客をコントロールするという意味で六割ぐらいリードしていた部分があったと思う。

サベージのマネジャーのシェリー・マーテルが絡んできた時には、

（何やってんだ、このおばはんは？）

と思ったが、東京ドームのお客さんを沸かせる介入の仕方のサジ加減が絶妙だった。そこはさすがに元女子プロのトップヒールだと感心させられた。

サベージは俺に、キャラクターが違う者同士でも、それを真っ向からぶつけ合えば、新しいモノが生まれるということを教えてくれた。俺とサベージが結果的に妙にスイングしたことは、ファンにとっても想定外だったと思う。

SWSには当然、今まで俺と接点がなかった人たちが、いろいろな団体から集まってくる。だから俺は〝カラッと厳しい〟という言葉の中に、「キャラクターの違う者同士が闘う面白さ」という意味も込めたのだ。

（全日本プロレスでのことは、もう終わったことだ。これからは、SWSのために俺は全力でファイトしてやる。必ずSWSを成功させてやる、それが俺のやるべきことだ。そうだ、いまを熱く生きるんだ）

SWS設立発表記者会見で俺は決意を新たにした。

バッシングの嵐

だが、全日本プロレスを辞めた直後からの〝天龍バッシング〟は凄かった。

当初、俺と馬場さんの間では円満退社ということで話がついていた。

「天龍がメガネスーパーの新団体に行くことを認めた。いざこざもないし、頑張ってほしいし、いずれ天龍のところが大きくなって、対抗戦がやれたらいい」

と馬場さんも言っていた。

メガネスーパーがバックについてくれて全日本や新日本と対抗戦ができて、今までのレボリューションでやってきたことが、もっと大きくなればいいな、というのが俺の理想だったのだ。馬場さんも頷いてくれた。

ところが、いざフタをあけてみると、当時の週刊プロレスの編集長・ターザン山本氏が俺の中傷記事を書きまくった。

「天龍は金で動いた」「プロは金なのか」「ファンの夢を裏切った」……まったく煮ても焼いても食えない社会である。俺と馬場さんの間での秘密のこととかも、なぜか記事になってしまうのである。

後年、山本氏が自著で馬場さんから金を貰ってSWSをバッシングしていたと暴露したのには本当に呆れ返った。

「金で動いた!」と散々叩いてくれたが、俺がいくら貰おうが……それこそ何億貰おうが、今までやってきたことへのプロとしての正当な評価というだけのことだ。もし、俺が金だけで満足していたとしたら、その後にあんなに意地になってやることもなかっただろうし、田中社長と衝突したりすることもなかっただろう。

確かにSWSはレスラーの待遇を考えてくれた。俺自身、プロ野球選手のような待遇をしてくれたことに感謝しているし、その評価は俺のひとつのプライドにもなった。

それに俺が全日本を飛び出し、ＳＷＳができたことによって、新団体への流出を恐れたこともあって、全日本の選手は再契約として幾ばくかのお金を貰い、新日本の選手もギャラアップしたと聞いた。それまで団体の言いなりのようだった契約もきちんと見直されたという。

百歩譲って、経営者の馬場さん、坂口征二さんに「いらんことしやがって！」と文句を言われるのは仕方ないにしても、待遇が良くなった選手たちから「天龍の行動は……」とか「ＳＷＳは……」と言われたのには本当に頭にきた。

そして、そういう風潮に乗ったファンにも、俺はガッカリさせられた。

（この三年間、俺はお前らに嘘ついたことがあったか⁉　ファンのためにと思って自分の体を削ってやってきたのに、くだらない記事に踊らされて……自分の目で一体、今まで何を見てきたんだ⁉）

そんな思いだった。ファンは俺を裁いたつもりかもしれないが、俺から言わせれば、俺がファンをふるいにかけたのだ。

だから俺は、遠くで好き勝手に言ってる奴には、

（ほざいてろ！）

と思ったし、たとえ逆風の中でも、

「信じてます！　天龍さん、頑張ってください」

と必死に応援してくれる人たちには絶対に恥をかかすまいと誓った。

全日本の合宿所に殴り込み

選手がＳＷＳに集まってきた時も、

「天龍は馬場との約束を破って選手を引き抜いた」

とボロクソに書かれた。

冗談じゃない！　断固として俺は引き抜きなどしていない。確かに全日本プロレスを辞めた後にジャンボも含めて全員に電話した。だが、それは、

「俺はメガネスーパーに行くことになったから。みんな、お世話になったね。頑張ってよ。何かあったら電話してきてよ」

という、今までの仲間に対する、人間として当たり前のことだ。

もし、俺が本当に引き抜きをやっていたらイの一番に川田を引き抜いていただろうし、よく飲みに連れて行っていた三沢もそうだ。

いや、正直に書けば、三沢には声をかけたことがあった。翌年の正月、共通の友人の新年会でのことだ。久々に会って嬉しくなり、酔いも手伝って、

「三沢、ＳＷＳに来いよ。今の倍の給料を出すよ」

と冗談混じりに言ってしまったのだ。

三沢は「いやあ、僕は今で満足ですから」と笑っていた。

俺が本当に声をかけたのは八八年暮れに引退していた石川、新日本プロレスで問題を起こして宙

ぶらりん状態になっていた北尾光司、そして付け人をやっていた折原の三人だけだ。

折原の場合、俺にベッタリだったから、全日本に居場所がなかったのだろう。

「もう全日本にいられません」

と言うから、

「だったらウチに来い」

それだけだ。

ハッキリ言って海のものとも山のものともわからないSWSに人を誘うことはできない。折原の場合、デビューしたばかりだったし、全日本を辞めたら、プロレスはできない。だったらSWSに来て、もし駄目になってもスッパリとあきらめがつくだろうと思ったのだ。

当時、折原が先輩の小橋健太（現・建太）に何かを言われたというのを人づてに聞いた俺は、バットを持って全日本の合宿所に殴り込んだことがあった。

「おい、小橋はいるか⁉」

俺が怒鳴ると、知らない新弟子が出てきて、

「今日は試合で、まだ帰ってきていません」

と返答した。その新弟子は俺が辞めた後に入ってきた浅子覚（現在はプロレスリング・ノアのトレーナー）だった。俺は小橋を食らわせにいったはずなのに、

「そうか、頑張れよ！」

と、浅子に小遣いをやって帰った。

今では笑い話で、小橋もトークショーのネタにしているかもしれない。小橋は否定していたが、まだ若手で会社の事情も知らず、馬場さんの付け人をやっていた当時の小橋だったら、俺のことを〝悪者〟と思って批判していても不思議はない。

もがきながらも前へ

誹謗中傷が渦巻く中、プレ旗揚げ戦が九月二九日の福井市体育館、旗揚げ戦が一〇月一八日〜一九日の横浜アリーナ二連戦に決定した。俺の地元の福井でお披露目してくれることで本当にメガネスーパーには恩義を感じて余りあったし、心の中で、

（ありがとうございます）

と手を合わせた。今までプロレスとは関係なかったのに一生懸命、働いている会社のスタッフの人達にも恩義を感じていた。

（みんなで一致団結して、横浜アリーナの旗揚げに向かって、頑張っていこうよ）

そんな気持ちだった。

三大会とも格好はついた。ここでSWSはどの団体もやっていなかったトーナメント制を打ち出した。

従来のプロレス団体だったらメインエベントは長くて三〇分、短ければ一〇分以内に終わってしまう。

それでは来てくれたファンに申し訳ないと思ったのだ。トーナメントなら、見慣れた顔、メイン

SWS旗揚げ第二戦でG高野をパワーボムで下す。

イベンターが二～三回は出て来て、一枚のチケットで違うバリエーションが見せてあげられるという自負があった。そのくらいのオマケを付けてあげたいという気持ちで福井ではシングル、横浜ではタッグのトーナメントを開催したのだ。

しかし俺とSWSに対する扇動されたアレルギー反応は相変わらずだった。

ハッキリ言ってSWS自体にも問題はあった。

いろんなレスラーが集まって来た時に、

(あっ、これは俺が目指しているのとちょっと違うな。この団体は何をやりたいんだ⁉)

こう思ったことは否定できない。

果たしてSWSに必要なのかと疑問な選手もいた。それが結果的に盛り上がらない試合につながった部分はあると思う。いい待遇をされているのに、それに見合う仕事ができない連中が多すぎたことは、ある意味で衝撃だった。

そしてある時から、おかしな奴が何人か入ってきて、一生懸命やっている奴が馬鹿を見るようになった。そういう奴らの話に乗っかった社長の田中氏にも、ガッカリさせられることも、しばしばあった。

当初、SWSは中心選手が相撲部屋のように道場を作って、独自に選手を育成し、道場の対抗戦をやることを掲げた。

俺の『レボリューション』、ジョージ高野の『パライストラ』、若松の『道場・檄』の三つの部屋に分かれていたが、いつのまにか『レボリューション』と『パライストラ』&『道場・檄』の間に溝が生まれて部屋別制度は派閥と化した。

それでも俺はＳＷＳのために身を粉にした。他の奴らがゴチャゴチャたわけたことを言っていると「馬鹿野郎！」という気持ちがあったし、

「いつか、このＳＷＳの会場を超満員にしてやる！」

と、いろいろ試行錯誤しながら、もがいていた。

いろいろ言われることを見返すには客を入れるしかなくって、そのどうしようもない状況の中で、俺は時として自分のプライドをかなぐり捨てて、リング外でもＳＷＳのためにやっていたという自負がある。

旗揚げから半年もしない一九九一年三月三〇日、ＳＷＳは東京ドームに初進出した。

俺はハルク・ホーガンとタッグを結成してウォリアーズに負けてしまったものの、大会は成功だった。この大会にはＷＷＦが全面協力してくれた。

俺はＳＷＳ設立発表後すぐにアメリカに飛んだ。ネームバリューのある外国人選手の供給が必要だと思ったから、ＷＷＦの昭雄ちゃんに会いに行ったのだ。

昭雄ちゃんのアテンドでＷＷＦの大会を視察し、全日本での後輩プリンス・トンガ（キング・ハク）、ジョン・テンタと旧交を温めることができたし、ミリオンダラーマンに変身したテッド・デビアス、東京ドームで戦ったばかりのランディ・サベージとも再会できた。オフィスではビンス・マクマホン・ジュニアとの会談も実現した。

そして横浜アリーナでの旗揚げ二連戦から一カ月後の九〇年一一月二〇日に、ＳＷＳとＷＷＦの

業務提携が成立した。たとえ俺が昭雄ちゃんに協力を頼んでも、これはビジネス……旗揚げ二連戦を検証した上で業務提携に合意してくれたのが嬉しかった。

東京ドーム大会直前の三月二四日にはロサンゼルスのスポーツアリーナで開催された『レッスルマニアⅦ』に北尾とのコンビで出場してスマッシュ&クラッシュのザ・デモリッションに勝った。個人的なことを書けば、オープニングで『アメリカ・ザ・ビューティフル』を独唱したカントリー・ミュージックの大御所ウィリー・ネルソンと会えたのはいい思い出だ。

それはともかくプロレス界の世界最大のイベント『レッスルマニア』に出場したということは、SWS及びメガネスーパーを世間に知らしめる効果があったはずだ。そしてWWFとの業務提携が成立しなければ、たかだか旗揚げ半年の団体が東京ドームで興行を打つことなどできなかった。にもかかわらず、こうした大きなビジネスについても、

「WWFに大金を払うのは無駄遣いだ」

「天龍と佐藤昭雄、カブキの三人がオイシイ思いをしているだけだ」

と陰で文句を言っている連中がいたから、開いた口が塞がらなかった。

東京ドーム大会の成功でSWSがようやく上昇気流に乗ったかに見えた。

だが、そんな中で翌日の四月一日、神戸ワールド記念ホール大会で、とんでもない〝大不祥事〟が起こってしまった。

北尾の「八百長野郎！」発言である。

この日、北尾は前日に敗れたジョン・テンタに雪辱戦を挑んだが、試合の途中から変なムードに

なりレフェリーを蹴り倒して反則負けになった。そして何と試合後にテンタに向かって、

「この八百長野郎！」

と、プロレスラーにはあるまじき暴言を吐いたのだ。

北尾は元横綱の双羽黒、テンタは元幕下の琴天山だが、テンタにしてみれば、

「プロレスでは、俺が先輩だ！」

という意識があったのだろう。前日の東京ドームでも、この神戸でも、テンタはいつになくシビアなファイトを見せた。これに北尾がキレてしまったのが真相だが、なぜ北尾は「八百長野郎！」とまで、口走ったのか？

実は、北尾を裏で、そそのかした奴らがいたのである。

田中氏に取り入って、自分たちが主導権を取ろうという輩が〝寄らば大樹の陰〟ではないが、陰でコソコソやって、北尾を焚きつけたのである。

「テンタと対戦させるなんて、天龍やマッチメーク担当者のカブキはどうかしてる」

「テンタを使って、天龍たちは、横綱（北尾）を潰そうとしてるんだよ」

と北尾に吹き込んでソノ気にさせたのだろう。だからテンタのシビアなファイトに逆上してしまったのだ。

寂しかった。

俺を信用してＳＷＳに来たはずなのに、くだらない奴らの言うことに騙されて振り回されたのが情けなかった。

（北尾よ、俺を信用してきたんじゃなかったのか⁉　入ってみたら田中氏の方が強かったから、田中氏に胡麻をする連中にスリ寄ったのか）

という情けない気持ちだった。

ＳＷＳ内部のくだらないことでプロレス界全体に迷惑をかけ、てめえで引っ張ってきた北尾をコントロールできなかったことで、俺は責任を感じた。当然のことだと思って取締役、理事会長、『レボリューション』道場主の三役職の辞任届を提出した。

きっと〝反天龍派〟の奴らはほくそ笑んだに違いないが、レスラーだけは辞める気はなかった。他の仲間のことを思ったら、投げ出せる状況ではなかったし、朝早くから照明を吊ったり、リングを作ったり、メガネスーパーの常務や次長、課長が俺たちレスラーのために下働きをやっているのを見ていたから、そういう人たちに陽の目を見させてあげたいという気持ちが常にあった。「天龍がいたからこそ！」と思ってもらいたいという気持ちがあったからだ。

結局、この一連の騒動は田中氏の、

「すべての役職を降りて一選手としてやりたいという気持ちもわかりますが、ＳＷＳがいい状態になるまで全うすることが真の責任の取り方。あくまでも頂点は天龍さん、マッチメーカーはカブキさんということでやっていきます」

という決断で幕となった。しかし、すべてが解決したわけではなかった。

阿修羅との再会

北尾事件から三カ月後の七月一九日、俺はＳＷＳの社長に就任した。

「素人の私よりも、この世界で何十年もやってきた天龍さんにお任せしますから、好きなようにやってください」

田中氏にはそう言われたが、内情は相変わらずだった。

〝雇われマダム〟の俺を通り越して、オーナーの田中氏に直訴する人が物凄く多かった。必ず、その時の体制や天龍源一郎に対する悪口を言って、田中氏の気持ちをよくして、自分たちが少しでも利権を得られればという感じで、何かにつけて『レボリューション』を阻害しようと暗躍する奴が多かったのである。

（ここは、もう団体じゃないな。こんな状態じゃ、天龍源一郎がシャカリキになって、骨身を削って、自分の気持ちを殺してまでもやるような団体じゃないな）

こう、何度思ったことかしれない。

しかし、ＳＷＳは天龍源一郎がエースの団体であることには違いなかった。俺は苦境の中を走り続けた。

ＳＷＳ時代を振り返った時、唯一つ「本当によかった」と思うのは、阿修羅・原を再びプロレスのリングに呼び戻すことができたことだ。

俺はＳＷＳに移った時から、

（阿修羅を、もう一度リングに！）

と考えていた。ちゃんと男の花道を作ってあげたい、もし年齢的なこと、ブランクでファイトできなかったにしても、

「阿修羅・原はこんなに素晴らしい男であり、レスラーだった！」

と、引退式、壮行試合をやって、奥さんや子供に見せてあげたいと常に思っていた。

阿修羅を思いやってだけのことではない。俺自身も阿修羅を必要としていた。

五月にキング・ハクにビールビンで頭をかち割られ、大きくコンディションを崩していた俺は、無性に阿修羅のことを思い出していた。

「今、俺もハクにやられて体がガタガタだし、体が駄目になった時は潔く引退するつもりだし……そうするとやっぱり、できることなら、何もないところから二人で歩き始めた阿修羅と突っ走って、それでバタッといったら終わりというのが俺の夢なんだ」

親しい記者にチラリとこう漏らしたこともあった。

SWSに移った時から知人や親しい記者の人たちに頼んで阿修羅の居所を調べていたが七月、遂に北海道の琴似町にいることがわかった。

俺はオフを利用して北海道に飛んだ。

阿修羅はいた。二年九カ月ぶりの再会。龍原砲のスタートの頃のようなボサボサ頭の阿修羅の顔にはしわが増えていて、やはり苦労してきたことが感じられた。だが、ガッチリした骨太の体格は昔と変わらない。

「阿修羅、意外に元気そうだね」

「源ちゃんこそまたゴツくなったね」

約三年ぶりの会話は、なにげなく始まった。何とも表現できない感慨はあったが、離れていても心の中では常に一緒に戦っていたから、何も違和感はなかった。

「なあ阿修羅、いろいろあったと思うけど、今まで一生懸命やってきたことを全部、捨て去ることはない。もう一度、一緒にやろう」

「源ちゃん、同情だけで言ってくれているなら俺には耐えられない。もし、俺に一切の価値がないんだったらやめてくれ。でも、本当に必要としてくれるなら、この命を源ちゃんに預ける。これで世間に出ていって問題が起こるようだったら、一試合だけで俺のレスラー人生が終わってもいい」

阿修羅は俺に命を預けてくれることを約束した。帰京した俺は、全日本時代に阿修羅の付け人をしていた北原に言った。

「阿修羅の道具を手入れしておいてくれ」

北原は全日本時代、阿修羅がいなくなった後も、レボリューションの移動バスで阿修羅が座っていた席に「いつ戻ってきてもいいように」と試合道具を用意していたのだ。

復活！龍原砲プロレス

阿修羅が上京したのは八月二二日。髪を短く刈り込んだ阿修羅の顔は精悍だった。完全にプロレスラーの顔に戻っていた。そして翌二三日から三日間の伊豆高原でのレボリューション強化合宿に

お手数ですが切手をおはり下さい。

郵便はがき

102-0072

東京都千代田区飯田橋2-7-3

㈱竹書房

『完本 天龍源一郎』
LIVE FOR TODAY—いまを生きる—
天龍源一郎著

アンケート係　行

※抽選で20名様に『天龍源一郎・直筆サイン色紙』をお送りいたします。
〆切：2016年12月末日必着（発表は発送にかえさせていただきます。）

A	（フリガナ） お名前	B	男・女
C	ご住所　〒 ☎　（　　）		
D	年齢　　歳	E	学年またはご職業
F	お買いあげ日 年　月　日	G	お買いあげ書店 書店　支店
H	●ご希望の方にはEメールにて新刊情報を送らせていただきます。メールアドレスをご記入下さい。 @		

※このアンケートは今後の企画の参考にさせていただきます。個人情報を本企画以外の目的で利用することはございません。

完本 天龍源一郎 LIVE FOR TODAY —いまを生きる—

ご購読ありがとうございます。よりよい作品づくりのため、アンケートにご協力ください。

I

●この本を最初に何でお知りになりましたか？

1新聞広告（　　　　　　新聞）　2雑誌広告（誌名　　　　　　）

3新聞・雑誌の紹介記事を読んで（紙名・誌名　　　　　　）

4既刊本の予告・広告で　5ポスター・チラシを見て

6書店で実物を見て　7ネットで見て（　　　　　　）

8人（　　　　）にすすめられて　9その他（　　　　　　）

J

●表紙のデザイン・装填について

1好き　2きらい　3ふつう

K

●この本の内容について

1おもしろい　2つまらない　3ふつう

L

●プロレス（格闘技）の本で最近購入されたものは？

M

●この本に対するご意見、ご感想などをお聞かせください。

ご協力ありがとうございました。いただいたご感想はお名前をのぞきホームページ・新聞広告・帯などでご紹介させていただく場合があります。ご了承ください。

参加して久々に俺たちと一緒に汗を流した。

合宿初日の夜は阿修羅の歓迎会。食事の後には大カラオケ大会だ。

トップバッターを買って出たカブキさんが歌う『逢いたかったぜ』は情感が溢れていて胸にジーンと染みた。阿修羅は十八番の『男の人生』、『哀傷歌』を熱唱し、俺は龍原砲の思い出の歌『炎の男』を歌った。天龍同盟の頃にタイムスリップしたような夜だった。

阿修羅の復帰戦は八月四日の長岡厚生会館。俺は石川と組んで阿修羅&冬木と対峙した。阿修羅の復帰に際してはＳＷＳ内でも様々な意見が出た。レボリューション以外の人間のほとんどが反対した。だから俺は復帰戦で他の奴らを阿修羅に触らせたくなかったのだ。そして自分自身の体で阿修羅を確かめたいという気持ちもあった。

冬木は戻ってきた阿修羅の面倒を見てくれていた。まだ新婚だったが、しばらくの間、阿修羅を新居に呼んで、衣食住すべてにおいて不自由のないようにしてくれた、
俺は気心の知れた仲間で阿修羅を迎え入れてあげたかったのである。

ただし、試合になれば、俺は容赦なく阿修羅をタックルで吹っ飛ばし、胸が紫色に変色するほどのチョップを叩き込んだ。阿修羅は怯むことなく「もう一丁！」と仁王立ちになり、目から火花が出るようなヘッドバットで反撃してきた。

俺のチョップの「バッチーン！」という音と、阿修羅のヘッドバットの「ゴッツン！」という音が交錯する。そう、これが俺たちの、龍原砲のプロレスなのだ。

延髄斬りをぶち込み、パワーボムで叩きつけても阿修羅は立ってきた。石川の相撲ラリアットに

も屈さなかった。そして逆にヒットマン・ラリアット、雪崩式ブレーンバスターを食らわされた。阿修羅の〝体の記憶〟は三年間のブランクなど、ものともしなかった。

最後は俺がパワーボムで冬木を仕留めて阿修羅の復帰戦は終わった。阿修羅も冬木も、そして石川、セコンドの北原も泣いていた。俺も涙をこらえきれなかった。悔しくて泣いたことはあるが、嬉しくて泣いたのは初めてだった。

「みんな、ありがとう！　俺は阿修羅と一緒に行くからな！」

マイクでそう叫ぶのが精一杯だった。

花道を下がると会場の片隅で試合を見つめていたマッチメーカーのカブキさんもタオルで顔を覆っていた。

ＳＷＳの二年間を振り返ると、俺は阿修羅を呼び戻すことができたし、東京ドームでメインを張ることもできた。カブキさんには苦労をかけてしまったが、石川は再びプロレスに戻ってきたし、冬木や北原、折原……レボリューションの人間は、それなりの感動があったと思う。

果たして『パライストラ』や『道場・檄』の奴らの二年間に、そういう感動があったか？　それだけでも、俺は随分の差……月とスッポンの差だと思っている。

阿修羅の加入で、やっと走っていけると俺は確信した。

この一九九一年の暮れは一二月一二日に二度目の東京ドーム興行を開催し、俺はハルク・ホーガンとの一騎打ちに敗れてしまったものの、この試合は同年のプロレス大賞ベストバウトを受賞した。

東京ドーム翌日からはカブキさんとＷＷＦのパシフィックツアーに参加してグアムでケリー・フ

盟友・阿修羅がSWSのリングで3年ぶりにカムバック。

ォン・エリック、ハワイのアロハ・スタジアムではキング・ハクに快勝していい形で激動の一年を締め括ることができた。

謀略

しかし一度、木っ端微塵に吹っ飛んだ器は、いくら割れた破片を集めて、きれいに貼り合わせても、元には戻らない。

一九九二年五月、選手会長であり、若松に変わって『道場・檄』道場主になった谷津嘉章が退団を表明したことが発端となり〝SWS分裂騒動〟が起こったのだ。

この騒動の概要はこうなる。

五月シリーズ『宣戦布告'92』の開幕四日前に谷津が記者会見を開いて、天龍体制への不満をぶちまけて退団を表明。『パライストラ』『道場・檄』のメンバーは谷津に同調、何とかシリーズは開催されたものの、この二派は『レボリューション』、WWFの選手とのカード編成を拒絶し、リング上は『レボリューション』のメンバーvsWWF、『パライストラ』vs『道場・檄』という真っ二つに分かれた変則的なカードが組まれ、シリーズ終了後に田中氏がSWSの分裂解散を発表するに至った。

すでにチケットを発売していた六月のシリーズ以後、天龍派と反天龍派は独自に団体を設立して、それぞれをメガネスーパーがバックアップするということになった。そして俺たちはWARを、反天龍派はNOWを設立したわけだ。

一般的にはSWSの派閥争いが表面化し、反天龍派がクーデターを起こしたと解釈されているが、俺自身は、もっと大きな力が働いていたと思っている。

ハッキリ言ってしまえば、オーナーの田中氏自身がSWSを投げ出したいと思って動いたのではないかと感じたのだ。そこに「潰したくない」という天龍が邪魔になったから、選手同士の確執のようにして、みんなを踊らせたのではないか。

WARとNOWに分かれてからしばらくして、谷津と高野兄弟が、週刊誌上で「田中オーナーに利用された」と告発していたが……俺は谷津と高野兄弟が、田中氏の甘い言葉に乗っかって、加担したのだと思っている。

とにかく不可解なことが多過ぎた。

谷津が退団宣言した直後の『宣戦布告'92』は俺の故郷の勝山からスタートの予定だった。ところが、

「キャンセルしましょう。こんなにガタガタしているんですから」

と田中氏は言い出したのだ。

「いや、出場しない選手がいても、僕はやりますよ。『レボリューション』のメンバーだけでもやりましょう!」

俺はそう主張した。それでも、

「いや、もういいですよ。キャンセルしましょう」

といった具合である。

普通だったら信用を大事にする、あれだけの会社のオーナーであれば、「やります」と言う『レボリューション』があるんだったら、シリーズを開催するのが当然だ。よしんば、俺たちが「キャンセルしましょう」と言っても、意地でやるものだと思う。

チケットにしても途中から、

「売らなくていいです」

と言うこともあって、とにかく不可解だった。

SWS崩壊

『宣戦布告'92』は、どうにか開催に漕ぎつけたものの、精神的に辛いシリーズだった。

谷津やドン荒川が、

「出るには出るけど『レボリューション』やWWFの外国人とは試合できないから……」

と、あいつらはあいつら同士のカードを組んでいたが、何か変に固まって、妙にチームワークがよくて、

(最初から、こんだけチームワークよけりゃあ、何にもなかったんだよ。この馬鹿たれが！)

という気持ちだった。

そして、五月一九日の富山大会で、あいつらがリングに集まって円陣を組んで万歳したのは忘れられない。きっと、これから自分たちの好きなことがやれると思ったのだろう。

俺はメインイベントのタッグでキング・ハクにフォールされて控室に戻った。気持ちはもうズタ

ズタだった。マスコミの人たちに囲まれても何も言葉で出てこなかった。

「源ちゃん、俺たちがいるもん。源ちゃんは何したっていい。思う通りにやっていいんだよ！」

バーザーカーのゴリラプレスを食って痛めたアバラを左手で押さえながら、阿修羅が俺の手を握り締めてくれた。

俺はもう、こらえきれなかった。

「やりましょう！」

冬木の声が届いた時、俺は、どうしてもこらえきれずに人前で涙を流していた。

（人前で悔し涙なんか見せてたまるか……）

ずっと、そう思って生きてきた。でも、こらえきれなかった。

「二年間、何のためにやってきたんだろう。全日本で十何年やって、たった二年でSWS、潰せないよ。絶対、潰さない。潰せるもんなら潰してみろ。誰がこんな風にしたんだよ⁉」

激しい怒りは涙となった。

「言うなよ、言わなくていいよ、俺たちがいる。付いてる俺たちが泣き言を言わせないよ。冬木、泣き言を言わせちゃ駄目だ！」

阿修羅が目を真っ赤にして、俺の手を握りしめたまま、励ましてくれた。

「絶対、潰さないよ、SWS！　必ずまた勝山と富山に帰ってきてやる！」

反天龍派の連中に対して、ふざけやがってという気持ちだった。プロのレスラーでありながら姑息なことをやるのが許せなかった。そして今までは、あんなに堂々としていた田中氏も、急に何だか、よそよそしくなってしまった。いつも誹謗中傷の矢面に立ち、自分の気持ちを殺して身を粉にしてきたSWSの二年間は何だったのかと思うと、涙が止まらなかった。

お前らを絶対に裏切らない

そんな状況で、最終戦の五月二二日、後楽園ホールでファンが俺を支えてくれた。

試合後、約二〇〇〇人のファンが、俺と『レボリューション』の行く末を心配して会場に居座っていたのだ。

「社長が出ていかないと、お客さんは、お帰りになりませんよ」

スタッフに言われた俺は、リングに向かった。ファンが俺を取り囲んだ。

「俺は……お前らを絶対に裏切らないよ！」

それしか言葉が出なかった。

四〇過ぎて、さすがにファンの前でボロボロ泣くわけにいかない。

（本当に辞める時に思い切り泣かせてもらおう。そこまで歯を食いしばっていこう）

そんな気持ちだった。

シリーズ最終戦から三日後の五月二五日、東京・赤坂の全日空ホテル（現・ANAインターコンチネンタルホテル東京）で六月シリーズ終了後に『レボリューション』と『パライストラ』&『道場・檄』連合軍がそれぞれに新団体を設立し、それぞれをメガネスーパーが資金援助することが発表された。

正直に言うと、俺はＳＷＳの解散が決まった時点で、

（もう新団体はやらない）

と思っていた。

（あんなにも全身全霊で尽した全日本を様々な思いを抱えて辞めてＳＷＳに来たのに、みんなにクソミソに言われて、その挙句に分裂して……今さらノコノコと「また新団体をやります！」なんて、どの面下げて言えんだよ！）

それが俺の偽らざる気持ちだった。

だが、プロレスを辞めようとは思わなかった。ここで辞めたら、俺を指差して笑う奴の方が多いに決まっていると思ったからだ。

（フリーになってひとりでやったほうが気楽かな⁉）

とも思った。

しかし、そうしたら俺の意地とか面子が通るか？　のちにフリーとなる俺だが、当時は、

（どこかに組み込まれて自分の意図するところと違うことをやらなければいけなくなるかもしれない）

という漠然とした不安もあった、それぐらい俺はＳＷＳの二年間で傷ついていた。

さらに田中氏は、

「こうなっちゃったんだから、それぞれに団体を作ってください。もし、やらないなら契約違反で訴えることになりますよ」

と言ってきた。もし俺が突っぱねて団体を作らなければ『レボリューション』の他のメンバーは『パライストラ』と『道場・檄』が作る新団体に組み込まれてしまうことも考えられる。

あんな奴らのところに行って、これだけ素晴らしい個性を持っている仲間をズタズタにされてはたまらない。

俺が揺れ動いている時、『レボリューション』のメンバーは、

「駄目になったら、その時はその時。バーッとやりましょう！」

と勇気づけてくれた。、

「天龍さんに付いていきますよ！」

メキシコ修行中だった折原も飛んで帰ってきた。メキシコEMLLからSWSに参加していた浅井嘉浩（ウルティモ・ドラゴン）は、

「天龍さんの新団体に上がらせて下さい。SWSがなくなっても、今まで通りにメキシコの選手を送り込みますよ」

と言ってくれた。WWFの日本担当の昭雄ちゃんも、

「WWFはSWSが解散した場合、源さんの団体と契約を継続させる意向だから」

と言ってくれる。リング上では敵対していたカブキさんも、北原も、

「俺たちは天龍と勝負するために、天龍がいるリングに上がる！」

そう公言していた。

俺の腹は決まった。

「よし、もう一度、勝負してやる。SWSの二年間で全日本の一三年分を食い潰したかもしれないが、もう一度、天龍源一郎の価値を見直させてやる！」

新団体の旗揚げを決意した後も、SWSの残りの試合に全力を注いだ。

この二年間、SWSを応援してきてくれたファンに「俺たちは、何だったんだよ？」とだけは思わせたくなかったからだ。詫びるつもりで精いっぱいのファイトをした。

東京のラストマッチは六月五日の後楽園ホール。

さすがにセンチメンタルな気分になった俺は試合後、マイクを取って、

「SWSの二年間、どうもありがとうございました！」

と頭を下げて、花道を引き揚げた。ここで俺の背中に冷や水をぶっかけた奴がいた。

カブキさん……いや敵対するカブキである。彼は俺の背中に、

「オーイ、天龍！　これからが始まりじゃ、馬鹿野郎！」

と叫んだのだ。そう、終わりではなく、始まりなのだ。プロレスに入った時から、時に味方として、時に敵として俺を支えてくれた大先輩のエールは胸にジーンと染みた。

SWSのラストマッチは六月一九日、阿修羅の故郷の長崎国際体育館。

この日を前に、俺は週刊ゴングのインタビューに答えて本音を喋った。

「引退試合は長州とやりたい！」

長崎での試合前、控室にマスコミの人たちが、それに対する長州のメッセージを持ってきてくれた。

「俺個人の闘いの枠には天龍が入っている。個人対個人で天龍とやりたい！」

俺の心意気に長州は応えてくれた。

長州はいつも俺を気に留めてくれて、叱咤激励してくれる。陰日向なくエールを送ってくれるのだ。最後の最後で長州は俺に光明を与えてくれた。

この日、俺は阿修羅、ドラゴンと組んでカブキ＆ハク＆ジュリー・エストラーダ組に勝って、SWSの幕を閉じた。そしてマイクを握った。

「今日でSWSは終わるけど、レボリューションとして誰とでも……WWFとでも、長州とでも戦ってやるぞ！」

これが、俺がSWSで最後に叫んだ言葉だ。

俺たちに涙はなかった。ただSWSで失ったものを、取り戻さねばならぬ……そんな想いでいっぱいだった。

SWSでの二年二カ月はいろいろな意味で物凄くエネルギーを使った。

田中氏がプロレスを本当に好きで始めたのか、それとも企業として何かをしようとしていたのかは、今となってはわからない。

ワンマン社長だったとはいえ、大きな企業となると個人の気持ちだけではどうにもならないこともあるだろう。田中氏もプロレスに手を出したことでデメリット、リスクもあったに違いない。今になって思えば、迷惑をかけたという気持ちもあるが、その一方では、やはり言葉には表せない様々な思いがある。

ただ、昨年の俺の引退試合の時に、元ＳＷＳのスタッフと関係者が花を出してくれ、パンフレットに懐かしいティラノサウルスのＳＷＳのロゴとともに労いのメッセージを寄せてくれた。そして大会に、現在のメガネスーパーも協力してくれたのは、本当に嬉しいことだった。

当時、関わってくれた人たちにとって、メガネスーパーの人たちにとって、ＳＷＳが少しでもいい思い出として残っていて、「プロレスをやってみて良かった」と思ってくれていたとしたら、あの二年二カ月の辛酸も少しは報われたような気がする。

第七章 闘いと冒険 1992-1994

1992年7月14日、WAR旗揚げ。
集まってくれたファンに挨拶。

天龍源一郎の団体・WAR旗揚げ

長崎でのSWS最終興行から一二日後の一九九二年六月二八日、東京世田谷区桜新町に事務所をオープンして新団体『WAR』の設立を発表した。

WARは〝WRESTLE AND ROMANCE〟(レッスル・アンド・ロマンス＝闘いと冒険)の略だ。

マスコミやファンの人たちはSWS時代の道場名『レボリューション』をそのまま団体名にすると思っていたようだが、このWARを命名してくれたのはレボリューションのイメージを創ってくれた大阪デサントの大谷典久さんである。

最初、ROMANCE＝恋愛というイメージが強くて、弱々しい感じがしたが、冒険という意味もあるという。そして一九九二年はクリストファー・コロンブスが一四九二年一〇月に新大陸を発見してから五〇〇年の年でもあった。

さらにWARは戦争という意味の単語でもあるし、WE ARE REVOLUTION(俺たちは『レボリューション』だ)という意味にも取れる。よく考えれば、これほどふさわしい団体名はなかった。

俺、阿修羅、石川、冬木、折原、平井伸和、安良岡裕二、メキシコからウルティモ・ドラゴン、SWS末期は敵対関係にあったカブキさんと北原、練習生の伊藤好郎、猪俣弘史、レフェリーとして海野宏之(レッドシューズ海野)が参加し、総務担当としてまき代の弟・武井正智がWARを実質上切り盛りし、まき代が経理担当として名を連ねた。

このＷＡＲの旗揚げは、女房とふたりで嶋田家の財産と相談しながらのものだった。

「三回ぐらいの興行だったら、赤字でも何とか持ちこたえられます」

というのが、まき代の返事だった。

メガネスーパーはＷＡＲの設立に当たって資金援助として一億円を用意し、二年間はバックアップするという約束だったが、俺はメガネスーパーから貰った金には一円も手をつけず、すべて選手とスタッフに分配した。

ＷＡＲの存続は、天龍源一郎の蓄えがいくらあって、どれだけ持つかにかかっていた。

ＳＷＳは二年二カ月で終わった。だから俺は、

（嶋田家が傾いても、意地でもＷＡＲを二年二カ月以上は存続させてやる！　間違いなく存続させてやる）

と強く誓った。

いつまで持つかわからない見切り発車のＷＡＲ……だから俺は、選手としてできるうちに何でもやろう、毎日の試合をメモリアル・デーと思って戦い抜いていく覚悟を決めたのである。

旗揚げ戦は七月一四日、一五日の後楽園ホール二連戦。

「みなさん、あと何年……あと数年だけ、天龍源一郎に騙されたと思って付いてきてください。絶対、嘘つかないから！　よろしく！」

梅雨の残り雨の中、わざわざ足を運んでくれた超満員のファンの前で、俺はマイクを摑んでそう

叫んでいた。

（これまで肩身の狭い思いをさせてきた黒と黄色のTシャツを着たファンの人たちに一瞬でもいいから「ずっと応援していて良かった！」という気持ちにさせてあげたい）

そんな思いから出た言葉だった。

新日本との抗争勃発

「引退試合は長州とやりたい！」

WAR旗揚げ直前に俺は言った。

そして旗揚げ二連戦が終わった後には、

「長州力の尊敬するアントニオ猪木とも一回肌を合わせてみたい。いや、アントニオ猪木を引っ張り出してやる！」

とぶち上げた。

様々なしがらみを断ち切って、四二歳にして新団体を旗揚げした俺は、まさに〝闘いと冒険〟に打って出たのである。

猪木サイドの反応は早かった。

当時、スポーツ平和党の幹事長で猪木さんの懐刀だった新間寿氏が好意的な反応をしてくれたのだ。

新間さんとはSWS時代に一度会っていた。

ウルティモ・ドラゴンが新間さんの息子の寿恒氏が社長をしていたユニバーサル・プロレスリングからSWSに移籍した時、新間さんが烈火の如く怒ったことがあった。その時に俺がSWSの責任者として事情説明に会いに行ったのだが、その席で新間さんは、なぜか俺を気に入ってくれ、スムーズにドラゴンの移籍が成立したのである。感情的になるところも確かにあったが、話し合えば、解り合える人だと思った。

「天龍さんが猪木と本気で戦いたいのなら、ぜひ話がしたい」

というメッセージを貰った俺は、久々に新間さんと会った。

長年、猪木さんのマネジャーとして、この社会の裏も表もすべて知り尽くしているはずなのに、子供のように目を輝かせて猪木さんの全盛期の強さや素晴らしさを熱っぽく語ってくれた。本当に猪木さんとプロレスが好きなのだと感じた。

だからこそ、アントニオ猪木vsモハメッド・アリ、ウィリー・ウィリアムス、あるいはウィリエム・ルスカとの異種格闘技戦を実現させることができたのだろう。

その後、俺と猪木さんの試合は、いつしか新日本プロレスとスポーツ平和党の利権争いのような形になり、その間に新間さんは党の運営などの問題で猪木さんと喧嘩別れのような形になってしまった。

猪木さんとの一騎打ちは、俺が対戦をアピールしてから一年半後の九四年一月四日、新日本主催の東京ドームで実現したが、もし最初に新間さんが前向きな反応をしてくれなかったら、実現していなかったかもしれない。その意味では、俺は新間さんに感謝している。

さて、七月に船出したＷＡＲは二カ月後の九月一五日には初のビッグマッチとして横浜アリーナに進出した。メガネスーパーがＳＷＳのために押さえていた会場をＷＡＲが請け負ったのだ。

この大会を前にして新日本プロレスと接点が生まれた。

新日本で決起した越中詩郎らの反選手会同盟（のちの平成維震軍）が、

「長州たちが出るまでもない。俺らがＷＡＲのリングに乗り込んで天龍と戦ってやるよ。ＷＡＲのリングに乗り込んで、俺らの力を見せつけてやる」

と言い出したのである。

九月一日、俺と新日本の坂口社長との会談で、この横浜アリーナに越中詩郎、木村健悟、青柳誠司の三選手の出場が正式決定した。

その時、ある人は言った。

「天龍は自分の生き延びる道を新日本に求めたんだろう」

それは違う。

俺は生き延びるために新日本と接触したのではなく、自分の滅びる道を探し求めていたのだ。

気持ちよく散ってやろう、死ぬんだったら、くだらない奴らに潰されるよりも、新日本に潰されてパッと散ってやろうというのが、新日本と交渉した時の俺の気持ちだった。

一方の越中たちは反選手会を結成したばかりで必死に生きる場所を探していた。

俺は俺の散り場所を探していた。

阿吽の呼吸ではないが、そのタイミングがバチッと嚙み合ったのだと思う。さらに長州力が俺に興味を示してくれたということにも感謝している。

もし、新日本の現場責任者の長州が興味を示さなかったら、いくら越中たちがアピールしても、ウチのリングに上がることはなかっただろう。

背水の陣

横浜アリーナでは、俺はすでにリック・フレアーのWWF世界王座への挑戦が決まっていたため、越中たちと戦うことはできなかった。冬木と北原が越中、木村と戦い、折原は青柳と戦った。

結果は惨敗だった。

俺が絡んでいなかったとはいえ、WARのリングで、新日本に勝ち名乗りを上げさせてしまったのだ。

悔しかった。しかし「やってやる！」という気持ちが、ムクムクと沸き上がっていた。悔しい、とはいっても、SWS時代によってたかって批判され、クソまみれにされた時とは違う発展性のある悔しさだった。

新日本という巨大な敵に立ち向かう。こんなスリルを味わえるんだ。よし、今度は新日本のリングに乗り込んで徹底的にやってやる……そう思えた。

だが、やはり敗戦が響いたのか、その後、WARの客足はガタッと落ちた。

横浜アリーナも興行的には大赤字だった。嶋田家の屋台骨もグラッと揺れ動いて、傾いたが、天龍源一郎のプライドが勝って、持ちこたえたのが実情だ。

この頃、一〇月四日の『藤原組』の東京ドームに出場しないかという話も舞い込んできていた。『藤原組』もメガネスーパーがバックについている団体で、田中八郎氏から話を持ちかけられたのである。

「メガネスーパーの意向で東京ドームで興行をやることになったので、一騎打ちをやらないか？」

と、藤原喜明選手からも電話をもらった。

だが、俺はその時すでに翌年一月四日の新日本の東京ドームを睨んでいた。

（ここで何とか長州を引っ張り出そう。そこで一騎打ちで決着をつけてやる）

と思っていただけに、その前に他団体の東京ドームに上がるのは、ちょっとまずいと思った。藤原選手が声をかけてくれたのは嬉しかったし、以前二人で飲みに行って、酔っぱらったついでにヘッドバット合戦をやったり、相撲を取った仲だから、俺は誠心誠意、丁寧に出場を断わった。

これに烈火の如く怒ったのが田中氏だ。

「ウチがバックアップする『藤原組』の興行に出場しないのは契約違反。あなたがそのつもりなら、援助を打ち切ります」

と圧力をかけてきたのである。

俺はメガネスーパーからの金には一円も手をつけてなかったから、一向に構いはしなかった。しかし、他のWAR所属選手には迷惑をかける。援助を打ち切られたら、現実問題として、今までと同じギャラを払えなくなるからだ。

俺は、選手全員集めて会議を開いた。そして、すべてを話した。

「天龍さんの好きにしていいですよ。別に金が出なくなったっていいですよ。天龍さんが決める通りにやって下さい。俺たちは信じてついていきますから」

というのが、みんなの答えだった。この上なく嬉しかった。そして感謝した。

俺は最初に興味を示してくれた長州に義理立てするとともに、何とか一月四日の東京ドームで長州との一騎打ちに持ち込むために「打倒！　反選手会同盟」に遮二無二なった。

一〇月二一日、札幌中島体育センターで俺は北原、折原を従えて、初めて越中、木村、青柳と相まみえた。6人タッグのパートナーには、横浜アリーナで屈辱を味わった北原と折原を敢えて起用した。

リング上の越中には全日本プロレスの若手時代の面影はなかった。完全にトップの選手の面構えになっていた。ファイトぶりは魚がしのアンチャンのように気風がいい。戦っていて、彼のプロレスに賭ける情熱がビンビン伝わってくるのだ。自分のプロレス、そしてファンを大事にしているということが、肌を合わせていてハッキリとわかった。

だが誉めている場合ではなかった。結果は折原が潰されて、俺たちの負けだった。

WARには、もうあとがなくなった。

これを突破しなければ、とてもではないが、長州戦や新日本との対抗戦などおぼつかない。ラスト・チャンスとなった一〇月二三日の後楽園ホールでは、北原をパートナーに越中&木村に挑んだ。文字通りの背水の陣だった。

試合前から会場内に異様な熱気が立ちこめていることを、俺は感じていた。

遂にはウチのファンと新日本のファンが客席で喧嘩を始めるという険悪なムードとなった。プロレス会場でファンに喧嘩してもらいたくない……それは、WARのトップとしての俺の想いだ。しかし、この時、俺は少しばかり嬉しかった。

（ここまで熱くなって必死に俺たちを応援してくれるファンのためにも、ここは絶対に負けられない）

と心底思った。もうファンを失望させることはできない。何があっても俺を信じて付いてきた人たちを裏切るわけにはいかないのだ。

だが越中も木村もしぶとかった。

奴らは奴らで生き延びるために必死なのだ。越中の技を食らうたびに、

（本当にこいつは全日本の前座にいた越中なのか!?）

そう何度も思った。それほどまでに奴のファイトぶりは成長著しく、そして意地が込められていた。木村にしても同じだ。こんな骨のある奴が日陰にいたとは、新日本とは、なんと層の厚い団体なんだ、と改めて感じた。

俺も無我夢中だった。越中をパワーボムで四回も叩きつけて、ようやく勝利できた。

俺は越中に感謝している。あの時、越中が俺たちを本気で潰すような勢いで向かってきてくれなければ、その後はなかったと思っているからだ。

越中がイの一番に乗り込んできた時のインパクトの強さによって、俺たちに興味がなかったファンが振り向いてくれただろうし、あの熱い戦いがWARのカラーを創ってくれた。

SWSの時とは打って変わって温かい声援を浴びるようになり、少し甘えていたウチの選手にもプロレスを植えつけてくれたと思っている。

「プロレスっていうのは、こういう風に全面的に自分の気持ちを出してぶつかっていかないと、客の支持や、みんなが凄いと言う評価を得られないのか」ということを折原たち若手選手がわかったことは大きかった。

俺は越中を突破したことによって一一月二三日、遂に新日本プロレスの両国国技館に乗り込んだ。石川、北原を率いて、メインイベントで再度、越中&木村&青柳を撃破……なぜだかわからないが、木村をパワーボムでKOした後、俺は倒れている木村への拍手をお客さんに要求していた。意識は、ほとんどなかった。

多分正々堂々と戦ってくれた反選手会同盟への感謝と、「敵ながら、あっぱれ！」という気持ちだったのだと思う。

俺は思わずマイクを握り、リングサイドにいた猪木さん、控室の長州をリングに呼び入れた。

「長州！　一月四日、東京ドームでやるしかないだろう」

「よし、分かった、やろう！」

リング上に飛び込んできた長州は、俺の手をグッと握った。引き手の強さが、やたらと印象的だった。

続いて猪木さんがマイクを取った。

「やるんだったら、歴史に残るような試合をやれ！　天龍、先日、貰った対戦要望書の返事をしてない。……勝った方に俺が挑戦してやる！　歴史に残る試合をやれ！」

この瞬間、引退試合は長州とやりたいという夢、アントニオ猪木と戦いたいという夢が一気に現実のレールに乗って走り出した。

甦った熱きファイト

正直な話、最初は好き勝手なことを言っていたが、ここまで来ると、ある種の怖さというかプレッシャーが大きくなった。

（これで本格的に新日本との対抗戦が始まる。少なくとも、いつ、いかなる時でも戦えるようにコンディションはビシッと整えておかねばならない）

俺の中に完全に〝熱さ〟が戻っていた。天龍革命をぶち上げた時のように熱くなっていた。SWSで二年余り、投げやりになりかけていたが、新たな標的を見据え、俺はメンタルな面も含めて甦っていた。

九二年のラストマッチは一二月一四日、大阪府立体育会館。新日本プロレスのリングで越中を相手にメインを張った。この大会は当時の新日本の同所における客入りを更新したという。

本当に男冥利に尽きた。

九二年は、前半こそ失意と苦悩だったが、最高の形で締め括ることができた。越中はどう感じていたかはわからないが、俺の心の片隅には全日本出身の俺と越中で新日本の一年を締め括ったことで、「どうだ、見たか！」という気持ちもあった。

一九九三年は新日本プロレスとの戦いに明け暮れた。

まず一月四日、東京ドームで長州との六年四カ月ぶりの一騎打ちだ。

この一戦はアントニオ猪木への挑戦者決定戦的な色合いが強かったかもしれない。だが、リング上で、大観衆の前で宿敵・長州と対峙した瞬間から、俺の中にそんな気持ちは微塵も芽生えなかった。それだけ長州は俺を燃えさせてくれた。

試合は、お互いに技術よりも感情が先走って、何かゴツゴツ、ギクシャクした感じだった。長州は、やはり無駄な動きが一切ない男。相変わらずスキがなかった。結果的には俺がパワーボムで勝ったものの、俺の勝ちのポイントは唯一つ、俺がダイビング・エルボーをやった時に長州が首をかばうあまりに中途半端に動いて変な角度でヒットしたということだけだったと思う。

この後、長州とは四月六日に両国国技館で再戦したが、この時は俺がトペやジャンピング・ニーパットを使ったり、長州がコーナーからのニードロップ、パワーボムを使ったりと、東京ドームとは打って変わって、お互いに知恵を絞った意外性の勝負だった。長州のラリアット三連発にやられてしまったものの、

「やっぱり、長州とやるのは面白ぇ！」

という爽快感があった。長州との戦いは、勝った時は、

「わかったか、長州！　俺の強さはこんなもんだ」

という感じで、お互いに相手をギャフンと言わせる……俺はＷＡＲ、長州は新日本の看板を背負っていたが、戦うたびに、二人の主従関係を明確にしているという感じで、後に変なものは何も残

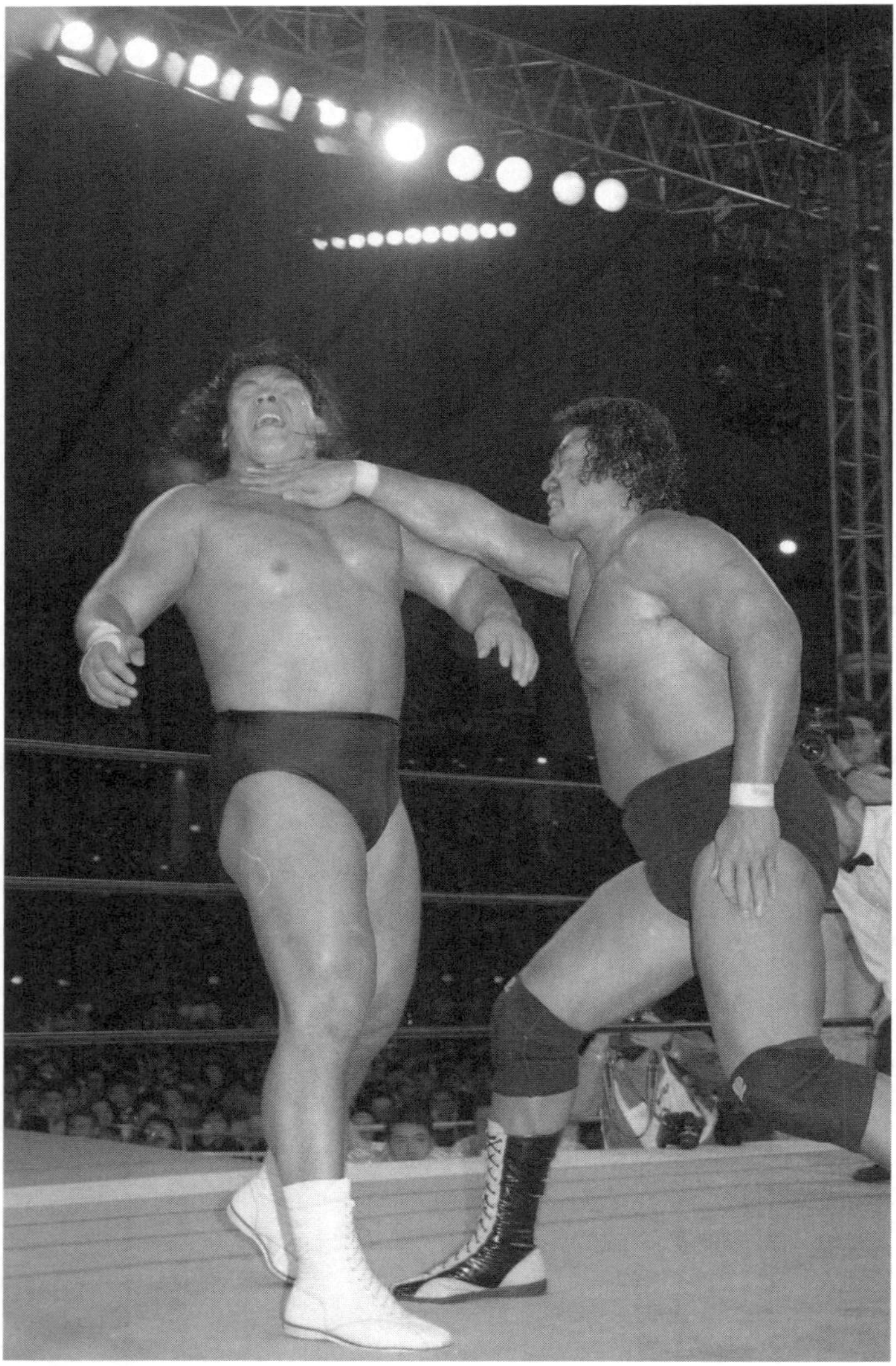
「どうしても勝つ必要があった」 新日本のリングで6年ぶりに長州と一騎打ち。

らなかった。

ただ、一月四日に関しては、どうしても長州に勝つ必要があった。

なぜなら、WARが新日本の傘下団体、もしくは子会社のように周りから見られているという空気を感じていたからだ。

ただし、腹は立っていても、内心、それを甘んじて受け入れてきた部分もある。これが大きな会社の組織かなとも思ったし、それは一三歳で相撲に入った時に、

（相撲というのは、こういうもんだ）

と思ったのと同じだ。

（対抗戦をやるというのは、こういうことなんだ）

という感じだった。

俺は、それまでSWSで批判的な記事を書いた奴らに屈辱を与えられてきた。それを思えば、やり甲斐のある相手と戦い、熱い試合を見せられるのだから、屁でもなかった。

だが、もし一月四日に長州に負けていたらWARは一つの軍団のように新日本という大組織に組み込まれていたかもしれない。それを思うと、実に重い一勝だし、何が何でも勝たなければいけない大勝負だったのだ。

俺が勝ったことによって、新日本はガンガン仕掛けてきた。人間は上向いてくると、どうしても臆病な気持ちが出てくる。

（ここに出たら、新日本の奴らは潰しに来そうだな）

という邪推が芽生える。俺は、自分がそんな気持ちになるのが嫌だった。だから俺は新日本にカードを組まれれば、敢えて拒まず、ドンドン出て行った。

下の世代のライバル

そうした中で「打倒！　天龍」にすべてを懸けて立ち上がってきたのは橋本真也だ。

橋本は新日本の中で、いつも孤独な戦いをしているように俺の目には映っていた。それは橋本自身が敢えて、自分をそういう方向に仕向けているのかもしれないが、彼の戦う姿勢、プロレスに対する姿勢……性格的に俺に似ているところが感じられて、以前から気にかかる存在だった。

初めて肌を合わせたのは、長州に勝った後の新日本の札幌大会（二月五日）。阿修羅、石川とトリオを結成して乗り込んだ俺を武藤敬司、野上彰（現・ＡＫＩＲＡ）、そして橋本が待ち受けていた。そして武藤、野上を制して「俺の獲物だ！」とばかりに執拗に食ってかかってきた。

その後、橋本は新日本のシリーズを休んでまで、俺を標的にしてＷＡＲに乗り込んできた。その心意気に応えて、俺は最高の舞台として六月一七日の日本武道館でのＷＡＲ一周年記念興行で橋本と勝負することを決めた。

予想通りの男だった。

情熱と純真な気持ちを俺に真っ向からぶつけてきた。ハッキリ言って、俺は橋本の馬力に後手に回っていた。誰が名付けたのか〝破壊王〟とは、よく言ったものだ。

俺が胸板にチョップを叩き込めば、橋本も遠慮会釈のない重たいキックをぶち込んでくる。相手

WARの1周年記念大会では若きライバル橋本と対戦。

の攻撃をディフェンスせずに、お互いに真っ向から体をさらした打撃の応酬というのは、俺と橋本の攻防が最初だったと思う。

当時、パワーで橋本以上の選手はそうそういなかった。だが、俺も意地でも負けられない。突っ張りで鼻血を出させ、アントニオ猪木から盗んだ浴びせ蹴りもかました。

俺は四三歳、橋本は二〇代……だが橋本は俺に年齢を感じさせず、夢中でプロレスをやらせてくれた。これだけ真っ向からやり合っている以上は、

（もし、負けても仕方ないな）

という気持ちにもさせてくれた。

俺は最後の力を振り絞って、橋本の一三五キロの巨体をパワーボムで叩きつけた。負けた橋本の目には涙がにじんでいた。

「橋本、俺は今日のことは絶対に忘れないぞ！」

俺はリング上で叫んだ。本音だ。

よくぞ、ＷＡＲの一周年の時に橋本が来てくれたと、心底、思った。

全日本プロレス時代にも、タイガーマスクの三沢や、田上などの若い連中と戦ってきたが、彼らは俺にとって、あくまでも後輩である。世代の違いを感じさせず、俺と同一線上で戦った橋本は、初めての下の世代のライバルだった。

この後、八月八日にも、今度は新日本の両国国技館で橋本に勝ったが、これで、さらに否応なしに新日勢と闘っていくしかなくなった。勝ち抜いていくか、負けてボロボロにされるかのふたつに

ひとつである。どちらに転ぼうとも構いはしない。トコトン体がぶっ潰れても戦い抜いてやる……そう素直に思えるほど充実していた。

馳浩ともやったし、蝶野正洋ともやった。ハードな戦いが続いたが、若い人たちとの試合は常に俺の気持ちをリフレッシュさせ、俺にエネルギーを注入し、今までと違う〝新しい天龍源一郎〟を見させてくれた。

その分、俺も新日本に対して十二分に、お返ししてきた。新日本の選手もまた、俺との戦いの中で自己開発していったと自負していた。それほどに俺は燃えていた。

潔い男・藤波辰爾

九三年の下半期、俺の中で大きなウェートを占めたのは藤波辰爾だ。

〝俺たちの時代〟と呼ばれた世代の中で色分けすれば、俺と長州が似たタイプで、ジャンボと藤波が似たタイプになると思う。俺たちから見れば、非常にいいプロレス人生を送っているように見えた。

だが、彼自身には「叩き上げだ」という意地があり、やり甲斐のある人だった。

九月二六日、大阪城ホールで俺は藤波との一騎打ちに負けた。グラウンド・コブラツイストで丸め込まれてしまったが、それよりも試合の中盤で突っ張りを見舞った際、藤波の歯で左の掌が裂け、不完全燃焼に終わってしまったのが悔しかった。

（クソッ！　このまま終わってたまるか）

俺の渾身のパワーボムを叩き込まなきゃ気が済まなくなっていた。

俺は即座に藤波に再戦を要求した。

熱くなっている俺を尻目に、藤波は、もう二度と俺と戦おうとしないのではないか、とも思った。

ところが、俺の再戦要求を藤波はスンナリ呑んだ。藤波に対しては、長州が維新軍を始めた時から、それを受け止めたことで、器量の大きさと懐の深さ、そして、

(今までにいろんなことをやってきた度胸の良さでは負けないよ)

という男気を感じていたが、やはり見かけと違って強者だった。本当なら、俺に勝ったことで涼しい顔して、やりすごせるのに、

「いいでしょう、やりましょう！　何度でもトコトンやり合いましょう！」

と、一二月一五日の両国国技館における俺の格闘技生活三〇周年興行に堂々と乗り込んできたのだ。

この興行は俺にとって感慨深いものだった。

計算したわけではないが、奇しくも力道山の命日に相撲の殿堂で、自分の団体の興行を打つことができたのだ。相撲を辞めて一七年……これで相撲協会に恩返ししたことになるだろうという気持ちだった。

ここで藤波に勝てた。藤波の潔い戦い方は素晴らしかった。

レスラーそれぞれに異なったプロレス観というものがある。

極端な話、「勝つためなら、相手の急所を突いてでも、眼球を狙ってでも……」というタイプも

いれば、その逆を貫き通すことで自らのアイデンティティーを築く者もいる。

藤波は後者だった。

勝負に執着していない、という言い方は相応しくない。そうではなく、自らのスタイルにトコトン執着しているのだ。

よく藤波は「新日本出身には珍しい受けのタイプ」だと言われていたが、実際に対戦して感じたのは、

「俺は、どんな相手にでも合わせられる」

というプライドだ。そして相手に合わせながら、実際には自分が試合の主導権を握っているというのが、藤波自身がこだわっていたスタイルではないかと思う。

最後に俺が決めたパワーボムは気合が入り過ぎて危険な角度になってしまったが、藤波は一言も文句を言わなかった。やはり土性骨のあるレスラーだった。

そして、藤波にリベンジを果たした俺は、いよいよ新日本プロレスの頂点に挑むことになった。

アントニオ猪木の殺気

一九九四年一月四日。俺は六万二〇〇〇人の目を一身に浴びながら、リングに続く長い一本花道を歩いていた。去年に続いて他団体……新日本プロレスの東京ドーム大会でシングルマッチのメイン。相手はアントニオ猪木である。

この長い一本花道は時として俺を感傷的にさせる。リングまでが長過ぎて、いろいろなことが頭

の中をよぎるのだ。

大好きだった相撲を辞めて全日本プロレスに入り、ジャイアント馬場に育てられ、愛してやまなかった全日本を四〇歳で飛び出して四年……その間、誹謗中傷されようが、たとえ何があっても、俺は〝全日本プロレスの天龍源一郎〟を背負って生きてきた。そして今、馬場さんと日本プロレス界を二分してきたアントニオ猪木と相まみえようとしている。様々なことが頭の中に浮かんでは消えていった。

俺がアントニオ猪木という存在を強烈に意識するようになったのは、最後のアメリカ修行から帰ってきた八一年のことだ。延髄斬り、卍固めといった技を使い出して「全日本プロレスのくせに猪木の真似ばかかし、しやがって」とファンから言われるようになった頃からである。

「機会があれば、一度、猪木さんと戦ってみたいですね!」

当時、すでに俺は、そんなことを口にしていた。当然のことだが、その頃の俺の言葉に耳を傾けてくれる記者はいなかった。

八九年四月、新日本プロレスの東京ドーム初進出の目前にも、俺は雑誌を通じて、

「時代の流れの中にいたいから東京ドームで猪木さんと戦いたい!」

とアピールした。この時は反響が大きかった。しかし、全日本、新日本両団体の事情で実現には至らなかった。

別に「打倒! 猪木」などという大そうな野望を抱いていたわけではない。

「馬場さんと初めて戦った時も嬉しかったし、ジャンボ鶴田、長州力、スタン・ハンセン、ミル・

マスカラスと戦った時もそうだった。だから猪木さんとも戦ってみたいし、同じ時代に生きているなら、そのトップの人と戦っておきたい」

ファン心理も混じった純粋な気持ちから出た言葉なのだ。

初めて口にしてから一三年……自分で団体を持ち、何のしがらみもなくなって、やっと猪木さんとのシングル対決実現に漕ぎつけたのである。

猪木さんに対する印象は、その時々によって変わっていた。

俺が相撲からプロレスに転向しようと決意した頃に東京スポーツで、

「相撲上がりはどうしようもない奴ばかしだ」

という猪木さんのコメントを読んで「新日本に行かなくてよかったな!」と思ったことを覚えている、

とにかく最初の頃は、全日本プロレスを何かにつけて口撃してくる猪木さんに「この野郎!」という気持ちを抱いていた。

その頃は〝大人〟などという言葉の意味さえ知らないから、何も言わずにおとなしくしている馬場さんをはじめとした全日本プロレスに情けなさも感じていた。

昔は、お互いがソッポを向き合うぐらいに団体間のライバル意識が強烈だった。だから東京スポーツのプロレス大賞の表彰式で俺が敢闘賞をもらった時の猪木さんには驚いた。確かMVPだった猪木さんが並んでいる選手の右端から「おめでとう!」と、ひとりずつ握手をして回ったのだ。

(変わってるな、この人。何、考えてるんだろう)

と思ったものである。

とにかく常人の物差しでは計れないような人なのだ。

猪木さんとは一回だけ食事をしたことがあった。

八九年二月一五日にオハイオ州クリーブランドの『クラッシュ・オブ・チャンピオンズ』に出場した後だ。

帰国前にロサンゼルスに寄ったが、ちょうど猪木さんもロスにいて、日プロ時代に猪木さんの後輩だった昭雄ちゃんに、

「猪木さんが一緒に飯食いに行こうって言ってるよ」

と言われて会ったのだ。

やはり猪木さんは不思議な人だった。壮大な夢のような話をする人で、現実的な話をする馬場さんとは正反対の人だった。

(この人の大きな夢を聞いていたら、誰でも虜になっちゃうよなあ)

そう感じさせてくれる人だった。

俺が魅かれた点といえば、俺と同じように常に人の目を意識し、絶えずいろんなことを言いながら世間や世評と戦っていたところだ。自分の人生を人に、リングにぶつける「この野郎!」という不屈の闘志に共感を覚える部分があったのだ。

その猪木さんと遂に対戦する時がきた。

正直な話、この一月四日は「待ちに待った!」という気分ではなかった。

最初の頃は誰とやるのも一緒、長州力とやるのも一緒で、その延長線上にいるのがアントニオ猪木だった。

「猪木さんとやれそうだ」という話が出てきた時には、

(やれたらいいよなあ。夢だなあ)

という感じで、その夢が膨らみ、

(もしも勝っちゃったら、ジャイアント馬場とアントニオ猪木の二人をフォールしたことになるんだなあ)

と、ずっと楽しみな感を強くしていたが、試合日が、一月四日に決定した瞬間から、気持ちが一変した。

(下手したら満天下に恥をさらすことになるかもしれない。ただじゃ終われない!)

切羽詰まったものが、ずっと俺の気持ちのなかにあったのである。

アントニオ猪木は、やはりアントニオ猪木だった。

当時、参議院議員だった猪木さんはスポーツ平和党の元秘書に告発されるなど、スキャンダルにまみれながらも、ビシッと体を作ってきたのだ。筋張った筋肉を見れば、鍛え込んできたのがハッキリわかる。

俺は人間・猪木を知らない。

ただしプロレスに賭ける情熱には頭が下がる思いだった。

遂に運命のゴングは鳴った。

俺と猪木さんはともに動かない。いや動けなかった。剣豪小説ではないが、

（下手に動いた方が殺られる！）

そんな殺気がリング上に充満しているのである。

手四つの体勢から、猪木さんは、いきなり顔面へのヘッドバットを狙ってきた。明らかに一線を超える構えだ。試しに軽くローキックを放つと、いきなり顔面に反則のベアナックルが飛んできた。

これで猪木さんの〝決意〟はハッキリと見てとれた。

試合前、実は一悶着あった。

「格闘技ルールで戦おう！」

と猪木さんが言い出し、俺がこれを突っぱねたのである。

やはり俺の根底にあるのは、

「あらゆるものを超えたものがプロレスなんだよ」

という馬場さんの考え方だ。結局、俺は新日本の坂口社長に下駄を預け、試合形式はプロレス・ルールで落ち着いた。

それでも、猪木さんは、あくまでも〝格闘技ルール〟で仕掛けてきたのだ。

（猪木さんがどんな仕掛けをしてきても構わない。ただし、俺は俺が信じ、培ってきたプロレスで戦ってやる！）

そんな気持ちがムクムクと湧いてきた。

猪木さんには、相手の目玉をえぐったとか、腕をヘシ折ったとか〝伝説〟となった話が多くある。

確かに猪木さんの攻めはえげつなかった。

試合開始三分過ぎぐらいだろうか、猪木さんの腕が俺の首に絡みついてきた。スリーパー……それも明らかにチョークだ。

慌ててロープにエスケープしたが、猪木さんは平気で絞め続けている。

(ヤバイ!)

と思った瞬間、スーッと力が抜けて、落とされてしまった。俺にとっては初めての経験だ。フワッとなって、長州が起こしにくるまで全然、わからなかった。

俺の四〇年に及ぶプロレス人生の中で、猪木さんのスリーパーは、ハンセンのラリアット、ジャンボのバックドロップと並ぶ危険な技だった。

その後も猪木さんのえげつない攻めは続いた。

腕ひしぎ十字固めにしても、俺はディフェンスしてサッとロープにエスケープしたが、ブレークの瞬間にグッと力を入れて指をヘシ折りにきて、脱臼させられてしまった。

普段の俺だったら、

「この野郎!　なめるな」

とエキサイトしていたかもしれない。一三歳から相撲社会に入った俺は、

「折ってもいいよ。でも、そこからが俺の本当の勝負だよ」

という土性骨を持って生きている。

だが、この時は、

（さすがだな、猪木さん）

と感心する方が先に立った。初めて戦う相手にえげつなく仕掛けるのは、普通なら怖くてできないことなのだ。誰でも人間的に嫌な奴だとは思われたくない。だから、よく思われたくて〝丸く収める〟ファイトをやってしまうものだ。

ところが猪木さんは恐れを微塵も見せず、平然と俺に危険技を仕掛けてきたのである。修羅場をいくつも潜り抜けてきた猪木さんだからこそ、なせる業だ。

近年は大技がポンポン飛び出す試合が主流になっている。それがファンの要請ならば、何も言うことはないが、俺はずっと、

「プロレスの根本はゲームじゃなくて戦いなんだよ。立ち回りじゃないんだよ」

という考えを持っている。この考え方は猪木さんも同じだというのが、この一戦でよくわかった。膠着状態の試合をファンに野次られながらも、俺との戦いの中で、世間に知らしめようと猪木さんは必死だったのだ。そのことを他のレスラーに教え込もうという猪木さんの気持ちを感じたからこそ、清々しい気分になれたのかもしれない。

引退まで支えてくれた勝利

これは戦いだ。

俺は遠慮なく反撃に転じた。前年九三年五月三日、福岡ドームでタッグマッチながら初めて猪木さんと肌を合わせた時、小気味いい動きに惑わされず、大雑把にいけば活路が開けると確信してい

猪木とのシングル対決が実現。馬場、猪木をピンフォールした唯一の日本人レスラーとなる。

た俺は、真っ向からガンガン前に出た。

猪木さんの胸板を叩き割るつもりでチョップを叩き込んだし、原点である相撲の突っ張りも出した。全体重をかけたラリアットをぶち込み、正面から猪木さんの顔を蹴り上げた。

とは言っても、攻め込んでいる途中で、

（このまま時間が止まってくれたら……ここで終わってくれてもいい）

と、センチメンタルな気分になったことは否定しない。

現役バリバリの俺と当時の猪木さんでは耐久力の差は明らかだ。猪木さんの限界が見えた。間髪入れず、渾身の力と胸いっぱいの思いを込めてパワーボムで叩きつけた。

カウントが三つ叩かれた。

勝負はついた。

猪木さんは人目もはばからず泣いている。猪木さんの愛弟子・長州力の目にも光るものがある。俺も何故か目頭が熱くなり、こみ上げてくるものがあった。

喜びはなかった。馬場さんをフォールした時もそうだったが、あるのは、

（大変なことをやってしまったんだなあ）

という実感だけだった。

それと同時に、

（猪木さんの〝なめんな、プロレス！〟というのを継いでいかなきゃいけない。これからが人生を賭けた勝負のスタートだ！）

という気持ちが芽生えた。

時間が経つと、馬場さんをフォールした時のように、

「猪木さん、本当に返せなかったんですか？」

という疑念が湧いて〝馬場、猪木をフォールした男〟というのが重荷になったこともあった。だが、それはやがて俺がプロレスで頑張っていける糧になった。

「両巨頭の名前を汚すわけにいかない！」

という強烈な思いが二〇一五年一一月一五日の引退まで俺を支えてくれた。

第八章 反骨

1994 - 1998

日本J1選手権初代王者となる。
（1998年1月14日・後楽園ホール）

禁断の実・大仁田厚

一九九四年は激動の年になった。

猪木さんに勝った一カ月半後の二月一七日には、新日本プロレスの両国国技館で橋本と三度目の一騎打ちをやって、遂に俺は負けてしまった。

悔しさは意外にもなかった。

（ああ、強くなったな。素晴らしい選手になったな）

勝ち名乗りを上げる橋本を見て、素直にそう感じた。

プロレスは新陳代謝が少ない世界だが、俺自身は、若い力がドンドン上がってきて、ある時には抜き去られる相撲の世界にいたから、橋本の勝利を素直に祝福できたのだろう。

（よし、いずれ時がきたら、もう一丁、やるか）

という気持ちになれて、変なものは何も残らなかった。

この一戦を機に新日本とＷＡＲの対抗戦は幕となった。新日本から唐突に打ち切りを通告されたのだ。

（この野郎！　オイシイとこばかし持って行きやがって！）

そんな風にも思ったが、あるいは逆に新日本の方が、これ以上、ＷＡＲと関わっていくとオイシイところをさらわれてしまうと危機感を持ったのかもしれない。

対抗戦がスタートした当初、新日本は明らかに上目線だった。ひょっとしたらＷＡＲを吸収してしまおうという思惑もあったかもしれない。

しかし交渉役だった武井正智は粘り強く、一歩も譲らずに常に渡り合っていたし、それに応えて俺も選手たちも大国・新日本に抗った。

結果、新日本は俺たちを呑み込むどころか、持て余したのだと解釈している。

そんな時に人を介してアプローチしてきたのがＦＭＷの大仁田厚だ。

「俺も天龍さんも、何のしがらみもない決定権を持った団体のトップ同士……二人で何か面白いことをやりましょう」

「新日本と闘ってきた天龍さんはプロレス馬鹿だと思う。俺も自分の体を切り刻んできたプロレス馬鹿。いつの時代も馬鹿が歴史を変えると思いますよ。天龍さんだったら、邪道と呼ばれる大仁田厚を……誰も寄りつかなかった大仁田厚という〝禁断の実〟に食いつくと俺は思ってますよ！」

品川プリンスホテルで会った大仁田は熱っぽく喋り続けた。

「みんなが、それほど邪道だというなら、この天龍源一郎が戦って、肌で試してやろうじゃないか」

天の邪鬼の天龍が頭をもたげた。そして頭の片隅には、契約を唐突に打ち切った新日本に対しての、

（天龍源一郎の価値をもう一度、見せつけてやろうじゃないか！　逃がした魚は大きかったと思い知らせてやる）

という意地もあったような気がする。

俺は三月二日のＷＡＲの両国国技館大会で阿修羅と龍原砲を組み、大仁田厚とターザン後藤を迎え撃つことにした。

国技館は異様な雰囲気に包まれた。

俺がＷＡＲのトップなら、大仁田もＦＭＷのエースだ。いきなりの団体のトップ同士の激突だけに、ＷＡＲの主催興行にもかかわらず、かなりの大仁田・ＦＭＷファンが会場に押し寄せ、一万一〇〇〇人の超満員札止めになった。

俺のファンも、大仁田のファンも、その生き様を応援するという熱い人たちばかりだから、国技館に熱気が充満するのは当然だ。

大仁田も後藤も、元をただせば同じ全日本プロレスで育った人間。根底にあるものは同じだ。だから俺は俺の生き様をぶつけるし、彼らは彼らで一度挫折しながらもここまで這い上がってきた生き様を思い切りぶつけてきてくれればいいというのが俺の想いだった。

トコトンやり合えればそれでよかった。だから俺は勝っても負けても一回きりのつもりでリングに上がった。

だが意に反して無性に腹が立つ結末になった。

後藤が場外でイスを振り上げた時、俺は咄嗟にうがい用の水が入ったビールビンで頭をカバーしたが、その上からイスを振り下ろされて、砕けた破片が後頭部に無数に刺さって大流血してしまったのだ。

挙句に屁みたいな大仁田のサンダーファイヤー・パワーボムでフォールされてしまったのだから

話にならない。

　ダメージが深かった俺は、試合後すぐに国技館の支度部屋に戻ったが、モニターを観ると、大仁田が我が物顔でマイクを摑んで、

「お前ら、よく聞け！　天龍、本当に男なら五月五日、川崎球場、俺のデスマッチのリングに上がってこい！」

　と叫んでいた。俺は一回きりだと言っていたのに、大仁田は俺を何としてもFMWの川崎球場で俺をデスマッチのリングに上げたかったのである。

「一回きりと言っただろ！」

　マスコミの人たちに囲まれた俺は思わず声を荒げてしまったが、このままでは腹の虫がどうにも収まらない。

　敢えて大仁田の下衆な考えに乗って、

「俺がビビるような最高のデスマッチを用意しろ。中途半端じゃなく、今までの中で一番凄いデスマッチの舞台を俺に用意しろ！」

　とアピールしてやった。

　俺のアピールに対しては、当然の如く、賛否両論が渦巻いた。

「天龍は、生き延びるためにプライドも何もかも捨てて、そこまでやるのか？」

「天龍というブランドを、そこまで落としてもらいたくない」

　いろいろなことを言われた。

だが、俺にしてみれば、WARを旗揚げして新日本と戦った時から常にリスクを背負って〝目に見えない有刺鉄線電流爆破〟の中で戦っていたという気持ちだったし、あのリングの中に入るのは危険な技を食うのと一緒だという感覚だった。

確かにトップと言われる人たちの中で、ああいうデスマッチをやった人はいなかったが、それは普通の試合でファンから支持されているという有利な立場にいるからだ。

だが、SWSに行った時に一部のマスコミに散々叩かれたし、それに同調したファンに「そうだ、そうだ」と傷つけられた俺にしてみれば、

(天龍のブランド? ふざけるな。今さら格好つける天龍源一郎でもないだろう)

という意識しかなかった。俺は新日本への意地を通し、大仁田から受けた屈辱にケリをつけられればそれでよかったのだ。

「天龍もそろそろ役目が終わったから」と、新日本から契約を打ち切られた時に妙に腹が立って、プロレス界を見渡した時に大仁田がいた。一方の大仁田はFMWの中ですべてをやり尽したから、新日本で戦っていた天龍源一郎に興味を示した。

振り返ると、「天龍にはまだ価値があるぞ!」ということを見せたい俺の新日本に対する意地と、最初はWARのリングに上がりながら、最終的には川崎球場に俺を引っ張り込んで客を呼びたいと目論んでいた大仁田の「二人で面白いことをやりましょう」というビジネストークが発端だった。

俺の意地、大仁田の目論見がクロスしたから、あの電流爆破マッチが成立したのである。

プロレスに正道も邪道もない

五月五日、俺は午後一時過ぎに川崎球場に入った。空を見上げると、子供の日にふさわしく太陽がさんさんと輝いていた。

(雨の方が似合ったかもしれないな)

と俺は思った。

俺も大仁田も波乱万丈の人生を歩んできた。そんな二人の戦いは、どしゃ降りの中での方がふさわしいような気もした。

相撲にいた時の開き直りと同じで、なるようにしかならないという気持ちだった。

全日本を飛び出した後、いろいろな人にとやかく言われながらSWS、WARの旗揚げ、新日本との戦い、遂には猪木戦……そしてデスマッチまで来た。

俺は川崎球場の控室の机に過去に受賞したMVPのトロフィーを並べた。

「これだけのことをやってきた天龍源一郎が、みんなが触らない電流爆破に乗り込むんだ!」という意気込みを川崎球場に持ち込んだのだ。

そこには「もし負けたら、こうした過去の実績が単なる飾り物になってしまう」という覚悟もあった。

国技館でファイトする時にはいつも感慨にとらわれる。だが、野球場というのも一種独特な空気が漂っている。東京ドームや福岡ドームもいい、だが、この川崎球場から村田兆治、有藤道世、落合博満といったスター選手が育ったのかと思うと感慨があった。そして俺の中にも何かが生まれるような気がしてならなかった。

覚悟を決めていたが、デスマッチのリングは実にハードだった。得意にしているトップロープからのエルボードロップ、ロープの反動を利用してのラリアットやタックルが使えないのだ。

武器は己の肉体だけである。デスマッチでは技術を封じられた戦いを強いられる。叩きつけて、起き上がられたら、また力でネジ伏せて……プロレスの原点に戻った、これこそが、まっとうな戦いだったとも思う。

どんな仕掛けがあろうとも、リング中央で戦い、有刺鉄線に引っ掛からなければいい、そんな風に考えていたが、やはり、そうはいかなかった。

ラリアットをかわされた俺は左腕から有刺鉄線に突っ込んでいた。

〝パン、パン、パーン！〟

乾いたような爆発音が俺の鼓膜をつんざいた。電流でバリバリッと痛みが伝わり、ザクザクッと肉が裂けるのがわかった。

被爆した俺は、頭を抱えてリングに倒れ込んだ。見ると、リングの上にはザラザラとした黒い破片が飛び散っている。爆弾の破片なのだろうか？　それが無数にチクチクと体に刺さっているのがわかった。

（これが大仁田厚の世界なのか⁉　ウーン、これは精神的にキツイ空間だな）

と思いながら、俺は立ち上がると、再び仁王立ちしている大仁田にぶつかっていった。

「プロレスに正道も邪道もない」大仁田
との電流爆破マッチに挑んだ。

結局、俺が一回、大仁田が三回被爆した。

もし、この回数が逆だったら勝敗も逆になっていたかもしれない。

大仁田はパワーボムを三回も四回も返し、立ち上がってくるたびにラリアットを狙ってきた。必死に俺に一矢報いようとするのだ。

五発目のパワーボムで大仁田は遂に力尽きた。俺は何もアピールせず、静かにリングを降りた。大仁田の意地と、それを支持するファンのことを思ったら、軽はずみなことはできなかったのだ。

やはり、プロレスに正道も邪道もなかった。

俺は〝初めての禁断の実〟ランディ・サベージにキャラクターの違う者同士のぶつかり合いの面白さを教えられた。

そして〝第二の禁断の実〟大仁田厚によって、それがさらに拡大され、正道とか邪道とか、小さな枠にとどまらずにぶつかり合えば何かが生まれるのがプロレスだと知った。

その後は多くのメジャーと呼ばれる選手が電流爆破のリングに上がっているが、上半身裸であのリングに入っている選手はほとんどいない。ある時、ファンに、

「電流爆破マッチの時は、みんなTシャツとかを着るのに、天龍さんはなぜ着ないんですか?」

と聞かれた時に気付かされたことだった。

答えは簡単だ。俺のプロレスラーとしてのプライドだ。

「電流爆破ってどんなものなんだろう?」と、自分の体で試したかったから、何かを着てやっても意味はなかった。だからTシャツを着るという発想はまったくなかった。それだけのことだ。

ハードスケジュールの裏事情

俺に休息はなかった。大仁田戦二日後の五月七日からWWFが初めて日本に単独進出した『マニアツアー』に参加して横浜アリーナ、大阪城ホール、名古屋レインボーホール、札幌・月寒ドームで試合をした。

SWSが空中分解し、WARを旗揚げしてからもWWFとの関係は良好だった。WWFの年頭のビッグイベント『ロイヤルランブル』にはオファーを受けて九三年、九四年の二年連続で参加していた。

そうした中でビンス・マクマホン・ジュニアから「日本に進出する際にはぜひ協力してほしい」という要請を受けていた。

実はWAR設立前には昭雄ちゃんを通じて、一レスラーとして一年間契約でWWFに行くという話もあったが、それは俺に付いてきてくれた仲間のことを思うと受けることはできなかった。

WWFへの長期遠征は実現しなかったが、『ロイヤルランブル』への参加は楽しかった。九四年のマサチューセッツ州ボストンでの大会は、スケジュールの都合で試合当日に現地入りする慌ただしさだったが、九三年のカリフォルニア州サクラメント大会の時は前日に現地入りできたため、いろいろなレスラーたちと旧交を温めることができたのである。

ノースカロライナで修行していた時代に世話になったリック・フレアーやデビュー戦の相手でもあるテッド・デビアス、ランディ・サベージ……WWFのスーパースターたちにホテルのバーでワインを大盤振る舞いできたのは、いい思い出だ。

ただ、会場入りが朝八時なのにみんなを酔っ払わせてしまったため、WWFのお偉方からは「みんながコンディションを崩すまで飲ませないでほしい」と小言を言われてしまったが……。

話を戻すと、大仁田と電流爆破マッチをやり、その後はWWFのツアーに参加というハードなスケジュールについて、当時の俺は「プロレス人生のゴールデンウィークだよ」と突っ張ったことを言っていたと思うが、歩みを止めていられないというのが実情だった。

新日本のトップ選手とことごとく対戦して、遂には猪木さんに勝ち、さらに大仁田に電流爆破マッチで勝った。もうやることは全部やってしまったかなというのが正直な気持ちだった。あの時点で勝ち逃げして引退していれば格好よかったかもしれない。

だが、メガネスーパーからの資金援助が打ち切られた時期だったから、とにかく稼がなければいけなかった。

WARは小さな団体だったが、一試合幾らのファイトマネー制ではなく、給料制だった。試合数に関係なく保障してあげなければならない。

だからFMWの川崎球場で大仁田と電流爆破マッチをやり、WWFのツアーに出場して外貨を稼いだことで、「ああ、これで何カ月間かはレスラーと社員を食わせられるな」と安堵したというのが現実だった。

俺が倒れたらWARは終わる。だから立ち止まって休んでいるわけにはいかなかったのである。

冬木の反逆

新日本との対抗戦が突然終わり、ＷＡＲは新たな方向性を模索しなければならなくなったが、そんな矢先に行動を起こしたのが冬木弘道だ。

大仁田との電流爆破マッチを目前にした四月シリーズの開幕戦の四月二一日、大垣城ホールで冬木は突如、行動を起こした。

「この二年間、死ぬ思いして……天龍さんを支え、原さんを支えて死んできたよ。それが大仁田、後藤に負けて。冗談じゃねぇや！　川田が『チャンピオン・カーニバル』に優勝したことにも考えさせられたよ。あんなのに負ける要素はないよ。川田とやらせてくれるなら全日本に行くよ。ウチの会社で這い上がろうとしているのは邪道と外道だけ。この二人と勝って勝って、勝ちまくって……高く買ってくれるところに行くから。この会社が俺をここまで追い込んだんだよ！」

と、両国で俺と阿修羅が大仁田＆後藤に負けたことに託けて、反逆したのだ。

仲間だった三沢や川田が全日本で四天王として地位を確立しつつあっただけに、冬木もそろそろ自分を確立しなくてはいけないと思っていた頃だったと思う。そこにパートナーとしてちょうどいい邪道＆外道がいたから自己主張したのだろう。

同じ天龍同盟にいて、全日本に残った川田がスポットライトを浴びているのに、俺に付いてきた冬木がいつも縁の下の力持ちのような立場にいるのが不憫でならないという気持ちがあったから、この反逆は内心では嬉しいという気持ちもあった。

「今の天龍にレボリューション精神なんてない。俺たちがやっていることがレボリューションなんだ！」

と憎まれ口を叩きながら、全日本の天龍同盟時代の赤いレボリューション・ジャケットを引っ張り出して着ている冬木を見て、俺が阿修羅とレボリューションを始めた頃のように、冬木も段々とプロレスが楽しくなり始めたんだろうなと感じていた。

小さな団体だったから、取材に来た記者の人に自己主張する冬木がストレートに取り上げられるようになった。

そして冬木は、マスコミに取り上げられることに対して自分が責任を持って行動しなければいけないという風にレスラーとして大きくなっていった。

理不尽節だろうが、何だろうが、

（お前、それぐらいしないと目立たないよ！）

というのが俺の気持ちだった。

大きな団体の三沢や川田とは違う形ではあったが、小さな団体の冬木弘道という名前が世の中に出たことで俺は良かったなと思っていた。

冬木が正規軍を出て行く一方では新しい強力な助っ人も現れた。八七年八月に引退したアニマル浜口さんだ。

楽ちゃん……今の三遊亭円楽師匠と飲んでいる時に「選手の手駒がなくて……」という話をしていたら、師匠の口から「浜さんは？」という言葉が飛び出したのがきっかけだ。

浜口さんに会いに行ってお願いすると快く応えてくれた。そして九四年五月から一年間参戦してくれて、随分と助けてもらった。

プロレスに対する気持ちが散漫になっていたＷＡＲの選手たちが、リングの中で全身全霊で打ち込む浜口さんの姿を見て、明らかに変わったのである。

アイデアで勝負したＷＡＲ

新日本との対抗戦が終わり、メガネスーパーの援助もなくなったＷＡＲは、お金がないから、あとは頭を使うしかなかった。これでもか、これでもかと知恵を絞った。

まず導入したのが女子プロレスだ。

女子のＬＬＰＷと提携してウチのリングに上がってもらったのは、アメリカのサーキットで男子と女子の区別なく試合が組まれているのを俺自身が直接見ていたというのが大きい。ＳＷＳでは実現できなかったが、自分で団体を持った時に、お客さんが「儲かった」と喜ぶとしたら女子プロレスを提供するしかないかなと思ったのだ。

その当時の女子プロは無視できないぐらい支持されていた。ウチのファンが女子プロを認識して、女子のファンがウチを認識して、それでお互いのファン層が拡大されればいいと思ったし、楽しんでもらえればいいというのが俺の考えだった。

全日本や新日本は固いプロレスをやっていたが、俺の中には、

（興行はそんなもんじゃないだろう。お客さんが喜んでくれるんだったら……）

というのが常にあった。

ただ単に女子の試合を大会に組み入れるだけでなく、タッグのトーナメントで神取忍と戦ったり、男女混合ミックスド・タッグトーナメントも開催した。

「〝ミスター女子プロレス〟と呼ばれる神取が男子と戦ったらどうなのか？」

「大きいイーグル沢井相手に小さい男子がどう戦うのか」

そんなシンプルな疑問に実際にリングで答えたということで、決しておちゃらけや余興にしなかったという自負はある。

坂下博志団長が率いる嵐（のちの大黒坊弁慶＝高木功とは別人）、太刀光らの〝相撲軍団〟もWARの名物になったが、これも、

「相撲取りがそのままプロレスラーとやったらどうなるか？」

という簡単な発想だ。格闘技の中で一番凄くて迫力がある相撲をプロレスに組み込んだら面白いだろうというところから生まれた。

坂下団長は日本大学相撲部で石川と同期、マスクを被った嵐の正体は日大相撲部、花籠部屋で輪島さん、石川の後輩の小谷一美……元十両力士の花嵐だった。

西前頭一五枚目までいった太刀光は、プロレスラーになりたくてWARに来たが、最初はプロレスの枠に押し込めない方がいいだろうということで、まずは相撲軍団の大和としてデビューさせた。

のちにクリス・ジェリコとしてWWEでトップになったライオン・ハートやレイ・ミステリオ・ジュニアなど、外国人選手もいい人材が来てくれた。

バンバン・ビガロにしても、赤鬼に変身して青鬼のタイガー戸口と組んだドン・ムラコにしても、日本のプロレスを理解して、溶け込んで、一生懸命やってくれた。

カナダ人だが、メキシコでブレークしてウルティモ・ドラゴンの推薦で初めて日本に来たバンピーロ・カサノバは、いきなりメインイベントに抜擢したら「メインであなたと戦えるのは光栄です」とわざわざ控室に挨拶に来たことを覚えている。

数年後に彼はWCWでブレークするのだが当時は無名。それでも抜擢したのは、すべてが良くなくても、何かひとつポイント……要するにタレント性があればいいというのが俺の考えだったからだ。

全日本、新日本が全盛期の時代、小さな団体だが、色々なアイデアを出してやっていくことがお客さんに支持されるたびに手応えを感じて嬉しかった。明日への希望が湧いた。

「新日本との対抗戦が終わった後のWARの方が面白かったですよ！」

こう言ってくれるファンの人も多いが、SWSで不評を買って、WARを設立して、最初に新日本との対抗戦があったからこそ、その後にハチャメチャやっても、お客さんが受け入れてくれたのだと思っている。

初っ端からハチャメチャにやっていたらバッシング浴びて、

「SWSがあれで、WARでもこれかよ？」

「こんなことがやりたくて団体を持ったのかよ？」

「全日本の時の天龍はどこに行ったんだよ」

と言われて、そっぽを向かれていたのではないだろうか。

新日本とやっていて途中でブチッと切れたという印象をプロレスファンが持っていてくれたから、「WAR独自のカラーを出しているんだな！」と理解して応援してくれた部分があったと思う。

石川敬士の離脱

話を九四年当時に戻すと、夏以降も激動だった。

まず、三月二日の両国で俺との龍原砲で大仁田&後藤に負けた阿修羅が八月一一日に引退を発表した。

あの敗戦で自分の限界を知ったという阿修羅は、その後のシリーズから相撲軍団やキング・ハクらが結成していた反WAR軍に加入してリーダーに収まった。

「もう、俺には時間がないから、俺の体と気持ちの中に源ちゃんを刻み込んでおきたい。それで自分が望んでいた真っ白な灰になるだけじゃなくて、枯れ木に花を咲かす〝花咲じじい〟になるために、若い奴らにレボリューション魂とWARイズムを伝えたい。だから表面上は反WAR軍だけど、俺の気持ちは親WARなんだ」

阿修羅はそう主張して俺の反対側のコーナーに立つようになった。阿修羅も、冬木も、自分がやりたいようにやればいいというのが俺の考えだった。

そして阿修羅はWAR二周年大会の七月一七日の両国での6人タッグ・トーナメント決勝で俺のパワーボム三連発に沈んだことで踏ん切りをつけたようだった。

それから三週間後の八月一一日、東京・江東区のホテルイースト21『東雲の間』での引退発表記者会見が開かれた。

「散る桜、残る桜も散る桜」

俺は思わず良寛和尚の辞世の句を口にしたが、寂しさの一方では、こうした会見を設けて、会社としてちゃんと阿修羅を送り出してあげられるということが嬉しかった。

九月一日には、WAR設立当時から就いていた社長の座を、取締役営業本部長だった義弟の武井正智に譲り、俺はレスラーに専念することにした。俺が社長を兼業したままだと、一敗地に塗れるようなプロレス、地を這うような泥臭いプロレスができないと思ったからだ。

だが、この社長交代と同時に事件が起こる。石川敬士が、

「自分で団体を持ってやっていきます」

と言い出したのである。

俺は、八八年の暮れに引退した石川をSWS旗揚げに際して呼び戻した時のことを思い出していた。メガネスーパーのオーナーの田中八郎氏に好条件で迎え入れてくれるように頼み、石川を銀座のクラブに呼んで、

「またプロレスをやりなよ。四股踏んどいてくれよ」

という話をしたのだ。その石川がなぜ？

「全日本、新日本がドッシリ構えている中で、ちっちゃい団体を持ってどうやって切り盛りしていくんだよ？」

「いや、スポンサーが付いたから……」

「それでお前が納得するんだったら、やればいいよ」

というような会話だったが、内心では快諾したわけではなかった。

WARはメガネスーパーと切れて、社長も俺から武井に交代して生まれ変わろうとしている時期だった。会社の中のお金だけでやっていかなきゃいけないから、選手及び社員の給料を下げざるを得なくなった。それを提示したタイミングで石川が「独立したい」と言い出したから、

（何だよ、給料を下げたら、すぐに嫌気がさして独立かよ!?）

と思ったのも確かだ。それに相撲軍団で嵐としてファイトしていた小谷とかも石川に付いていったから、

（お前ら、ノコノコと！）

というのが正直なところだった。

WARが正念場を迎えたタイミングで石川が俺のもとを去り、一〇月には阿修羅が引退してしまう。何とも言えない寂しさが俺を襲った。

恩人からの最後のメッセージ

九月には石川の離脱だけでなく、俺にとって悲しいことがあった。〝レボリューション〟という言葉を世に出し、レボリューション・ジャケットを作ってくれて、WARという団体名も考えてくれた大谷典久さんが亡くなったのである。

最後に大谷さんに会ったのは、社長を武井に交代し、石川の離脱問題が起こる前の九月初旬だった。

レフェリーの海野とお見舞いに行くと、枕元にはプロレス雑誌が置いてあり、冬木が全日本プロレス時代のレボリューション・ジャケットを引っ張り出して着ている写真を見て、

「源ちゃん……やっぱり冬木は、いい奴だよなあ」

と、目を細めていた。

「源ちゃん、阿修羅が引退するんだって⁉ 俺、何をしたらいいかな？ 阿修羅の引退となったら、最後のレボリューション・ジャケットを作ろうと思っていたんだけど、ちょっと間に合わないかな……」

最後まで俺たちのことを考えてくれていた人だった。

「源ちゃん、会ったら言おうと思っていた。気に食わないことがあるんや」

ひとつは三月二日の両国国技館で、ターザン後藤にビールビンでやられたということがあったにせよ、大仁田にフォール負けしたこと。もうひとつは、その大仁田と五月五日の川崎球場でデスマッチをやったこと。

「デスマッチはいかん。源ちゃん、あんた今まで毎日、レボリューションの名のもとに精いっぱいのデスマッチをやってきたんじゃないか。何もない六〇分一本勝負……これこそが天龍源一郎のデスマッチのはずだ」

というのが大谷さんの言い分である。

もちろん、俺は俺で考えに考えた末に大仁田とデスマッチをやったわけだが、大谷さんの気持ち、言いたいことは素直に理解できた。

これが大谷さんから貰った最後のメッセージだった。

九月二〇日……阿修羅が引退する前に大谷さんは胃がんで亡くなられた。俺は火葬場まで行けなかった。行ってしまうと、今までのすべてが無になってしまうような気がしたからだ。現実を受け止めたくなかったのだと思う。

大谷さんの死は、いろいろなことを教えてくれた。最後の最後までレボリューションのことを考えてくれていた大谷さん。この人のサポートがなければ、俺はとっくに潰れていたかもしれない。それを思ったら、俺は中途半端な形でＷＡＲを投げ出すことはできないと改めて思った。

阿修羅の引退

一〇月に入り、阿修羅の引退ロードがスタートした。

一日に大分県立荷揚町体育館で俺と阿修羅に北原を加えたトリオで冬木軍と対戦、三日は阿修羅の故郷の長崎県立総合体育館で阿修羅と最後の一騎打ち、そして二九日に後楽園ホールで最後の龍原砲を結成して冬木&邪道と対戦し、その後に時間差形式による壮行バトルロイヤルを組んだ。

俺としてはプロレス人生に腹いっぱいになって、昔から阿修羅が望んでいたように真っ白な灰になって退いてほしいという気持ちだった。

あとで親しい記者に聞いたら、長崎の一騎打ちで俺は阿修羅に水平チョップ二九発、ラリアット

壮行バトルロイヤルでは最後にふたりが残り、一騎打ちに。激しくやり合い、戦友に別れを告げた。

一一発、バックドロップ六発、延髄斬り二発、パワーボム三発を叩き込んだという。

ラストマッチの後楽園のバトルロイヤルでも最後は俺と阿修羅が残って一騎打ちになり、俺はラリアットを一七発、パワーボム三発を叩き込んだそうだ。

とことんやるのが俺と阿修羅のプロレスだった。

阿修羅はリング上でも、私生活でも、自分のリングネームを凄く大切にした。そのためには無茶もしていたし、人生の他の部分を犠牲にしてきたと思う。

俺が相撲の幕内からプロレスに来たという意地があるように、彼にもラグビーの世界選抜からプロレスに来たという意地があった。彼の破天荒な人生は、天龍源一郎の〝もうひとつの人生〟だったような気がする。

北海道・琴似町で隠遁生活を送っていた阿修羅を訪ねて、プロレスに呼び戻してたったの三年だけだったが、ファンの人たちにプロレスラー、阿修羅・原の姿を見せてあげることができたし、故郷で引退試合を組んであげることができた。

(それなりに格好つけさせてあげることができてよかった)

感傷的になるよりも、それが当時の俺の気持ちだった。

激動の九四年の最後の闘いは、北尾光司との両国での一騎打ち(一二月四日)だった。

彼が事件を起こしてSWSを去った時には、また自分の人生に自分自身で汚点をつけた北尾に寂しさを感じた。

横綱まで行ったのに、いろいろなことがあって相撲を辞めて、活路を見出そうと思って来たプロレス界でまた同じことをして辞めていくというのが不憫だった。

だから北尾がSWSを解雇された後、Uインターのリングに格闘家として立ち、高田延彦にKOされるという屈辱を味わわされながらも、それでも挫けることなく『格闘技塾・北尾道場』（のちの武輝道場）を設立して、その上で純然たるプロレスラーの天龍と戦いたいと言い出したことは、俺にとっては嬉しいことだった。

果たして、九四年度ラストマッチの北尾戦で俺は負けた。踵落としを食らって左鎖骨にひびが入ってしまったのだ。

（こんないろいろなことがあった年の最後に、北尾みたいな奴とこんな辛気臭い試合をやることもないな）

というのが正直な気持ちだったが、こんな年だったからこそ、北尾を乗り切らないと、俺の体と心の乾布摩擦ができないと思ったのだ。

だが、やはり俺は疲れていたのだろう。外に向かっては、「そうはいくかい！」と突っ張っていたが、次々と問題が出てきて疲弊してしまっていたのは否めなかった。

しかし、逆にそれが歩みを止めさせないエネルギーにもなったのも確かだった。

猪木さんに勝った後、タッグではあったが大仁田に負け、その大仁田に電流爆破マッチで勝ち、最後の最後に北尾に負けた九四年……きっと馬場さんは「俺に勝ったのに、タッグとはいえ大仁田に負けやがって」と思っただろうし、猪木さんは「俺に勝ったのに北尾に負けやがって」と思っただろう。

男の意地を貫いた後楽園ホール

一九九五年は一、二月シリーズは北尾戦での負傷によって欠場を余儀なくされてしまった。興行を買っていたプロモーターの人たちから、

「天龍が出られないのに興行を買っちゃって客も入らないし、どうしてくれんだよ」

と苦情がきて、会社としては随分と困ったようだが、年明け早々に俺に火をつけることがあった。週刊プロレス編集長のターザン山本氏から、四月二日にベースボール・マガジン社が東京ドームで開催するプロレス・イベントの『夢の懸け橋』にWARも出場してもらいたいというオファーがあったのだ。

ベースボール・マガジン社が東京ドームでプロレス・オールスター戦をやろうとしているという噂は前年の秋頃から俺の耳にも入っていた。実際にどこの団体と交渉しているとか、どこの団体が出るという具体的なことも知っていた。しかしウチにはそういう話は一切なかったし、

（だったら、同じ日にどこかで興行をやってやろうじゃないか）

という反骨心が芽生えた。

そうしたら、たまたま同じ日に東京ドームと目と鼻の先の後楽園ホールが空いていたのである。すぐに押さえたのは言うまでもない。

山本氏が武井に交渉をしにWARの事務所に来たのは、年が明けた一月半ばだったと記憶してい

る。すでにウチは四月までのシリーズ日程を決め、呼ぶ外国人選手も最終段階に入っていた。

「できることならＷＡＲの後楽園大会を中止して、こちらの興行に出ていただきたい。それについてはギャラの上乗せを考えてもいいです」

山本氏は武井にそう言ったという。できれば俺か、冬木軍に出てほしいとのことだったが、武井はキッパリ断った。そして、その後、

「過去、週刊プロレスとはいろいろな経緯もありますし、現場責任者の天龍、選手たちの気持ちが一番尊重されなければなりません。今回の決定は選手たちの総意です。ＷＡＲは私、天龍、選手……みんな不器用な生き方しかできない人間の集団なんです」

と、東京ドーム参加拒否について、毅然として関係者に説明する武井は頼もしかった。

時が経って今は週刊プロレスともベースボール・マガジン社とも良好な関係になり、引退の時には御世話になったし、引退後も連載を持たせてもらったりしているが、その当時はＳＷＳの時のバッシングがどんなことがあっても許せなかった。

あの時、山本氏は「天龍は金で動いた！」とクソミソに叩いた。

「後楽園ホールをキャンセルしたら何がしかの金を払う？　そんな金はいらないよ。『天龍は金で動いた』と散々言われた奴から金を貰いたくないんだよ。貰う意味のない金を貰ったら俺の心が歪む。俺は金では動かない！」

これが俺からのしっぺ返しだった。

今回の引退興行と同じで、たとえ赤字を食っても自分が凛としていればそれでいいという考えだ

った。それよりもノコノコ出て行って、軍門に下ったと思われるのが嫌だった。

俺を応援してくれるファン、ＷＡＲを応援してくれるファンの中には、何年間か週刊プロレスを読まなかった人もいる。

「何でドームに出ないんだ！」

という抗議の手紙が何万通来るよりも、そういう人たちから、

「何でドームに出るんですか？」

という手紙が一通来る方が悲しい。それは武井も選手たちも……あの時に屈辱を受けた人間、全員の気持ちだった。

前の年に体制が変わったり、石川が辞めるなどいろいろあって、バラバラになりかけていたＷＡＲがこの一件でまたひとつにまとまったという手応えもあった。

四月二日、東京ドームには一三団体が出場し、六万人を動員したというが、後楽園ホールも負けていなかった。当日の立見席を残してチケットが前売り段階で完売になったため、急遽、後楽園ホール一階のプリズムホールで大型スクリーンを使ってのクローズド・サーキットをやることになった。

また、ウチに賛同を名乗り出てくれる団体もあった。

「天龍の心意気、男気を買った！　それだけ腹を括っているなら、後楽園のメインで俺らとやればいい！」

真っ先に名乗りを上げてくれたのは平成維震軍の越中だ。越中は後藤達俊、小原道由を引き連れて馳せ参じてくれた。

ドームで開催の『夢の懸け橋』
に対抗して、男の意地で後楽
園ホール大会を決行。ファンの
支持を集め、完売となり、会場
の外にもファンが溢れかえった。

東京ドームへの参加がすでに決定している団体からも賛同を得た。新日本からは長州、金本浩二、みちのくプロレスからヨネ原人（現・気仙沼二郎）、星川尚浩、ウィリー・ウィルキンスJr.の三選手、提携するＬＬＰＷから風間ルミ、立野記代、ジェンヌゆかり、二上美紀子（ＧＡＭＩ）、キャロル美鳥、大向美智子の六選手が出場してくれ、さらに東京ドームに出場した神取、ハーレー斉藤も試合後に駆けつけてくれた。

紆余曲折あって全日本からＳＷＳを経て、谷津嘉章のＳＰＷＦに流れ着いていた高木功（現在の嵐）も久々に顔を見せて参加してくれたし、阪神大震災のチャリティーということもあってメキシコで自らのファイトマネーで孤児院を経営しているという〝覆面神父〟フライ・トルメンタも出場を申し出てくれた。

俺の意地、武井の意地、選手の意地、そしてバッシングされている時も俺たちを必死に応援してくれた人たちの意地は通った。

メインで長州、浜口さんとトリオを結成して平成維震軍の越中＆後藤＆小原に勝った俺はマイクを摑んで叫んでいた。

「お前ら、よく聞け！　俺たちはプロレス界の噛ませ犬じゃねぇんだ！　これからの正々堂々とした俺たちの生き様を、とっくと見とけ、この野郎！」

プロレスを理解できなかった北尾

四月二日の後楽園ホールもそうだが、九五年は俺にとってリベンジの年だった。

七月七日の両国での再戦で、北尾をパワーボムで叩きつけて雪辱を果たした。

北尾について少し書かせてもらえば、デカかったが、プロレスというものを残念ながら最後まで理解していなかった。

横綱が土俵に上がれば、それだけでお客が喜ぶという相撲と同じ感覚でいたから、

（俺がリングに上がればお客が満足するんだよ）

というところで落ち着いていたようだった。そこから地を這ったり、泥臭いところを見せて拍手を貰うというところまではいってなかったのだ。

自分の大きな体をコントロールできずに持て余し、心の奥にある（たかがプロレス）というのがお客に伝わって、

「北尾、真面目にやれよ」「北尾、手加減するなよ」

と野次られてしまう。その落としどころとして、

「俺が本気で蹴ったら死んじゃいますよ」

という言い逃れをしてしまうのだが、そうすると向こう気の強いレスラーは、

「だったら蹴ってみろよ、この野郎！」

となってしまってギクシャクする。その繰り返しだった。

そこで「まあまあ」と場を収めていたのが、当時北尾道場に所属しており、現在はドラゴンゲートの社長の岡村隆志や多留嘉一（TARU）だった。

（このまま素直に伸びてほしいな）

俺は北尾をケアしたつもりだったが、その気持ちは残念ながら届かなかった。やはり性格は治らなかったのである。

小さな団体のＷＡＲだから、本人が満足するようなケアはできなかったかもしれないが、俺のいないところでは不平不満を漏らしていたというのを耳にした。

俺としてはできる限りのことはしたつもりだから、それは寂しいことだった。

Ｕとの戦いはシンプルだ

デビュー二〇周年イヤーの一九九六年は、ミスター・ポーゴとの戦いでスタートした。

一月五日の大阪での新年第一戦に現れたポーゴは、俺の頭に鎌を突き刺し、さらに背中に火炎攻撃を浴びせてきたのである。

ポーゴは俺が十両に上がった頃に大鵬部屋にいたが、すぐにプロレスに行ってしまった男だ。かつてはアメリカを主戦場にしていたが、テキサス州アマリロも入れ違いだったし、不思議と接点はなかった。

（何でこんな奴とやらなきゃいけないんだ？）

というのが俺の本当の気持ちだったが、当時のＷＡＲはすでに呼ぶ外国人選手も手詰まりになっていて、ポーゴを相手にせざるを得ないという状況だった。

四月一九日の札幌での一騎打ちは不本意なものになってしまった。

巨大なノコギリを持ち出すなど、やりたい放題のポーゴに頭にきた俺は、ぶち食らわせてやろう

と思ってグーパンチを何発か入れたが、その途端に、

「かましやがって！」

とわめき、控室に一目散に逃げて、そのままタクシーで逃走してしまったのである。

誰かに何かを吹き込まれてビビったのかはわからないが、俺は、

（こんなのでいいのか？　食らわせているんだから、お前もその分、向かって来い！）

と言いたかった。

ポーゴとかやっていても欲求不満になるだけだった。WARを何とかするために算段を立てなきゃいけない状況にあるのと同時に、馬場さんや猪木さんと戦っていた自分がすさんでいくという思いもあった。

そんな時に俺の目が向いたのはUWFインターナショナルの髙田延彦だ。

（髙田延彦も俺と同じ境遇じゃないのかな？）

と同病相憐れむという感じで目を向けたんじゃないかなと思う。

当時、Uインターは新日本との対抗戦を皮切りに、東京プロレスなど、従来のプロレスと交わるようになっていた。髙田もUインターを何とかしなきゃいけないと思ってもがいているんだなと俺は勝手に感じていたのだ。

最初に戦ったUインターの選手は中野龍雄（現・巽耀）だ。

正面からガンガン来る気風のいい男だった。キックも掌打も真っ向から打ち込んできた。しかし、掌打……つまり突っ張りなら相撲仕込みの俺の方が上だという自負がある。そして最後は逆片エビ

をガッチリと決めてやった。久々に気持ちいい試合がやれた。

高山善廣と初遭遇したのもこの時期だ。嵐と組んでUインターの名古屋大会に乗り込み（六月二六日）、高山&200％マシーンと対戦したのである。

俺は高山にグーパンチと突っ張りをぶちこんだが、あいつは顔を真っ赤にしながらエルボー、キックで返してきて、一歩も引かなかった。

突っ張ってもドンドン前に出てくるから、

（俺の突っ張りは効かないのか……）

一瞬落ち込んだが、高山はマウスピースをしていたのだ。

今ではマウスピースをしている選手も多いし、俺も晩年には使用していたが、当時は珍しかったから、

（おいおい、それは反則だろう！）

と思ったことを覚えている。

髙田延彦とは二回一騎打ちをやったが、いざ対峙した髙田は格好よかった。

テーマソングが鳴って、髙田が出てきた時に
（こいつと戦えるのは本望だ）

と心底思えた。それは最初の九月一一日のUインターの神宮球場でも、一二月一三日のWARの両国国技館でも同じだった。

「いつもポーカーフェイスの髙田延彦にリングの中で違う表情をさせたい。プロレスを一生懸命や

ってる馬鹿がいることを、リングの中でわからせてあげたいし、わかってくれればいい」

当時、俺はそんなことを言っていたはずだ。

ジャンボ鶴田をムキにさせたように、髙田延彦もムキにさせたいと思っていた。

神宮の初一騎打ちの時は腕を取られてギブアップしたが、何も悔いはなかった。俺の知らないエリアに引きずり込まれたという感じで、

「もう一丁！」

という気持ちが強かった。

両国で二回目にやった時には、場外に落としてチョップでぶちのめした時に、髙田が思わずイスを手にした。

（おっ、俺のエリアに引っ張り込んだ。こいつ、プロレスをやる気なのかよ⁉）

と、凄く気持ちが高ぶったのを覚えている。

あいつはプロレスからスタートしたのに、プロレスを否定しながら格闘技系に走った経緯があったから、

（ああ、こいつの中にもまだプロレス魂があったんだ！）

俺は急に髙田に対して親近感を覚えた。

のちに初代タイガーマスクの蹴りも食ったが、髙田延彦の蹴りは本当にスーッと気配なしにパーンとくる。三沢光晴、橋本真也、髙田延彦、初代タイガーマスク……この四人の蹴りを食ったというのが俺の財産でもある。だからいつも話の行き着く先は「前田日明に一発蹴られたかった」にな

ってしまうのだ。

Uスタイルとの戦いに難しいことは何もなかった。ちょっとでもお客さんに、

「UWFもプロレスをやってるじゃない」

と言わせられれば、俺たちの技が通用したということになるから、俺たちの勝ち。

「やっぱりUWFのサブミッションやキックは凄いな」

と思われれば、俺たちのプロレスが通用していないというだけのことだ。

彼らがガードを固めて攻め込んできたら、俺たちはやりようがないが、それでも、何とかそこで持ち上げて真っ逆さまに落としたらパイルドライバーやパワーボムになる。そして、

「プロレスをやってるじゃない！」

と思われれば、俺たちの力量が勝ったということなのだ。

神宮で髙田のサブミッションで敗れ、両国ではパワーボムで勝った。イーブンで終わったが、俺は満足だった。

今にして思えば、Uインターは昔のプロレスを崩すわけでもなく、そこにサブミッションや打撃を融合したもので確立しようとしていたのだと思う。そこに行くまでにお客が付いていけなかったのではないだろうか。

付いていけなかったというよりも前田日明や藤原喜明の印象が強くて、理解してあげられなかったというのが正直なところかもしれない。

スタイルの違いを越えて、
Uインターの高田と好勝負
を繰り広げた。

一〇年目のレボリューションに感無量

Uインターの神宮球場についてはひとつ書いておきたいことある。この日、全日本として出場して髙山と対戦した川田が試合前に俺の控室に挨拶にきてくれたのだ。

全日本を辞めて以来、六年半ぶりの再会だった。大した話はしなかったと思うが、訪ねてくれただけで俺は十分だった。

前の年の暮れにWARを辞めた折原も出場して、桜庭和志とのUWFルールの試合で急所打ちをやるなどの相変わらずのトンパチぶりを発揮していた。

髙田との大一番の前だったが、俺は三塁側のダッグアウトから折原の試合も、川田の試合も観ていた。

あの日、俺は髙田に負けた。負けたが光ることができたと思うし、川田も光っていた。折原だって光っていたと思う。

振り返ると、阿修羅とレボリューションをスタートさせてから一〇年目に突入していた。あの神宮球場は、形はどうあれ「レボリューション、ここに在り！」だったと思っている。

川田も、折原も大きくなった。川田を全日本プロレスの代表として神宮球場に送り出してくれた馬場さんにも感謝した。本当に感無量……俺の走ってきた道は間違っていなかったということを改めて感じた一夜だった。

九六年は髙田との二連戦の間に、まったくタイプが異なるグレート・ムタとの一騎打ちもあった。WARの一〇月一一日、大阪府立体育館が超満員札止め（九一一〇人）になった。

チケットが完売になり、通路にもお客が座って体育館からクレームがきたほどだったが、それでも三〇〇〇～四〇〇〇人のお客が入り切れなかった。この超満員は今も破られていない同所の記録だという。

俺が武藤敬司ではなく、敢えてグレート・ムタとの対決を望んだのは、新日本の看板を背負った武藤だとしがらみが多過ぎると思ったからだ。それよりも、何をやるかわからないムタの方が思い切った戦いができるだろうと思ったのである。

そして、何よりあのキャラクターが魅力的だった。

アメリカで生まれたムタは、時として武藤と同化していたが、それは対戦相手のキャラクターが不足していたからだと俺は思っていた。誰と戦っても埋没させられることのない自分というものをしっかり持っている俺なら、ムタは思い切りムタのキャラクターを発揮するだろうし、そのムタにムキになって俺が向かって行けば、お客は支持してくれるだろうという確信があった。

あの試合は俺とムタの異次元のイデオロギー闘争だった。

超満員の期待を肌で感じてのリングインだっただけに心地よかった。それはムタも同じだったと思う。

ムタは本当に好き勝手にやってくれた。ビールビンを鉄柱で叩き割って、その破片で俺の額を切り裂いた。机の上へのパイルドライバーやムーンサルト、そして毒霧。

彼の独特の間は、アメリカで会得したものだろう。お客を飽きさせない絶妙なタイミングで、ゆっくり動いていたかと思うと、ババッと速く動いて緩急をつける。

〝プロレスはタイミングと間〟というのが俺の持論だが、その点で彼は素晴らしかった。

もっとも最後は俺の方がムタの上を行ったと今でも思っている。毒霧を噴こうとしたところで、両手で口を封じて逆噴射させ、ムタ自身に毒霧を飲ませたのだ。そこからラリアット、パワーボムにつないで勝った。我ながら会心の勝利だった。

それから一九年後、引退ロードの一環として、俺はW―1の後楽園ホール（〇六年九月二一日）に出場して越中、河野真幸と組んでムタ＆KAZUMA SAKAMOTO＆NOSAWA論外と対戦した。

例によってムタは俺の顔面に毒霧を噴射しようとしたが、今度は両手で口を塞ぐのはなく、ムタの口からマウス・トゥ・マウスで毒霧を吸い込み、それをムタの顔面に噴きつけてやった。これが一九年越しの俺の新たな答えだった。

馬場さんの気持ちがわかるように

このムタ戦から三週間も経たない一〇月二八日の後楽園ホールで、全日本時代の最初の付け人で、その後もSWS、WARと、俺と行動をともにしてきた冬木がWARを去った。

「スポンサーが付いたから、自分で団体を持ちたいです」

冬木はそんな言い方をした。

ひとりでやりたいなら、

「頑張れよ！」

と言ったかもしれない。しかし、邪道&外道も引っ張っていくというから頭にきた。

「お前ら、W★INGから『よろしくお願いします』ってウチに来たんじゃないのかよ、この野郎！　どれだけ会社の人間をなだめて、通路を空けさせて、お前らのポジションを用意したかわかってるのか？」

という意味で腹が立ったんだと思う。

リング上では敵対関係だったが、俺はいろんな戦略を立てて、冬木軍がのし上がっていけるようにサポートしたという意識があった。

だから、言いたいことを言っているのも黙認して「見ざる言わざる聞かざる」でやってきたのだ。

それを逆手に取って、力を付けたと錯覚して、あいつらを連れて独立したいと冬木が言った時に、

「ふざけるな、この野郎！」

というものがあったのは確かだ。

一〇月二八日の後楽園ホールでの6人タッグマッチ（天龍&荒谷信孝&ウルティモ・ドラゴンvs冬木&安生洋二&バンバン・ビガロ）で、冬木が全日本時代の赤いレボリューション・ジャケットを着て反対側のコーナーから入場してきた時、俺は心の中で「ウン」と呟いていた。その「ウン」はいろいろな思いを集約した「ウン」だ。

そして冬木をパワーボムでフォールした時、俺はあいつの耳元に、

「頑張ってこいよ。下手打つな……へばるなよ！」

と、語りかけていた。無意識に出た言葉だった。心の奥底にあった冬木への想いがポロっと出てしまったのだと思う。

石川にしても、冬木にしても関わりが深かっただけに俺は傷ついた。

冬木がＷＡＲを辞めた時、馬場さんにやったことのしっぺ返しがきたのかなと思わないでもなかった。

馬場さんは所属選手のことを一〇〇％信用することはなかった。長くプロレスのキャリアを積んでいると、こういうことがあるから、

（選手に任せられない、選手を信頼しちゃいけない）

という気持ちが芽生えてもしょうがないかなと、何となく馬場さんの気持ちが理解できたような気がした。

こういうことばかり何回も経験していると、選手不信に陥るのも仕方がないだろう。

「冬木が辞めるってなって……俺が辞める時、馬場さんも同じ気持ちだったのかなって、ふと思ったよ。何だかんだ言っても、俺のやり方も馬場さんと一緒なのかも。馬場さんのやり方しか見てなくて、それしか知らないんだから、同じになっても不思議じゃないよ。今、馬場さんは俺のことをどう思っているのか？　できることなら全日本に上がって、恩返ししたいっていうのが正直な気持ちだよ。それに大きくなった三沢、川田、小橋とも純粋に一レスラーとして戦ってみたいしね」

ある記者と食事をしている時、そんな話をした。そうしたら、その記者はこの話を馬場さんに持

って行った。

「許すも許さないも、天龍も自分で会社を持って苦労してきたんだろうから、そんな次元の話ではないんだ。天龍を上げるとなったら大義名分がいる。俺は猪木のように仕事のためなら何でも利用するような人間に見られたくないし、天龍だって俺に頭を下げたくないだろう。お互いに面子が保てるというのも必要なんだ」

と、馬場さんは言っていたという。俺は正論だと思った。

すでにSWSでの契約問題の裁判も終わっていた。

馬場さんの前向きとも取れる言葉に、武井が正式に馬場さんと交渉することになった。

九六年の最後、高田に勝った俺は抱負を聞かれて、こうコメントした。

「あまりにも俺の中で希望が大き過ぎて、腹を割かなきゃ、口から出ないよ。俺のこのちっちゃな口からじゃ、パッと吐けないくらい希望に満ちているよ」

それは全日本との戦いを想定しての言葉だった。

全日本への復帰交渉

一九九七年一月四日、銀座東急ホテルにおける『'96年度プロレス大賞授賞式』。俺は神宮球場での高田とのシングル初対決でベストバウト賞と殊勲賞を受賞した。

このパーティーで乾杯の音頭を取ったのは馬場さんだった。

俺は敢えて公の場での接触は避けたが、代わりに武井が挨拶に伺い、コーヒーラウンジで歓談したことが話題になった。

過去の経緯からしたら全日本とＷＡＲは絶対に相容れないというのがマスコミの見方だっただけにインパクトは強かったようで『九七年は天龍が全日本マットに復帰か？』と書き立てた社もあった。

武井との歓談は、馬場さんには馬場さんなりの計算があったようだ。馬場さんとしては、天龍との接近が記事になった時の全日本の選手の反応を知りたかったに違いない。

結論からすると、馬場さんと武井の間で何回か話し合いが持たれたが、俺が全日本のリングに上がることはなかった。

「三沢たちに土下座してくれるなら、天龍を上げることはやぶさかではない」

というのが、馬場さんが武井に告げた条件だったからだ。

「馬場さんに頭を下げるのはわかるけど、なぜ三沢たちに頭を下げなきゃいけないんだ？　だったら全日本に戻りたいと思わない」

俺は自分の気持ちを押し通した。そして、話はご破算になった。

四天王の中に俺が加わればボリュームアップするのは確かだが、それによって四人がギクシャクしたら元も子もないと馬場さんは考えたのだろう。

この九七年は大きなイベントを控えていた。七月六日に両国国技館で天龍プロレス二〇周年、天龍革命レボリューション一〇周年、ＷＡＲ五周年のトリプル記念大会を開催することになったのである。

「レボリューション一〇周年ということで全日本プロレスの川田利明選手には、ぜひ来てほしいと思っています。この場を借りて馬場社長ご夫妻、選手会の皆さん、放送なさっている日本テレビ、また全日本プロレスのファンの皆さんにお願いしたい」

と、発表記者会見の席で武井は発言した。俺の全日本マット復帰はご破算になったが、話し合いの過程で武井は馬場さんと信頼関係を築けたと判断したのだろう。

俺自身も川田には注目していた。神宮球場で高山との試合を観て、いい選手になったと思ったのもそうだし、レボリューション一〇周年を迎えて、

(もう一〇年か。この節目の年に、川田に『チャンピオン・カーニバル』で優勝してほしいなあ。もし優勝したら、戦ってみたいな)

と、ぼんやり考えていたら、本当に川田は優勝してしまったのだ。

そして過去の経緯を売り物にするわけではなく、川田とだったら凄い試合ができるという自信も芽生えていた。

「俺の知っている川田だったら、きっと来る！」

俺は思わずそう発言していた。それは話題作りではなく本音だった。

(川田が本当にプロレスラーの気質を持っている人間だったら、これは可能性がないわけではないな)

という淡い期待を抱いての言葉だった。

結局、川田は来なかった。しかし武井や俺のフライング的な発言に、馬場さんからクレームは一

切なかった。

川田が来ないのは仕方がない。ただ、俺自身の二〇周年記念大会ということで、ポスターやパンフレットには入団した時の馬場さんとのツーショットなど、全日本時代の写真を使いたいということになった。

武井が筋を通すために使用許可を求めたところ、

「俺は関知しない。そっちの好きにすればいい」

と、馬場さんから事実上の了承の返事がきたという。

振り返れば、俺が全日本を退団してから七年以上の月日が流れていた。少しは馬場さんの気持ちも軟化していたのかもしれない。

あるいは、馬場さんは四天王のプロレスも行き着くところまでいったというのをわかっていたから、

(何かあった時には天龍がいる)

という気持ちもあったかもしれない。

かつて新日本に移籍したブロディを戻した時のように、ちゃんと釘を刺して使えば、全日本プロレスが儲かるというのは絶対に頭にあったと思うのだ。

結局、俺が全日本に上がるのは、それから三年後……馬場さんが亡くなった後だった。

川田戦が実現できなくなり、トリプル記念大会の相手がいなくなってしまった。その時、名乗りを上げたのはターザン後藤だった。

トリプル記念大会には前田日明が来場し花を添えてくれた。

（これだけ記念が重なった大会の相手がターザン後藤かよ）

そんな気持ちがなきにしもあらずだったが、もう出す駒がないというのも正直なところだった。手詰まり状態の中の苦し紛れだった。

だが、後藤は意気に感じて、彼流のやり方で一生懸命、俺と戦ってくれた。さらに特別ゲストとして前田日明が快く来場してくれたことで何とか格好がついた。

この大会の二週間前に長州力が引退を発表したことで、俺の去就も注目されていたようだから、マイクを摑んで、会場のファンにこう語りかけた。

「いろんな辞めていく人たちもいます。でも、その人たちは夢がなくなって去っていったと俺は思います。俺はまだまだ、ここにいる人たちのためにやらなきゃいけないことがあるから、もう少し時間をください」

実際、そこから何かをやりたいことというよりも、やらなきゃいけないことがいっぱいあって、足を止める暇もなかったというのが本当のところだ。

一歩でも半歩でもいいから進んでいかなきゃいけないという状況だった。

俺が歩みを止めたら、WARのみんなや自分の家族を路頭に迷わすことになるという気持ちが強かった。

『鮨處　しま田』を開店

「鮨屋に門構えを気にしないで入れるようになったら、俺も一人前かな」

阿修羅とレボリューションを始めた当時、そんなことを言っていたが俺が、お鮨屋さんになったのは、トリプル記念大会から二カ月後のこと。一〇月一三日、世田谷区桜新町に『鮨處　しま田』をオープンしたのである。

趣味でサイドビジネスに手を出したわけではない。当時の俺は四七歳。五〇近くになって、「さて、どうしたものか……」と人生における葛藤の時期を迎えていた。女房のまき代もそれを心配し始めていた。

「もうそろそろプロレス、プロレスと言っているわけにもいかないし、見渡した時に何かをやっていくほどの余りある力は自分にはないし」

というエアポケットに入ったような状態だった。

焼肉屋も考えたが、全日本プロレス時代から通っていた銀座八丁目の名店『銀座　鮨處おざわ』の大将にヘルプしてもらって鮨屋を開店した。

あの頃は鮨屋で儲けた金をＷＡＲに注ぎ込み、そこでプロレスで儲けたら、また店の回転資金にするという状況だった。

女房のまき代が女将になり、娘の紋奈も一緒懸命働いてくれて、それを見て、

「嶋田家の家長の俺が何をしてるんだよ！」

と、自分で自分に火をつけていたのも確かだ。

悲観的に自分を追い詰めないで、もっと前を向いて進んでいかなきゃいけないなという気持ちにさせられた。

次章で詳しく触れようと思うが、後年になってハッスルに出た時も、

「嶋田家の家長としてやらなきゃいけないことをやった」

という気持ちだった。

日本J1選手権

九七年暮れ、手詰まりだったWARは起死回生の勝負に出た。それが日本J1選手権決定トーナメントだ。

J1とはジャパン・ナンバー1の意味。昭和二九年（五四年）一二月二二日、力道山関が蔵前国技館で柔道出身の木村政彦に勝って獲得し、翌年一月二六日に大阪府立体育会館で同じく柔道出身の山口利夫を破って初防衛したのを最後に封印した日本ヘビー級選手権のベルトを四三年ぶりに復活させるというトーナメントの開催だ。


その由緒あるベルトを所有する方と交渉を重ねた結果、

「このまま個人の所有で終わらせるのではなく、ベルト本来の目的であるプロレス界への貢献が可能ならば……」

と了承をいただき、日本プロレスの元社長の芳の里（長谷川淳三）さんが会長を務める力道山OB会の承認を得て、ベルトを復活させることになったのである。


これまでWARでは世界6人タッグ選手権、インターナショナル・ジュニアヘビー級選手権（IJ選手権）、インターナショナル・ジュニアヘビー級タッグ選手権（IJタッグ選手権）の三つの

タイトルを認定してきたが、シングルのタイトルは、この日本J1選手権が初めてだった。

俺は一プロレスラーとして、このベルトを巻くことに全力を傾けた。俺は力道山関と同じ二所ノ関部屋出身だし、その力道山関が巻いた由緒あるベルトを今の時代にリニューアルさせたいと考えたのだ。それは純粋に男のロマンでもあった。

一回戦は藤原喜明、二回戦は北尾光覇（光司から改名）、そして年が明けて一月一四日の決勝戦で荒谷信孝を倒してベルトを手にした俺は、

「おーい、これがJ1ベルトだ、みんな来い！　触っていいぞ！」

とお客に呼びかけて、リングサイドに殺到した人たちにベルトに触れてもらった。交渉の末にやっと承諾を得て借りてきた貴重なベルトだけにスタッフは冷や冷やしたかもしれないが、俺はWARを応援してくれる人たちへのお年玉だと思って触ってもらったのだ。

実は、あのベルトを借りてくる金さえなくて継続できなかった。本当に四苦八苦していた。そして遂に限界にきた——。

さらばWAR

日本J1選手権初代王者になってからわずか一二日後の一九九八年一月二六日、武井が俺を含む全選手に解雇を通告した。株式会社WARは残り、俺も役員としては会社に残るが、プロレス団体としてはピリオドを打つことになったのである。会社として通告したのは武井だが、俺自身が「もはや無理！」と決断したことだった。

「SWSの二年二カ月以上は絶対にやってやる！」

WARを設立した時に俺はそう誓って頑張ってきた。九四年にメガネスーパーの援助が打ち切られてみんなの給料を下げざるを得なくなったが、一度も遅配がなかったというのが俺の意地だった。

俺が他団体に出て外貨を稼ぎ、『鮨処　しま田』の利益をまき代が注ぎ込み、生命保険を解約するなどのあらゆる手立てを使って、嶋田家を二の次にしてまでも頑張ったつもりだが、できなくなった時点で潔く辞めるしかないというのが俺の考えだった。

全選手の解雇は発表したが、すでに決定していた二月五日〜一一日の全五戦のシリーズは開催した。三月まで給料は払ったと思う。荒谷などの若い選手たちは、

「給料はいりません。アルバイトしてでも、ここでプロレスをやりたいからWARを続けてください」

と言ってきたが、そこまでして存続するのは潔くないと俺は思っていた。

二月一一日、シリーズ最終戦の後楽園ホール。

俺は九二年七月一四日、この後楽園ホールでのWAR旗揚げ戦、WAR初のビッグマッチとなった同年九月一五日の横浜アリーナにおけるリック・フレアー戦、翌九三年一・四東京ドームの長州戦などの大勝負で着用したガウンでリングに上がった。

対戦相手は一カ月前の日本J1選手権の決勝戦の時と同じ荒谷だ。

WAR存続を訴え続ける荒谷に対して、

（本当にお前はひとりになってもやっていく覚悟があるのか⁉）

と鼻っ柱にグーパンチをぶち込み、顔面を蹴り上げ、喉元にチョップを叩き込んだ。そしてパワーボム、浴びせ蹴り……最後はラリアットで強引にあいつの体をねじ伏せたと思う。

荒谷が武井と新たなWARの形を模索するなら、それもよし。

俺はすでに腹を決めていた。

WARにはいろいろな団体の選手が上がってくれたから、今度はフリーとして、そうした団体に乗り込んでいってやろうと思ったのだ。それは今まで協力してくれた団体への御礼の意味もあったし、一プロレスラーとして俺自身の可能性を広げていきたいという純粋な欲求でもあった。当時の俺はそう考えていた。

「五年七カ月、WARを応援してくれて本当にありがとう。俺はこの間、ここでJ1の優勝の時に集まってくれたみんなの顔を、ずっと生涯、大事にしたいと思います。俺は……俺の好きなように生きさせてもらいます。武井社長、五年七カ月、こんな奴を引っ張ってくれてありがとう」

そう挨拶した俺は、四八歳にしてフリーになった。たったひとりで新たな〝闘いと冒険〟に出たのである。

第九章 帰郷

1998 - 2003

10年ぶりに全日本プロレスに復帰し、
三冠ヘビー級王座を再び手にした。

かつての好敵手・越中と合体

一九九八年二月一一日の後楽園ホールの旧体制でのWAR最終興行をもって、俺は一介のフリーレスラーになった。

「今までWARが世話になった団体をお礼参りする」

「もう一度、自分のプロレスラーとして活躍する可能性を広げたい」

当時、いろいろな言葉を並べ立てたと思うが、今にして思えば、それは後付けの取り繕った言葉だとも思う。

実際には嶋田家の家長として、嶋田家をどうにかしなきゃいけないというところだった。

(プロレスが辞められないんだったら、嶋田家の家長としてプロレスで稼いでこなきゃ)

というのが偽らざる気持ちだった。

マスコミの人たちからは〝ミスター・プロレス〟という大そうなキャッチフレーズを付けてもらったが、何か「こちらへどうぞ」と神棚に置こうとされているようにも感じた。

(ミスター・プロレスなんて、何も言うことがないから授けられているようで頭にくるんだよ。でも誰が何と言おうとプロレスは面白いし、プロレスで面白いものを提供していきたいんだよ)

俺は心の中で、そう抗っていた。

そんな俺に声をかけてくれたのは平成維震軍を率いていた越中詩郎だ。当時の平成維震軍は正規軍、nWoに押され気味で、越中は新日本マットでもう一回主役の座を勝ち取るために俺の力を必要としてくれた。

俺と越中の初合体は新体制となったＷＡＲの三・一〇後楽園大会。

全選手を解雇したＷＡＲは、武井社長のもとで給料制からワンマッチ契約による有志参加の興行に切り替わった。フロントは武井とレフェリーの海野、選手は荒谷、平井、安良岡、石井智宏を中心としたプロダクション的なものになったのだ。

フリー宣言していた俺は、敢えて三・一〇後楽園には越中と組んで新生ＷＡＲを名乗る荒谷＆菊地淳と対戦して勝ち、ＷＡＲと線引きをした上で新日本のリングに上がることにした。

越中たちが何かと気遣いしてくれたことで平成維震軍は居心地が良かった。

新日本参戦を前に結束力を高めるために越中、木村健悟、小林邦昭、後藤達俊、小原道由とサイパンで一週間の強化合宿もした。

「熱いから冷麺でも食おうか！」

ということになった時に木村健悟が、

「レーメンじゃないから。正式にはレンミョンだからね。俺が注文してやるよ」

と偉そうに注文して、冷麺ではなくレモンが出てきた時には皆で大笑いだった。

久々の新日本のリングは、すでに長州は引退し、闘魂三銃士よりも下の世代の天山広吉、小島聡、永田裕志、中西学などの第三世代と呼ばれる人間が台頭してきていて新鮮だった。

そうした中、俺と越中は七月一五日の札幌中島体育センターで蝶野＆天山に勝ってＩＷＧＰタッグ王者になった。

その一方でＷＡＲとの関係も切れることはなかった。

三・一〇後楽園以降は敢えて上がっていなかったが、六月一日の後楽園で荒谷がムーンサルト・プレスを失敗して首を骨折したのだ。

その時、俺は新日本の巡業で東海地方に出ていて、電話で知らされたのを覚えている。

エース格の荒谷の欠場でＷＡＲの興行は二カ月間中止になり、八月三一日から全三戦のミニシリーズから活動を再開。

俺はフリーのスタンスは崩さなかったが、新日本と並行して、この八月シリーズからＷＡＲの興行にもできる限り出ることにした。

馬場さんの訃報とジャンボの引退

翌一九九九年はショックな出来事が続いた。ジャイアント馬場さんが亡くなり、ジャンボ鶴田が引退したのである。

一月三一日、俺は銀座に飲みに行っていた。いつものように『銀座　鮨處おざわ』にいる時に、馬場さんが亡くなったことを誰かから知らされた。

（えっ、嘘だろう⁉）

とは正直思わなかった。入院していると聞いていたし、もう還暦を過ぎていた馬場さんだから、何があってもおかしくないなという気持ちだったと思う。

当時の状況では、お通夜にも、お葬式にも行けなかったが、それによって俺の中で馬場さんは永遠に生き続けているわけだから悔いはなかった。

『銀座　鮨処おざわ』で献杯して、朝まで飲んでいたことを覚えている。

振り返ると、それから今日まで何人もの人を見送ってきた。

（先に逝ったことで要らぬ苦労をしなかったんだから、それはそれで良かったと思うよ）

今こうして六六歳にもなると、先に逝った人たちに対して、そんな風に思うこともある。煩わしいことや、かったるいことがいっぱいのしかかってきて、ずっと生き抜いてきた俺にしてみれば、

（いい人は先に逝って、あの世で楽できるんだな。煩わしいことを少しでも早く断ち切れるんだな）

と思う時があるのだ。まさに「命長ければ恥多し」だと思う。

早く亡くなった人の家族の人たちには、

「六六まで生きて、好き勝手なことばかし言いやがって！」

そう言われてしまうだろうが、プロレス業界を生き抜いた俺からしたら、早く逝った人たちは現役バリバリの姿で記憶され、ずっとファンに愛されているんだから幸せだと思うのだ。

そして馬場さんが亡くなって一カ月もしないうちに今度はジャンボが引退を発表した。

そのニュースを聞いた時には、

（えっ、ジャンボ、辞めちゃうの？　どうしたの、急に辞めると言い出して……）

と心の中で問いかけていた。それは言い換えれば、

（何でだよ、俺だけ置いて行かないでよ）

という言葉だったと思う。

ジャンボ鶴田という人は俺の模範だった。模範だから、SWSに行った時も、WARを自分で持った時も「ジャンボに負けたくない！」という気持ちで頑張れたのだろう。

「何やってんだよ、天龍の団体は⁉」

馬場さん云々ではなくて、ジャンボにそう言われたくないというのが根底にあったような気がする。

引退発表を知った俺は、全日本を辞めて以来、久しぶりにジャンボに電話を入れた。

「ジャンボ、短気起こさないでよ」

と偉そうにアドバイスしたことを覚えている。

引退してアメリカのオレゴン州ポートランドの大学で客員教授をやるというジャンボは、

「そのうち、ゆっくり昔話でもしよう。今度帰国したら、源ちゃんのところ（『鮨處　しま田』）に行くから」

そう言ってくれたが、それが最後の会話になってしまった。

俺と武藤の試合にハズレはない

馬場さんが亡くなり、ジャンボが去っても俺は歩みを止めるわけにはいかなかった。

（彼らを背負って……）

などという大そうな気持ちはなかった。しかし、過去があって、みんなの今日があると思ってい

たから、

（その過去を葬り去られるわけにはいかない。俺は埋没させられるわけにいかない！）

という強い自負のもとにリングに上がっていた。

ゴールデンウィークには大きな勝負を迎えた。五月三日の福岡国際センターで武藤敬司のＩＷＧＰヘビー級王座に初挑戦することになったのだ。

俺は、そのシリーズの開幕戦の仙台で、

「武藤は臨機応変。その場、その場で瞬時に閃くものがある。俺は真っ向から突き進むしかないよ。五月三日……ベストに仕上げていくっていうのはＩＷＧＰに対する最低限のマナーだと思ってるよ。年間最高試合、いくか！」

ベストバウト獲りを宣言した。

実際にその自信はあった。ＷＡＲの大阪でのムタ戦、前年九八年Ｇ１公式戦（パワーボムで勝利）と二回対戦して、武藤敬司のムーブと俺のスタイルは「意外とスイングするな」という感覚があったのだ。

「三沢光晴は上手で、武藤敬司は巧い」

これは俺がよく使うフレーズだが、その意味は、教科書のような綺麗なプロレスをやるのが三沢で、武藤は決して格好良くはないものの、臨機応変にやって、収まってみればちゃんと作品になっているということだ。

落語に例えるなら、枕が巧い落語家が三沢で、本題に入ってからが上手な落語家が武藤。でも、

試合巧者同士である武藤との戦いは常にハイレベルなものに。

顛末はどちらも盛大な拍手を貰う超一流ということだ。

武藤はああいう性格だから、俺と試合するのは面倒臭かったようだが、俺は禅問答のようで堪能できた。

武藤から何かで攻め込まれると、

(ああ、そう来たのか)

(こんなことやるんだ)

という感じで、逆に俺の方も試合の流れの中で、

(ここで俺が雪崩式フランケンシュタイナーとか、スパイダー・ジャーマンをやったらビックリするだろうな)

と閃く。そこで武藤をコーナー最上段にセットすると武藤の、

(おいおい、何やるんだよ?)

という気持ちが伝わってくる。そして、あいつも、よけるんじゃなくて、

(とりあえずセッティングされてみようか)

と、敢えてこちらの仕掛けに乗ってくるというのが天龍源一郎vs武藤敬司のプロレスだった。その後、全日本でも何回か戦ったが、俺と武藤の試合にハズレはなかったはずだ。

結果はムーンサルト・プレスを食らって負けた。

雪崩式フランケンシュタイナーをやった時にキャンバスに頭から垂直に落ちて、背骨がグシャッとひしゃげた。平成維震軍はこの年の二月に解散となり、当時のフリーの俺には付け人がいなかっ

たから、冷やしたり、湿布をしてくれる人もいなくて、ホテルに戻ってウンウン唸っていた。

それでも公約通りに、この試合でベストバウトを獲った。

そして年末の一二月一〇日、大阪で武藤に再び挑戦することになった。

五〇歳を目前にしていた俺は、ある記者に武藤戦の前に引退について聞かれて、

「俺はね、去った時点でプライムタイムだよ」

そう答えた。引退するまでプライムタイム……今でもこの時の言葉を俺は貫けたと思っている。

そして俺は、武藤をノーザンライト・ボムで叩きつけてＩＷＧＰ王者になった。

四九歳一〇カ月での戴冠は今も破られていない史上最年長記録。当時としては日本人初の三冠ヘビー級＆ＩＷＧＰヘビー級制覇でもあった。

馬場、猪木を倒した男といい、いろいろな記録を作ったことになるが、俺は、記録は大切なことだと思う。

「記録よりも記憶に残るような……」

というのはよく聞く言葉だが、俺からしたら、それは逃げだと思う。人はいろいろなものを見ると記憶は薄れてしまうが、記録は確実に残る。

確かに記録はいつか塗り替えられる。しかし、誰かが記録を更新した時に、

「じゃあ、その前の記録はどうだったんだろう？」

と遡れば、そこに出てくる先人たちの記憶がその時代に呼び起こされるのだ。歴史に名を刻むというのは、そういうことだと俺は解釈している。

講釈はこれくらいにして、ＩＷＧＰを獲ったのは素直に嬉しかった。

試合後、飲みに行ったが、その時に付け人として同行していた海野が新日本に許可を貰って酒の席までベルトを持ってきた。

新日本の若い連中も呼んで、ワイワイ飲んだ記憶がある。

ＷＡＲを旗揚げして新日本との対抗戦が始まり、一年半で契約をブチッと切られ、それからまた交流が再開し、フリーとして上がり……と、いろいろな経緯があっただけに、このＩＷＧＰ戴冠は「ここまで来たか！」と、さすがに感慨深いものがあった。

「天龍源一郎で金儲けできるのがわかっただろう、新日本！」

俺は心の中でそう叫んでいた。

プロレスで糧を得るしかない

「正直、退き時なのかな……」

二〇〇〇年に突入して五〇歳になった俺は〝引退〟という言葉と向き合わざるを得ない状況になっていた。

武藤から奪取したＩＷＧＰ王座は一・四東京ドームで佐々木健介に明け渡した。

それについては何も言うことはないが、その後、新日本からほとんど声が掛からなくなり、大きな試合は三月一一日の横浜アリーナで開催された『第二回メモリアル力道山』ぐらいなものだった。

メインでＢ・Ｂジョーンズという外国人選手と組んでの橋本真也＆小川直也戦が組まれて、小川との初遭遇は刺激的だったが、試合前に橋本が村上和成に襲われて大流血したためにまともな試合にはならなかった。

その後、俺の試合スケジュールは空白のままだったから練習する時間が十二分にあった。ベンチプレスは二〇〇キロ挙がるようになったし、馬事公苑の周りを走ってもスタミナが切れていないベストコンディションの俺がいた。

(こんなに元気で、筋力が付いて頑張れる俺がいるのに、業界から声がかからなくなってきた。さて、どうしたものか……)

ジムに行って、ベンチプレスで二〇〇キロ挙げた後に起き上がって鏡を見た時に、

(何やってるんだろう、俺は!?)

と自問自答する俺がいた。

武藤との試合でベストバウトを獲っただけに自分の中につまらない自惚れがあった。その自惚れと、プロレス界の俺に対する評価のギャップに悩んでいた。

そんな時に俺の名前を出す奴がいた。九六年一〇月に俺のもとを去った冬木弘道だ。

俺から独立した冬木は巡り巡ってFMWの現場責任者になり、エンターテインメント・プロレスの確立を目指していた。

「エンターテインメントの中でもこういう勝負ができるんだというのを見せたい。エンターテインメントの中で天龍とガッチガチの勝負をやりたい」

マスコミに俺との対戦をアピールしたのである。

俺は冬木の与太話を無視した。しかし、あいつは本気だった。人を介して俺に会いたいと言ってきたのだ。

俺は三年半ぶりに冬木に会った。

そこには美談もクソもない。

「俺は嶋田家を支えていく家長だ」

それしかなかった。選手も解雇して、俺を頼っているのは家族しかいなかったから「こいつらをちゃんとしなきゃいけない」というのが俺の大義名分だった。

当時の俺の状況は、そのまま突っ張っていくとしたら、何がしかの糧を得るためにプロレスを辞めるという結論しかないわけだが、辞められない自分がいるということは、プロレスを続けていくことで糧を得るしかない。

だから過去の経緯を越えて冬木に会ったのだ。

久し振りに会った冬木は昔のままだった。当時のＦＭＷの窮状も包み隠さずさらけ出して、腹を見せて俺に出場を頼んできた。

「どっちみち出て行くんだったら、大ハヤブサになって出てやるよ」

俺は冬木に言った。

当時のハヤブサは、素顔のＨというキャラクターでファイトしていたし、中途半端に踏み込むよりも、そこまで振り切ってやって、インパクトがあればあるほど、天龍源一郎は死なないという発想だった。

その発想は、ＷＡＲに女子プロを導入したり、相撲軍団を作ったりしたのと同じだ。どうせやるんだったら、みんながビックリして余韻が残るようなことをかまさなきゃいけないということだ。

六月一六日のＦＭＷ後楽園大会で冬木は、冬木＆ＧＯＥＭＯＮvsＨ＆ハヤブサというカードを組んだ。Ｈとハヤブサは同一人物だからタッグを組めるはずもなく、試合は冬木＆ＧＯＥＭＯＮvsＨのハンディキャップマッチになった。

Ｈが袋叩きにされている時、大ハヤブサに変身した俺はリングに駆け込んだ。マスクの下にはちゃんとメイクも施していた。

冬木にチョップ、グーパンチをぶち込み、パワーボムで叩きつけた俺は、Ｈが冬木をフォールしたのを見届けると、リングを降り、裏口を抜けて駐車場に行き、待たせておいた車に飛び乗って会場をあとにした。

大ハヤブサのサプライズ感と存在感は、ＦＭＷのエンターテインメントの世界でも埋没せずに際立ったはずだ。

さらに六月二一日の後楽園では正式に試合をしたが、この時は試合の途中で冬木がマスクを剝がしやがったから、暴れるだけ暴れて、

「あとはお前らで片を付けろ！」

とリングを降り、そのまま車を運転して家まで帰った。

冬木が日本のプロレス始まって以来のショービジネスとしてのプロレスを確立しようと真剣に取

り組んでいることはわかった。あいつがWARを去る時、俺は、

「下手打つな……へばるなよ！」

そう声をかけたが、苦労してここまで来た以上は、最後まで頑張れよという気持ちだった。

逝ってしまったライバル

「これでも食らえ！」

と、俺が大ハヤブサに変身して暴れたのは、暗い気分にさせるニュースばかりが続いたことも大きかった。

冬木からFMWの話が来た五月中旬の日曜日（調べてもらったら五月一五日だったそうだ）の夕方、マスコミの人から「ジャンボが亡くなった」と聞かされた。

でも俺は、病気が完治してアメリカで第二の人生を送っていると思っていたし、実は三月にジャンボから電話をもらっていたから信じられなかった。

電話をもらった時、あいにく外出していて話せなかったが、

（最後に喋ってから一年にもなるし、国際電話をくれたのかな？　それとも日本に里帰りでもして、約束通りに電話をくれたのかな？）

と、安易に考えていた。

「じゃあ、また連絡しますから」

とジャンボは言っていたというから、そのうちにまた連絡をくれるだろうと思っていた。

しかし、二度とジャンボと喋ることはできなかった。

何日かして、ジャンボがフィリピンのマニラの病院で亡くなったというニュースをテレビで観た。そして俺に電話をくれた三月には、帰国して岐阜の病院に入院していたことも知った。年末に肝臓がんだとわかって帰国して闘病していたのである。

あんなに我慢強いジャンボが、最後に「もういいよ」と自らの手で体につながったチューブを取ってしまったという話を漏れ聞いた時には……何ていうのか、ジャンボ鶴田の潔さみたいなものを知った気がした。

いいことか、悪いことかわからない。でも、ジャンボは自分自身の不甲斐なさに自分自身で腹を立てたのだろう。

俺とジャンボの生き方は対照的だった。

ジャンボは常に先を見据えて生きていた。引退して六〇代、七〇代になった時に生活に困らないように、プロレス界に迷惑をかけないようにと、しっかり人生設計を立てていた。

俺は「LIVE FOR TODAY……今を精いっぱい生きる」、その積み重ねが結果的に未来につながっていくという人生観で生きてきた。

特に若い時には、明日のことすらわからない職業に就いているのに、半年、一年後まで計画を立てて生活しているプロレスラーがいるのが、俺には信じられなかった。

常に未来を見据えていたジャンボが四九歳の若さで逝ってしまった……俺の中では元気いっぱいのジャンボの印象しか残っていなかったら、到底信じられないことだった。

恩讐を越えて

ジャンボが亡くなった直後の六月初旬には全日本プロレスの分裂が表面化した。

馬場さんが亡くなった後、社長を継いだ三沢がいろんなことで行き詰って悩んでいるというのは漏れ聞こえていたが、まさか馬場元子さんに歯向かって団体を立ち上げるとは夢にも思わなかった。あの三沢のことだから、我慢して辛抱して、やり抜いてくれると信じていただけに、よっぽど耐えられない何かがあったんだろうとは察したが、

(馬場さんがいなくなって、頼るのはお前しかいないのに、それはないだろ、三沢。ここで男気見せて頑張らなきゃどうするんだよ)

そう思っている俺もいた。

正直、気持ちは複雑だった。独立する三沢にも、残る決意をした川田にも、どっちも頑張ってほしいという気持ちがあった。

俺は全日本を辞める時、馬場さんと面と向かって自分の気持ちを直接伝えることができたが、三沢は馬場さんが亡くなってしまっていたから、ある意味でかわいそうだと思った。自分の気持ちを信じるしかないのだから。

川田は川田で名実ともに全日本プロレスのトップになるべきだとも思った。二人とも四〇手前になり、プロレスラーとして、人間として分岐点にさしかかる時期だった。

二人に頑張ってもらいたいが、故郷の全日本プロレスがなくなってしまったら困るというのが俺

の一番の想いだった。

悶々と状況を見守るしかない状況で思わぬ話が舞い込んできた。

馬場元子さんが人を介して俺に全日本プロレス復帰を要請してきたのだ。俺に戻ってきてほしいというのが全日本に残った社員の総意だったという。

何か不思議な感じがした。もう五〇歳になった俺にお鉢が回ってきたのである。因果応報を感じざるを得なかった。

「全日本プロレスがなくなったら困る。三沢の敵になるつもりはないけど、全日本プロレスが本当に俺を必要としているなら……」

俺は一〇年ぶりに全日本に戻る決意を固めた。

経営難で潰れるというのなら仕方ないが、みんなが三沢に付いていって、選手がいなくなってというのが理由になるのは嫌だった。

(俺が出っ張って行って、選手の員数合わせになるだったら)

という気持ちが強かったのかもしれない。

だが、まき代は反対した。

「これ以上、苦労しないで、自分のペースでプロレス人生を送ってほしい。昔のようなバッシングや揉め事はもうたくさん。もう汚名は着てほしくないし、きれいな形でプロレス人生を終えてほしい」

というのがまき代の言い分だった。その気持ちは十二分に理解できた。

だが、最終的には俺の決意を尊重してくれた。そして、「この一〇年、いろいろあったけど、元子さんに『こうしてちゃんと基盤を作って生活していま
す』というのを知ってもらうためにも、ウチの店（『鮨處　しま田』）に来てもらったら……」

というまき代の意見で、店に足を運んでもらうことになった。

なぜ、元子さんは俺に声を掛けたのだろうか？

まだ俺に対して頑なに「そうはいかない！」という気持ちがあれば、あちこちから選手を寄せ集めてやることもできるし、「私はもういい」と言って全日本プロレスを潰すこともできたはずだ。

だが、三沢がほぼ全員の選手を連れて、新団体を立ち上げたから、元子さんには、

「一年でも二年でもいいから存続して、何かを残したい！」

という意地があったのだろう。

そして、その中には、九七年に俺が全日本に上がるという話は実現しなかったものの、俺に対する馬場さんと元子さんの阿吽の呼吸があったのではないかと思う。

元子さんに会って一〇年間の空白がリセットされた。何も違和感はなかった。

七月二日の後楽園ホール。俺は一〇年三カ月ぶりに全日本プロレスのリングに足を踏み入れることになった。

「この状態の中で私たちは、そう大きな目標を掲げることはできません。でも、馬場さんが遺してくれた全日本プロレスを、何とか三〇周年を迎えられるよう、精いっぱい頑張って参りますので、これからも全日本プロレスを皆さんの力で支えてください。よろしくお願いいたします。今回の再

ファンの驚きの大歓声の中、再び全日本プロレスのマットに立った。

スタートにあたり、川田選手と握手していただきたい方に今日、来ていただいております。……天龍源一郎さんです」

俺は控室から花道に向かう階段の踊り場で待機していたが、この元子さんの挨拶の直後、『サンダーストーム』が鳴り響くと、「ウォーッ！」という驚きの大歓声が聞こえた。

俺は久々に手に汗をかいていた。全日本プロレスのファンが受け入れてくれるのかということが一番の不安材料で、期待と不安の両方で胸が張り裂けそうだった。

受け入れてくれたファン、リングの中で手を差し出してくれた元子さん……一〇年ぶりの故郷の優しさが嬉しかった。思わずホロッときて、五〇にもなって涙が溢れそうになった。

まだ当分、騙し続けるから

二〇〇〇年七月二日は一〇年三カ月ぶりに全日本プロレスのリングに上がった興奮のまま、ディファ有明に向かった。ＬＬＰＷの大会で神取忍と一騎打ちをやるためだ。

神取は秋に予定されている女子格闘技大会『Ｌ―１』に向けて調整中で、

「神取が腹を括ってやりたいと言っているのでお願いします」

と風間ルミ社長からオファーを受けてのものだった。

「本当に大丈夫なのか？　見世物みたいなのはやらないよ。ガンガン行くよ！」

そう答えたら、

「それは神取の望むところです」

ということだったから、俺は快く引き受けた。

試合は格闘技戦を想定しての一ラウンド三分で、決着がつくまで戦う無制限ラウンド制。

俺は約束通りに容赦なく行った。胴タックルでぶっ倒して馬乗りになると、相撲で鍛えた固い掌を顔面に打ち込んだ。スタンドでは喉元にチョップだ。

顔面にキックを入れ、馬乗りになってグーパンチ、ヘッドバットを叩き込むと神取の左目はお岩さんのように腫れ上がり、顔が変形してしまった。

彼女も覚悟の上で来たのだから、それは仕方がないことだ。

結局、2ラウンドの途中でハーレー斉藤がタオルを投げ込んで俺のTKO勝ちになったが、二ラウンド持った神取は大したものだった。そして仲間の神取がボコボコにやられているのにシカトして、2ラウンドまでタオルを投げなかったLLPWの選手もある意味で凄いと思った。

昼に全日本に行って肩の荷が下りて、その夜は、目いっぱいプロレスをやった。好き勝手なことやって、それなりに結果を残せた一日だった。

全日本プロレスで試合をする前に、俺にはまだやることがあった。七月一三日に後楽園ホールでWARの八周年記念興行を開催したのだ。

九八年に全選手を解雇したWARだが、フリーとなった有志たちで興行を存続させて看板を下ろさずにきた。

この八周年大会に参加した選手の中で、旗揚げメンバーは俺、格闘技団体キャプチャーを主宰する北原光騎、フリーとして様々な団体でファイトする平井伸和の三人だけ。それが時の流れというものだ。

俺はこの大会のメインで、ハヤブサと一騎打ちをやった。彼は素顔のHから、この俺との試合からハヤブサに戻ったのである。

晩年、頸椎損傷という大怪我を負いながらもプロレスラーとして生き抜いたハヤブサは、機転が利くいいレスラーだった。

（やりたいことは何でも遠慮なくぶつけてこい）

と、ハヤブサに真っ向から体をさらしたが、彼のトリッキーな動きによって、俺の一直線のプロレスが生かされた部分があった。

二〇〇〇年になってから、まともにプロレスをやったのは本当にわずかだったから、プロレスを楽しませてもらえた試合だった。

「俺は八年前に『騙されたと思って付いてきてくれ』と言ったけど……まだ当分、騙し続けるけど、付いてきてくれよ！　どうもありがとう！」

WARのファンにそう挨拶した俺は七月二三日、日本武道館で、いよいよ全日本プロレスのリングに復帰することになった。

一〇年ぶりの帰郷

七月二三日の日本武道館。全日本復帰戦で俺は川田とタッグを組んだ。同じコーナーに立つのは九〇年四月に天龍同盟を解散して以来のことだ。

だが、俺には一〇年ぶりという感傷はなかった。川田にしても昔を引き摺っていなかったはずだ。あの時の俺と川田の間には緊張感と遠慮みたいなものがあったと思う。

花道を進むとリング上ではスタン・ハンセンとマウナケア・モスマン……のちの太陽ケアが待ち受けていた。思えば、九〇年四月一九日の横浜での俺の全日本最後の試合……ジャンボとの最後の一騎打ちに乱入してきたのがハンセンだった。

ケアは俺が辞めてから全日本に入団したが、小川良成と一緒に『鮨處　しま田』に遊びに来ていたから知らない仲ではなかった。

挨拶代わりにハンセンにチョップ、グーパンチをぶち込むと、一歩も引かずにエルボーとチョップを返してきた。しばらくフライパンの上で豆を煎っているようなラリアットしか食ってなかったから、ハンセンの顎に入るラリアットは強烈だった。ケアもセンスのある選手だった。

相手のハンセンとケアも、パートナーの川田からも「今現在の全日本プロレスを見せつけてやる！」という気概を感じたから、俺は俺でＷＡＲスペシャルや新日本でＩＷＧＰを獲ったノーザンライト・ボムなど、一〇年間の旅路で培ったものをぶつけた。

最後は俺の目の前で川田がケアをパワーボムで押さえて勝ったが、俺と川田の間には溝があった。川田が俺の復帰を歓迎していないのは明らかだった。

そして試合終了後にはスティーブ・ウイリアムスらの外国人勢がリングに駆け上がって、川田を肩車した。「お前こそ、全日本のエースだ」というアピールだろう。ベテランのハンセンは別として、三沢に付いて行かずに全日本に残った外国人選手もポジションを取られることを危惧して俺に激しい対抗意識を燃やしていたのだ。

身が引き締まるような一〇年三カ月ぶりの全日本のリングだった。俺は改めて、この全日本でプロレス道を邁進することを心に誓った。

九月二五日、俺は全日本プロレスに正式に再入団した。

「相撲から転向した時のようにキャピトル東急ホテルで……」

元子さんはそう提案してくれたが、出戻りの俺が、そんなに仰々しくやってもらうこともないなと思ったから六本木の事務所にしてもらった。

「この度、再入団ということになりました。過去の天龍源一郎があって、現在の私があって、全日本に入ったこれから天龍源一郎のできること、役目は、全日本プロレスを従来の全日本プロレスにしていくことだと思いますので、天龍源一郎の基礎を作ってくれた全日本プロレスに全身全霊を打ち込んでやっていきたいと思います」

と、俺は挨拶した。残りのプロレス人生を全日本プロレスに捧げる覚悟だった。

一〇月二八日にはトーナメント決勝で川田に勝って二度と手にすることはないと思っていたインターナショナル、UN、PWFの三本のベルト……三冠ヘビー級王座を奪取した。

その二日後、俺は晴れて馬場さんの仏壇の前で、

「これからまた御世話になります」

と挨拶した。

翌〇一年四月にはケアに勝って『チャンピオン・カーニバル』に初優勝したのも感慨深かった。

三冠王者決定トーナメントの決勝で川田に勝利し、王座に就く。

伝統の大会で優勝できたことで〝戻ってきた天龍源一郎〟を印象付けることができたのではないかと思った。

だが、俺の心の中には釈然としないものがあった。

ことあるごとに渕と川田は俺のやることにどうたらこうたらと文句をつけてくるのだ。

川田には「天龍さんがいない一〇年間、全日本を引っ張ってきた！」という強烈な自負があったし、渕と二人で再スタートした時にやりたいことをやらせてもらえなかったというのが川田の不服の根っこになっていて、俺のやることなすことが目に付いたんだろうと思う。

今でも覚えているのは、金沢かどこかに行った時に、ある関係者に、

「天龍さんは元子さんから次期社長になってほしいと言われたから全日本に戻ってきたの？」

と聞かれたことだ。

「一〇年ぶりに戻ってくるということは、そういう約束があったんでしょ？」

唐突に言われたから、最初は「こいつは何を言ってるのかな？」と、言われていることの意味すらわからなかった。

「何言ってんだよ。俺は全日本プロレスがなくなるのが嫌だから戻ってきただけで、そんな約束なんかないよ」

と答えたが、俺の知らないところでそういう話が広がっていて、川田も疑心暗鬼になっていたのかもしれない。

川田、渕との対立

「天龍さんのその考え方はインディーだ」

「馬場さんが生きていたら、そんなことは許さないはず」

「それをやったら全日本プロレスじゃない」

ことごとく意見を否定される中、二〇〇一年夏に遂に俺は川田、渕の反目に回る腹を固めた。

彼らは常に俺が全日本を出てやってきた別の一〇年をインディー云々と言う。確かに俺はSWS、WARと別の一〇年を歩いてきたが、全日本プロレスから離れている時も、

（全日本育ちの俺がジャイアント馬場に恥をかかせちゃいけない！）

という気持ちでやっていたし、WARのことをインディーと呼ぶのは勝手だが、それでも一年に一回は両国国技館で興行をやってきた。

「お前ら、団体の規模は小さくても、インディーだなんて意識を持つなよ！」

所属選手たちには、そう言っていたのだ。それが、よもや育った全日本の中からインディー云々と言われるとは思っていなかった。それは俺の生き様を否定する言葉でもあった。

「だったらWARの生き様を見せつけて、全日本の奴らの思い上がった鼻をへシ折ってやろう！」

俺は嵐と北原を全日本に呼び寄せてWAR軍を結成した。

嵐も北原も九〇年春に全日本を飛び出してSWSに参加し、その後、WARに来た人間。二人とも二度と全日本に上がることはないと思っていたから、素直に喜んでくれた。

実際に俺がＷＡＲ軍を結成したのは川田、渕に腹を立てたからという単純なことではない。敵対できる勢力を作った方がお客にわかりやすいかなという発想だった。

三沢、小橋、田上、秋山が去った時点で全日本プロレスはゼロになってしまった。もちろんファンも三沢たちがいた頃の夢を求めているのはわかった。でも、いないのだから仕方がない。それだったら一度、更地にして新しいものを構築していけば、それがゼロ年代以降の全日本プロレスになると俺は考えた。

今、この全日本に集まっている人間、元子さんが集めた人間で何かを作り、それをファンが支持してくれるようになれば、それが新しい全日本プロレスになるのだ。

何もないところから九〇年代の素晴らしい〝王道の全日本プロレス〟ができたわけだから、また一から構築していけばいいというだけの話。そこで川田と渕がいつまでも九〇年代の〝前・全日本プロレス〟に想いを馳せ、それにこだわっているのは違うんじゃないかと思ったから、結局、俺が彼らに対抗するしかなかった。

それは八七年春に長州力たちが全日本を去った後に、

「長州たちがいなくなった現実を受け止めて、お客さんに新しい何かを提供して満足してもらうしかない」

と、阿修羅・原と始めたレボリューションと同じだった。あの時も俺はジャンボより下だったし、このＷＡＲ軍を始めた時も、本来なら川田がトップとして全日本を改革するべきで、俺はそういう立場ではないのだが、性格的に取り越し苦労が多いから、いつも行動を起こすことになってしまうのだ。

GHC王者が三冠王者を送迎

一〇月からは冬木もWAR軍として全日本マットに投入した。

この年の五月五日、俺はFMWの川崎球場に全日本としてではなく、WARとして上がって冬木と一騎打ちをやった。

冬木にはWARを辞めてからずっと引き摺っていたものがあったんだと思う。前に進むためには清算しなければならないものがあったから、俺との対戦を熱望したのだろう。引退していた阿修羅をレフェリーとして長崎から引っ張りだしてきたことでも冬木の気持ちは理解できた。

試合では、あいつはビールビンで俺の頭を殴ってきた。止めに入った阿修羅にも食らわした。あいつなりの過去の上下関係を断ち切るための行動だったのだろう。

だが、俺はビールビンで殴られても、SWS時代にはキング・ハク、WARになってからはターザン後藤にやられて体が覚えているから、そんなものには負けない。

最後はラリアットの真っ向勝負で冬木をぶっ倒した。

「こんな、俺とお前にしかわからない仕事は、もうこれでいいよ、俺は」

試合後、俺は冬木にそう語りかけた。冬木も納得したようだった。

だからWAR軍を結成した時に躊躇することなく冬木を呼んだ。

俺は、冬木は川田が爆発するために必要な男だと思った。WAR軍相手にも斜に構えていた川田をムキにさせるためには、かつてフットルースとしてタッグを組んでいた先輩の冬木が一番だと思ったのだ。

日本武道館（一〇月二七日）で川田と冬木の一騎打ちを実現させることもできたし、暮れの『世界最強タッグ決定リーグ戦』には冬木とのコンビで出場した。

俺がそうだったように、あっちこっちに行きながらも心の中で埋められなかった何か……「全日本のリングにもう一回上がって何かをしたい」という冬木の願いを叶えてやれただけでもWAR軍に呼んでよかったと思っている。

それから四カ月後の二〇〇二年四月、冬木は引退した。直腸がんだった。

俺が冬木から電話をもらったのは北海道の月寒グリーンドームで試合があった時だ。

冬木はこの年の二月に倒産したFMWの受け皿として、五月五日に川崎球場で新団体WEWの旗揚げ戦をやる予定でいた。

その前に手術をして、川崎球場の旗揚げ戦では引退セレモニーをやるということで、俺に「最後のお願いなんで……」と出場を頼んできたのだ。

あいにく、その日はすでに全日本の京都での興行が決まっていた。

「お前も興行の世界にいるからわかるだろ？」

と、これは断らざるを得なかった。

この頃になると試合後は飲みに行かずにホテルの近くで食事をしたらすぐに帰ることが多かったが、その夜は嵐、平井、スタッフ、マスコミの人たちを連れて、琴似町のスナックに繰り出して久々に飲んだ。特に理由があったわけではないが、冬木の引退に思うことがあって、天龍同盟時代のような雰囲気を味わいたかったのかもしれない。

札幌の試合から四日後の四月一四日、俺は冬木の次に付け人をしてくれた小川良成の運転する車でディファ有明に向かっていた。

冬木はがんが判明するや、そのまま引退するつもりだったようだが、全日本時代に仲が良かったノアの三沢が、

「ちゃんと引退試合をやりましょう！」

と急遽、ディファ有明を押さえ、ポスター、パンフレット、チケットも超特急で用意して、出来る限りの舞台を作ったのだ。三沢とは、そういう男気がある奴なのだ。

俺が小川の車でディファ有明に行ったのは、三沢が気を利かせて小川を寄越してくれたのか、俺と小川で話してそうなったのか、記憶は定かではないが、当時、全日本とノアは対立関係にあったにもかかわらず、ノアのGHCヘビー級王者の小川が全日本の三冠ヘビー級王者の俺を車で迎えにきてくれたのである。普通なら考えられないことだ。

ディファに到着して、ノアの事務所に挨拶に行ったら、三沢が出てきて、

「こっちに座って待っていてくださいよ」

と社長室に招き入れてくれた。

それから冬木の個室の控室に行って小一時間ほど話をした。ほとんどは昔話だったような気がする。

「天龍さん、いろいろありがとうございました。もう、天龍さんには一生会うことはないと思います」

冬木はそう言った。

それは死を覚悟した言葉だったのか、それともWEWという団体を旗揚げした以降は俺と交わることはないだろうという意味だったのかはわからない。

全日本とノアの当時の関係を考慮して、俺はノアの社長室と冬木の控室に行っただけでセレモニーには顔を出さなかった。

この件について元子さんは何も言わなかった。俺と冬木、三沢の仲がいいことを知っていた元子さんは、見て見ぬふりをしてくれたのではないかと思う。

俺の役目は終わった

全日本に復帰した時代を振り返ると、俺、川田、渕がもっと大人だったら、違った展開になっていたのではないかと言いたくなる。

〇一年からスポット参戦するようになった新日本の武藤敬司は、〇二年二月には小島聡、ケンドー・カシン、アメリカにいたカズ・ハヤシ、さらにスタッフも引き連れて全日本に正式入団した。元子さんの気持ちが武藤たちに向いているのは明らかだった。

川田や渕が拗ねたままだったから、武藤敬司に油揚げをさらわれたということだ。

元子さんが武藤を求めたということは……俺のやり方は全日本に残った人間に批判されたが、でも結局、元子さんは昔の全日本を壊してくれる武藤を選んだということなのだ。

「何で天龍がやることなすことは駄目で、武藤ならいいんだよ！」

と言いたいところだったが、もはや後の祭りである。

武藤たちの移籍が決まった時点で「全日本プロレスに潰れられちゃ困る！」という気持ちで戻ってきた時の俺の役目が終わったと感じた。あとは何の気兼ねも束縛もなくプロレスを楽しんで、リングの中で俺のすべてを発揮したいと思った。

そして九月三〇日、キャピトル東急ホテルで行われた全日本プロレス創立三〇周年記念パーティーで元子さんの退任と武藤の社長就任が発表された。

川田、渕、天龍の三人ががっちりとスクラム組んでやっていけば、元子さん体制による全日本プロレスはもっと生きながらえたと思う。

全員が腹の底から「全日本のため」と思ったら、あんな関係にはならなかったのではないだろうか。

逆に言えば、反目し合ったことがエネルギーになって、元子さんが武藤敬司に渡すまでの三年間、突っ走れたのだろうが、本当に会社ということを考えて、大人の姿勢で俺たちがやれれば、もうちょっと行けたかなという気持ちはある。

武藤体制になったことには凄く違和感があった。

リングの上の主役は武藤でいいと思うが、社長のポストは、和田京平でも、渕でも、川田でもいいから全日本育ちの人間に預けた方がよかったのでないか。それが一番ファンも落ち着くところだったのではないかと今でも思っている。

武藤新体制では京平も、渕も、川田も、そして俺も取締役に名前を連ねたが、それは表向きで実際には俺は固辞した。俺がそこにいたら武藤もやりにくいだろうと思ったからだ。

二〇〇三年になって、俺は全日本プロレスを離れる決意を固めた。

俺が最初に元子さんと交わした契約は二〇〇〇年七月一日から三年間。つまり、〇三年六月末日で満了となる。元子さんに声をかけてもらって入団したのだから、元子さんが去るなら自分も去るのが筋と考えて、契約は更新しなかった。

四月下旬には元子さん、馬場さんの仏壇に報告に行った。元子さんには、

「馬場さんの七回忌（二〇〇五年一月三一日）までは現役で頑張ってほしいの」

と言われた。だから引退は考えなかった。

全日本ラストマッチは六月一三日、名古屋・愛知県体育館。この年の三月にデビューしたばかりの一番の新人とのシングルマッチだ。

俺はジャンボ鶴田を彷彿とさせるような一九〇センチ超の大型新人・河野真幸にジャンボのバックドロップ、馬場さんのネックブリーカーを注入し、おまけに机も叩きつけてやった。〝53歳〟を仕掛けた時に河野の膝が俺の顔面を直撃したために鼻血が噴き出てしまったが、そんなことでたじろぐ俺ではない。改めて垂直落下式ブレーンバスターでケリをつけた時、

「これで俺の役目は本当に終わったな」

と実感した。そして五三歳にして再び旅が始まった。

第十章 流転

2003 - 2009

2005年1月8日・日本武道館、
三沢が主宰するノアに初参戦。

危篤状態でも冬木は…

フリーになった俺の主戦場はＷＪプロレスになった。全日本の契約が終わるタイミングで長州が旗揚げした団体だ。

俺にあったのは協力してあげたいという気持ちだけだったから、長州とのシングル六連戦を提示された時も異存はなかった。

正直に言えば、取ってつけたようなカードで、「やる意味があるの？」というような感じだった。しかし他に集客する目玉はない。「これをやらなきゃしょうがないだろ」というところだったような気がする。

二〇〇三年三月一日の旗揚げ戦では長州がラリアットで勝ち、三月一五日の後楽園ホール、翌一六日の仙台では俺が〝53歳〟で連勝した。

いずれの試合も、何か焦って昔を取り戻そうというような試合だった。

（主張しなきゃいけない）

（この試合でＷＪを盛り上げなきゃいけない）

と、お互いに切羽詰まったような試合だったと思う。

ハッキリ言えば、対戦するには間が空き過ぎたというのが正直なところだった。

（こんなはずじゃないのにな？）

と、お互いに思いながら試合していたんだと思う。

六連戦は、この三試合で打ち切られた。

表向きには俺が仙台の試合後に頭部に異常を感じて病院に行ったところ、ドクターストップがかかったということになっていた。しかし、実際には俺ではなく、長州が精神的にも肉体的にも疲弊していたのが理由だった。俺のチョップとグーパンチで歯と顎がガタガタになってしまったという。長州は一度引退して、新日本の現場監督を経て、おっとり刀での旗揚げだったから気力に体がついていかなかったのかもしれない。


長州とのシングル三戦目を終えて仙台から新幹線で帰京する車中で携帯が鳴った。

「実は冬木さんが危篤です。奥さんに『ちゃんと会話できるのは今晩までだと思いますので、親しかった方たちに連絡してもらえませんか』と言われたので……」

知り合いの記者からの電話に俺は驚いた。手術してがんは完治しているものだとばかり思っていたからだ。

タクシーに飛び乗って横浜の病院に着いたのは、もう一一時近かった。

入口でノアの仲田龍に挨拶された。つい一〇分ほど前まで三沢、小川がいたという。彼らはディファ有明の試合後に駆けつけたとのことだった。

待合室に行くと金村キンタロー以下、ＷＥＷ所属選手たちが集まっていた。

病室の冬木は……意識が混濁しながらも、一生懸命、俺に話をしてくれた。

「天龍さん、五月五日に川崎球場で橋本真也と試合をするんですけど、こんな状態じゃあシングルは無理だから、俺とタッグを組んでくれませんか？」

死の淵に立ちながら、冬木はそんなことを言うのだ。

「川崎で試合をするんだろ？　だったら、お医者さんの言うことをちゃんと聞くんだぞ。また来るから……」

そう言ってイスから立ち上がると、チューブにつながれた冬木が、

「送りますよ！」

と体を起こそうとした。

冬木はプロレスに入ってから一番最初に付け人になって荷物を持ってくれたり、いろいろやってくれて、天龍源一郎に格好つけさせてくれていた。

そして最期の時も、体を起こそうとして……。

それからわずか三日後に冬木は逝ってしまった。

お通夜にも葬儀にも参列した。出棺の時、俺は思わず冬木の頰を撫でていた。

国際プロレスから来た頃から知っていて、プライベートな部分でも付き合いをしていたから、生きている時に腹いっぱい付き合ったという想いはあった。

いずれ人間はそういう運命だから、思い残すことはなかった。

「いずれ、俺もちゃんとそっちに行くから。その時はお前が先輩だから」

俺は冬木にそう語りかけていた。

若い選手に昭和プロレスを伝承

フリーになった〇三年の下半期はゴタゴタした。

どこでどう歯車が狂ったのか、WJが夏には経営破綻してしまったのだ。

正直、最後の方はよく覚えてない。給料も出ていなかったし、わけのわからないうちに消滅してしまったという感じだった。

覚えているのはラグビーから来た鈴木健想……現在のKENSOが、

「プロレスはどうすればいいんですかね？」

と、試合後にホテルの部屋に来て、朝まで話し込んだこと。彼もまた違うスポーツからプロレスに来て、もがいていた。

それから佐々木健介が頑張っていたことだ。

彼は給料が遅配になっても、あるいは出ない時でも、早い時間から会場入りして若い選手をリングの上で教えていたし、手を骨折しても痛み止めを飲んで、座薬まで入れて試合に向かっていた。

新日本時代の健介は生意気な感じであまり好きではなかったが、WJ時代の彼は、タダ働きさせられようがプロレスに真摯に取り組んでいて、その姿勢には感銘を受けた。

それがあったから、のちに新日本のリングで外敵軍として心を合わせて一緒に戦うことができたんだと思う。

〇三年の下半期にはWJ以外の団体にも出場した。夏（七月一三日）には闘龍門……現在のドラゴンゲートの博多スターレーン大会にXとして出場して堀口元気と試合をした。

これはマグナムTOKYOからのオファーだった。

マグナムはWARでウルティモ・ドラゴンの付け人のようなことをやっていた。会場の隅っこでプッシュアップとかの自主練習をやり、WARの売店も手伝っていた。

だから闘龍門の控室に入った時、WARの時と同じようにレモンや大福が用意してあった。その気配りが嬉しかった。

「メキシコにプロレス学校を作って、あの黒木（マグナムの本名）みたいな若いコを育てて、WARに送れるようになったらいいなと思っているんですよ」

「ああ、それはいいね、やりなよ」

ドラゴンとそんな会話をしたのは覚えているが、まさか闘龍門という団体になるとは夢にも思わなかった。

闘龍門が日本に逆上陸した時、俺は積極的にWARに取り入れたいと思った。違うカラーを入れることで興行にアクセントができると思ったからだ。

だからWARの七周年記念興行（九九年六月二〇日、後楽園ホール）にマグナムとドン・フジイに出てもらい、俺とマグナムが組んで、荒谷&フジイと試合をした。

フジイは、元々はWARの営業マン。北の湖部屋の元力士で、プロレスラーになりたくてWARに来たが、身長は一七〇センチそこそこ、年齢も二〇代半ばを過ぎていたから、

「お前はジュニアの体格だから、レスラーになったとしても戦うのはライガーとかになっちゃうし、

苦労するよ。もう歳もいってるんだし、プロレスラーになるのは無理だから、それでもプロレスが好きなら営業とかをやっていろんなことを覚えた方がいいよ」

と、営業として入れたのだが、闘龍門が練習生を募集した時にウチを辞めてメキシコに渡って、夢を諦めずにプロレスラーになった。しかも闘龍門の他の選手とは違うキャラクターを確立して成功した。

つまり、俺の考え方よりもあいつのポリシーが正しかったということになる。

闘龍門のレスラーはみんな若くて、リングを降りればファンと凄く近い距離にいるが、いざリングに上がって試合をすると、その卓越した技術でファンからリスペクトを得ていた。従来のプロレスとは違うものがそこにあった。

俺は全日本の日本武道館でプロデュース興行をやった時（〇二年八月三一日）にもマグナムたちを呼んで、普段と同じようにマグナムにリング上で踊ってもらい、普段と同じようにキャラクターを発揮してもらった。全日本のお客がビックリして、楽しんで「今日は得をしたな！」と帰ってくれればいいと思ったからだ。

そんなこともあって、闘龍門からドラゴンゲートに体制が変わった後の〇五年一〇月、社長の岡村隆志から、

「プロレスの未来を担う若い選手たちに、ぜひ昔からのプロレス道を伝えてほしいんです」

と顧問になることを要請された時には快く引き受けた。

話が少し飛んでしまったので〇三年当時に戻そう。

さて、〇三年最後の試合は一二月二七日の後楽園ホール。FMWから枝分かれしてハヤブサ、ミスター雁之助らが設立したWMFでマンモス佐々木との一騎打ちだった。

マンモスは東関部屋出身で曙の付け人もしていた元相撲取りだ。一九〇センチ近くあり、体重も一二〇キロ超のガッチリした若者だったが、当時はまだ全然駄目だった。

ヘッドロックでグラウンドに持ち込んだら、まったく身動きが取れなくなってしまう。派手な立ち技はできても寝かせたら何もできないのだ。

そして見様見真似でチョップとグーパンチのコンビネーションを使ってきたから、付き合わずにかち食らわせた。本物のチョップとグーパンチ、顔面蹴りを浴びせ、おまけにビールビンを脳天にお見舞いした。

そこからマンモスは反骨心を見せた。攻撃は単発だが、必死に返そうとしてきたし、53歳も二発耐えた。

それでいい。やはり元相撲取りには頑丈な体と反骨心で頑張ってほしいと思った。

棚橋、中邑、柴田…新闘魂三銃士の印象

二〇〇四年、俺の最初の試合は、半年前に別れを告げたはずの全日本プロレスの後楽園ホールだった。保坂秀樹と組んで本間朋晃&宮本和志と戦ったらしい。

〝らしい〟というのは、俺に記憶がないからだ。一月一八日にはラブコールを受けて大阪で川田の三冠王座初防衛戦の相手になったというが、それも記憶にはない。この本を書くにあたって、記録

を調べてもらってわかったのだ。

それはきっと前年六月一三日の名古屋の時点で「これが全日本に上がるのも最後！」という意識があったからだろう。

全日本からオファーがあった時に、割り切ってフリーとして上がることをＯＫしたのは、

（嶋田家の家長として、家族を守って行かなきゃいけない！）

という気持ちが強かったからだと思う。

〇四年の第二戦は一月四日の新日本の東京ドームでの中西学戦。これは覚えている。

全日本との契約が満了になった時から新日本の現場責任者の上井文彦氏から熱心にラブコールを送られていたからだ。当時は長州との約束があってＷＪに上がっていたが、年が明けて晴れて新日本に上がったのである。

フリーとして上がっていた九九年の頃とは、また新日本の風景は変わっていた。棚橋弘至、中邑真輔、柴田勝頼が新闘魂三銃士として売り出し中だった。

俺は猪木さん、長州や藤波、闘魂三銃士、第三世代、そして今度は新闘魂三銃士と、新日本の五世代と戦ったことになる。

彼らは新闘魂三銃士として一括りにされていたが、レスラーとしての性格、感性はまったく違うものを持っていた。

棚橋弘至は本当にプロレスが好きな小僧だった。

当時の棚橋はプロレス小僧だから「巧くなりたい！」という気持ちばかりが先走りして、技が追

2004年、新日の『G1クライマックス』に参戦。若き日の中邑と対戦した。

いついていかなかった感じだった。

中邑真輔は、プロレスに何を求めてきているのか、ちょっと得体の知れない感じで、戦っていて「こいつ、本当にプロレスが好きで入って来たのかな?」という感じがした。

真輔と『G1クライマックス』の公式戦で戦った時(八月一〇日、名古屋)、俺はランニング・ネックブリーカーと卍固めという馬場さん、猪木さんの得意技、リック・フレアーのようなオーバーアクションの間合いの外し方をした。

(プロレスはこんなにいい加減なものだけど、お前は真正面から向き合えるの?)

真輔のプロレスに対する向き合い方を試していたのかもしれない。

俺と試合した頃は、プロレスは好きだったけど、プロレスをやる自分は嫌だったというドツボの時だったような気がする。

プロレスを観たり、聞いたりするのは好きだけど、自分がプロレスをやるっていうことに躊躇、抵抗がある中邑真輔だったと思う。

でも、そこから彼は唯一無二の自分を確立した。

多分、あいつなりにプロレスを突き詰めて「こんなことやっていたら中途半端なままでみんなの踏み台にされる」と気付いて、開き直って、ああいう風になったんだろう。本来、プロレス頭は凄くスマートなのだ。

今、WWEに行って頑張っているが、大化けする可能性は大だ。賢いから英語も一生懸命覚えようとするだろうし、いろんな面で上達が早いから〝本当のスーパースター〟の仲間入りをするかもしれない。

アメリカでブレイクした人としてはカブキさんやグレート・ムタがいるが、プロレスのスタイルと日本人というキャラでトップグループに入れる可能性を今一番持っているのは中邑真輔だと思う。

柴田勝頼は、プロレスラーだったお父さんの柴田勝久さんの遺志を継いで「俺はしっかりしなきゃいけない！」と、もがきながらプロレスをやっている感じだった。

お父さんに全盛期の猪木さんのことや、プロレス界のことを聞いていて、子供の頃から話が先に入っちゃっているから、「それに早く追いつかなきゃいけない、追い越さなきゃいけない！」ともがいていた。

目標が大き過ぎるから、多分、今ももがいているに違いない。

柴田の最終目標はアントニオ猪木だと思うから、ずっと幻影を追いかけて、自分で自分の首を絞めることもあると思う。

まあ、当時の三人に共通して言えることは、まだ自分を確立できなくて模索している状況だったということだ。

痛快だった外敵軍団

〇四年に新日本に上がった時には佐々木健介、鈴木みのる、髙山善廣と外敵軍団と呼ばれたが、あれは楽しかったし、居心地がよかった。

よその団体で爪弾きにされた人間ばかりが集まって、お互いの傷をわかっていたから連帯感が生まれたんだろうと思う。

（こいつ、悪い人間じゃないのに貧乏くじ引いてるな）

と、お互いがお互いのことを思いながらやっていたのが正直なところだ。あとは、

（こんなにまともな俺たちが冷や飯食わされて、お前らみたいな根性悪い奴が主役かよ）

という優遇されている新日本の選手へのジェラシーしかなかった。

汚いことをやるわけではなくて、真っ向からぶつかっていきながら、押したり引いたり、巧く試合を組み立てて、それぞれに自分のキャラクターを発揮して、やりたいことをやっていたからインパクトはあったと自負している。

「生き抜いてきたんだよ。生き延びたなら、そこで終わりだけど、生き抜いているとなると、これからがあるんだよ！」

と、全員が突っ張って生きていた。

健介には奥さんの北斗晶がマネジャーに付いて、みのるか、髙山かは忘れたが、

「鬼嫁！」

と言い出してブレイクしたのも楽しい思い出だ。

あのメンバーで新鮮だったのは鈴木みのるだ。

SWS時代に提携していた『藤原組』にいた時のみのるはクソ生意気なガキだったが、そこからいろいろあって、新日本で久々に会った時には個性あるプロレスラーになっていた。最近のプロレスラーの中では自分のキャラクターを一番理解している男だ。

これをやったらお客が反応するというのを、確信を持ってやっている。客から返ってくる答えを知っていて、提起しているのが鈴木みのるのプロレスなのだ。

「俺がこう振ったら、こう返ってくる」

というのがことごとく当たっている。

答えを持っていて、それを振っているのだから、例えるなら、学校の先生が自分で問題集を作っているようなもの。それが彼のプロレスの楽しみ方なのだろう。

新日本を出て、UWF、藤原組、パンクラスとやってきて、そこからまたプロレスに戻ってくる時の葛藤から思ったら、きっと今、プロレスでどんなことがあろうが、悩もうが、小さなことだと思う。

「パンクラスでロープにも走らなかったのに、何でプロレスなんかやるんだよ？」

そんなことを何百万回も言われて、悩んで、それから吹っ切れた鈴木みのるは何も怖いものはないはずだ。「何か文句あんのか⁉」ぐらいのものだろう。

鈴木みのるとの喧嘩

これは結構知られているかもしれないが、鈴木みのるとはウチの店（『鮨處　しま田』）で喧嘩になったことがある。

『週刊ゴング』の企画で俺、健介、みのるの三人で「外敵鼎談」をやった時だ。

その取材の後、みのるはサムライTVの生放送の仕事が入っていたが、

「いいじゃないか、飲めよ！」

と、俺は日本酒を飲ませた。飲み始めてからしばらくして、

「本当にもう時間がアレだから……」

と言い出したから、

「何だよ、いいだろ！」

と、またまた飲ませた。

「わかりましたよ！」

結局、みのるは腹を据えて本格的に飲み始めた。

その日、みのるはデカイ指輪をしていた。それを見た俺は、よせばいいのに、

「何だよ、みのる、手の甲を怪我するのが嫌だから指輪はめてんのかよ。殴ってみろよ、この野郎！」

と、ちょっかいを出した。昔、藤原と飲みに行った時にちょっかいを出して相撲になり、ヘッドバットをかまし合った時と同じパターンだ。

みのるにしたらサムライTVの生放送の仕事をキャンセルさせられて、酒を強引に飲まされた上に、「何だよ、指輪なんかして格好つけやがって」といちゃもんを付けられたわけだから、頭にきても当然だ。

「いいスか？」

という言葉と同時にボコッと殴ってきて、指輪で俺の頬が切れた。

「てめぇ、ふざけんな、この野郎！」

やり返そうと思ったら、女房が部屋に飛び込んできて、

「やめなさい！　あんたたちは、喧嘩するんだったら帰りなさい！」

と割って入ったから収まったが、女房が来なかったら、俺はイスを振り上げてぶん投げていたかもしれないし、修復できない関係になってしまっていたかもしれない。

その時、本来は間に入るべき健介は、

「チャコちゃん、今、天龍さんとみのるが喧嘩してるんだよ」

と電話で北斗に報告していた。これが一番駄目だろう。

それはさておき、店を追い出されたみのるは頭にきて、マネジャーが運転してきたパンクラスの車の窓ガラスを蹴飛ばしてガチャーンと割ってしまい、弁償させられたらしい。サムライＴＶにもしばらくは呼ばれなかったようだ。

相当酔っ払っていたようで、記憶がなかったというみのるは翌日、菓子折りを持って店に謝りに来た。女房は大笑いしていた。

〇四年のラストマッチは、そんな鈴木みのるとのタッグだった。一二月一二日、名古屋・愛知県体育館で中西&ライガーに勝った。それは新日本で外敵軍団としてのラストマッチでもあった。

みのるのパートナーだから、普通の格好で出て行っても面白くないと思って、みのると同じように頭からタオルを被って入場した。

お客が喜ぶと思っただけのことだが、みのるは、

「こんなことしやがって……クサいな、このオヤジは！」
と思ったらしい。

ノアへの参戦

二〇〇五年、俺に新たな展開が生まれた。新日本プロレスと一区切りをつけ、プロレスリング・ノアに上がることになったのだ。

渉外部長の仲田龍を通して三沢から参戦の打診があったのは前年〇四年の秋だった。

二〇〇〇年に望郷の念、そして「俺がいなかった空白の一〇年間を体感したい！」と思って全日本に上がったが、残念ながら心の空洞を埋めることはできなかった。

その埋められなかったものを求めて、俺はノアに上がったんだと思う。

第六章でも書いたように、三沢とはSWS旗揚げ後の九一年一月に共通の友人の新年会で会っていたし、冬木の引退試合の時にノアの社長室でも会っている。

実はそれ以外にも接点があって、馬場さんが亡くなった直後の九九年二月四日、池上本門寺の『節分追儺式』で一緒になった。

この時には川田、田上、小橋、小川、秋山準もいて、時期が時期だけに親しく喋るとマスコミに何かを書き立てられかねないから公の場では距離を置いていたが、控室では三沢がお付きの全日本の社員に、
「天龍さんに何か飲み物を……」

と気を遣い、先輩として立ててくれたのが嬉しかった。

当時、フリーだった俺は、

「機会があったら、トップのそっちが全日本に上がれるように働きかけてよ」

と言ったような気がする。結局、三沢がいた時の全日本には上がれなかったが、彼はノアという自分の団体を旗揚げしたことで、俺の我がままを聞いてくれたのかもしれない。

本門寺の豆まきから何カ月かして、元一世風靡で俳優の武野功雄さんの結婚式でも三沢と会っている。三沢、小橋、小川と同じテーブルになったのだ。

久々だったから嬉しくなり、宴会場のお酒を俺たちが全部飲んでしまった。三沢と小川が目配せして俺を酔っ払わせようと小橋にガンガン酒を注がせていたが、俺だって負けられない。結局、全員が酔っ払って、新郎の父の挨拶の時に、俺は、

「まあ、お父さん、一杯どうぞ！」

と酒を注いで頭をシェイクするなど無茶苦茶だった。

これだからレスラーだけは結婚式に呼んではいけない。

違うテーブルの柳葉敏郎や哀川翔らの一世風靡のメンバーが怒り、ダチョウ倶楽部が「まあ、まあ……」と間に入っていたらしいが、そんなことはお構いなしだ。

最後は記憶がなくて、気が付いたら家で寝ていた。小川がタクシーに押し込んだらしい。

あとで聞いたら、小橋は酔っ払ってあの頑丈な帝国ホテルのトイレのドアをぶっ壊し、三沢は酔っ払ったまま二次会に行って、オードブルの大皿に吐いてしまったという。

新郎新婦の関係者には大迷惑だっただろうが、俺にとっては本当に楽しい一日だった。

そんなこともあったから、二〇〇〇年六月の全日本分裂騒動には胸を痛めた。

結局、俺は全日本を選択して三沢とは別の道に行ったが、それから五年を経て、ノアに上がることになったのには感慨深いものがあった。

もちろん、馬場元子さんには事前に「こういうことになりました」と報告した。

〇五年一月八日の日本武道館。俺は越中と組んで三沢、力皇猛と対峙した。

「いつもと同じで他団体のトップと戦うという感情しかない。未来に触る俺と、過去に触る三沢の生き様の違いを見せてやるよ」

とコメントしていたが、実際には〝懐かしい全日本の空気に触れられる〟という感傷の方が先に立っていた。だが、三沢は見事にそれを吹っ切ってくれた。

「天龍さん、俺は昔のタイガーマスクじゃないよ、ノアという一国一城のトップの三沢光晴だよ！」

という攻撃を仕掛けてきた。三沢の九〇年代の代名詞のエルボーは強烈だった。

綺麗な技も使えるし、俺と渡り合えるハードな技も持っていて、臨機応変に戦える彼は、俺の知っている〝華麗な三沢〟から〝骨太な三沢〟になっていた。

ノアに上がる一方で、二月五日には日本武道館で開催された馬場さんの七回忌追善興行で渕と組んで川田＆ケアと戦った。

「馬場さんの七回忌までは現役で頑張って」

という元子さんとの約束をちゃんと果たすことができた。

帰る故郷はもうない

ノアには今の社長の田上、小橋、小川といった昔の全日本にいた選手がいた。

大阪だったと思うが、試合後にひとりで食事をしていたら、たまたまその店に小川がリチャード・スリンガーと入ってきて。

「天龍さん、今日は僕が払いますよ！」

と奢ってくれた。かつての付け人に奢られるというのも感慨深いものがあった。

だが、やはりノアもまた〝昔の全日本〟ではなかった。

控室とかいろんな雰囲気を見ても「やっぱり全日本プロレスとは違う団体だな」と感じた。旗揚げして何年か経ち、すっかり三沢光晴のノアという新しい団体になっていた。

俺は〝昔の天龍源一郎〟としてノアに行ったが、昔の俺を知る小橋などは、

「成長した自分、大きくなった自分を見せたい」

という意識を強烈に持っていた。

「俺は全日本からノアと一筋で来たんだよ、天龍さん！」

口に出しては言わないが、随所にそういうところが見えたし、俺は俺で、

「フリーで、一本独鈷《どっこ》でやってきたんだよ！」

という妙なプライドがあった。その微妙な、アンバランスの中のバランスが観ている人にとっては面白かったとは思うが、俺の中では三年間上がった全日本も、ノアも、どっちもどっちで居心地

のいい場所ではなかった。

確かにみんなは〝三沢さんの先輩の天龍〟という敬意は払ってくれた。でも、それ以上でも、それ以下でもなかった。

俺のプロレスは、誰よりも技が多いわけでもないし、誰よりも切れるわけでもなし、遮二無二、一本独鈷で進んでいくだけだから、ノアの若いレスラーに、

（不器用にガンガン来るだけで、何も学ぶところはないじゃない）

と思われてもしょうがない。

三沢、小橋、田上、秋山、小川だけでなく若いKENTA、潮﨑豪とも戦った。三沢が止むに止まれず若い奴を当てたというのが正直なところだろう。

KENTAとは後楽園ホールでシングルマッチもやったが（一〇月八日）、ちっちゃいあんちゃんだったというぐらいであまり印象にない。

潮﨑とは札幌でシングルマッチをやっている（一一月二七日）。ノアの次のエースになれる若手という評判を聞いていたが、

（こんなあんちゃんに負けてたまるか）

そう思って行っただけだから、あいつにとっては何も勉強にならなかったと思う。

まあ、三沢イズムが浸透しているKENTAとか、潮﨑が育ってきたことで、

「全日本から分かれた団体だけど、馬場イズムの全日本プロレスの流れじゃないいな」

ということを感じたのは確かだ。

重かった三沢とのシングル

ノアに上がっている時に三沢と会ったのは本当に数回しかない。そして、ノアに出るようになって、昔の仲間としての三沢光晴への郷愁はなくなった。

〝ノアの三沢〟ということで、俺の方が構えた部分があった。みんなに立てられて、社長としてやっているわけだから、アンタッチャブルなところだなという感覚があったのだ。

六月だったと思うが、札幌で試合が会った時に久々に飲んで、昔のように三沢の頭を両手で摑んでシェイクして、酔っ払わせたが、

(いつまでもこれじゃあ、いけないいな)

と考えさせられた。その酒の席でみんなが三沢に社長として気を遣っているのが見えたからだ。三沢がノアでジャイアント馬場になっているのを感じた。

俺にしてみれば「おい、三沢!」と言うのも、先輩風を吹かせているみたいで嫌だから、段々と疎遠になっていった。

三沢とは一一月五日に日本武道館で一騎打ちをやった。

レボリューションを始める直前、八七年六月一日の金沢で唯一の一騎打ちをしてから、一八年五カ月もの時間が流れていた。

俺もそうだが、三沢も動きが重かった。

重かったのか、三沢が貫録を示そうと思ったのかはわからない。しかし昔の三沢ではなかったの

は確かだ。

俺はWARスペシャルや浴びせ蹴りなど、かつての全日本時代には使っていなかった技を繰り出した。三沢もまた、俺が全日本を去った後に使い始めたフェースロックやエルボーで対抗してきた。パワーボムは勢いが付き過ぎてバランスが崩れ、53歳は三沢の足を踏んづけたまま持ち上げようとしたから、これも綺麗に決まらなかった。

三沢の技も切れが今一つで、打っても響いてこない。

やはり一八年五カ月という歳月は長過ぎた。お互いに歳を取り過ぎた時に、意気地になってしまったというような試合だった。

俺の中では金沢で一騎打ちをやった〝タイガーマスクの三沢〟と〝元気な時の天龍源一郎〟のイメージがあったから、

「あの時に比べたら、お互いに貫録つけた試合だったね」

と三沢に言いたくなるような展開だった。

最後はランニング・エルボーを食って脳震盪を起こしてしまった。足にきてしまい、踏ん張れなかった俺の負けだった。

「天龍さんにはいつまでも元気で頑張ってほしいですね」

試合後の三沢のコメントは、彼なりの俺への労いに聞こえた。だから俺は、それに対してこう返してやった。

「やかましい！　お前がもっと頑張れよ！」

2005年11月5日、ノアのマットで三沢とのシングルマッチが実現。

こうして俺のノアへのレギュラー参戦は二〇〇五年の一年で終わった。

全日本で得られなかった郷愁を求めてノアに一年上がったが、ノアもやっぱり三沢の団体で、俺が想像していたものとは違った。

「ああ、やっぱりもう天龍源一郎には帰る故郷はないんだな」

逆に寂しさが募ったのが正直なところだ。

ノアのレギュラー参戦が終わった後、三沢に会ったのは二〇〇九年六月一八日、彼のお通夜の時だった。

試合中の事故で亡くなったと知らされた時、語弊があるかもしれないが、「ああ、三沢光晴らしいな」と思った。

ノアに上がっている時には俺も距離を取ったし、三沢もよそよそしく気を遣ってくれていたから、遠くで見守っていた方がよかったのかもと思ったが、亡くなった時には、

「ずっとプロレスに命を懸けてきてくれて、ご苦労さん」

と、友達としてお別れが言えた。彼は後輩というよりも、心を許せる飲み友達だった。いつか、俺にもお迎えがきたら、また三沢とゆっくり話ができると思う。

八勝七敗で終われたWAR

二〇〇六年上半期の俺の主戦場はドラゴンゲートになった。前述のように岡村社長の要請で前年〇五年一〇月に顧問に就任したが、いい待遇を受けて偉そうにしているだけでは申し訳ないという

気持ちもあって、試合にも出させてもらったのだ。

マグナムTOKYO、ストーカー市川らと一騎打ちもやったし、博多（六月一一日）ではレボリューション・スペシャルマッチとして俺と元WARの営業マンのドン・フジイが組んでマグナムTOKYO、後年のWARでIJ王者としてジュニアのトップだった望月成晃のコンビと対戦した。七月二日の神戸ワールド記念ホールにおけるビッグマッチでは俺とマグナムのコンビと鈴木みのる&望月が激突した。

ドラゴンゲートの中では明らかに異質だったが、時代の最先端を行くドラゴンゲートのファンは昭和の俺を知らないから、逆に俺の試合はブランニュー（新鮮）に映ったはずだ。

対戦した若い選手たちも過去のことを知らないから、俺に触れるのは新しいことに思えたに違いない。

どこのリングに上がっても、そのリングに同化しないで自分を出すから、それがキャラクターになる。

（ドラゴンゲートの弾けたプロレスの中で、俺が直線的なプロレスをやることによって、彼らの技術を木っ端微塵に砕いてやる）

そんな気持ちで俺は若い選手たちと相対していた。

キャラクターを発揮して、その日、たくさんある試合の中で必ずインパクトを残すというのは、テリー・ファンクから学んだことだ。

七月二七日にはドラゴンゲートのマグナムたちの、

「協力しますから、けじめをつけましょうよ」

という助言もあって、後楽園ホールで『WARファイナル』を開催した。

二〇〇〇年七月一三日に八周年興行をやって以来、活動を中止していたが、常に心の中には「いつか、ちゃんとけじめをつけなきゃいけない」という気持ちがあった。

「WARがやったことは一〇年、一五年早かったですね」

と、よくマスコミの人に言われたが、本当に先を行き過ぎたからWARは駄目だったのか、もしくは、何でお客にそっぽを向かれたのかを振り返る時だとも思った。

WARはやはり俺にとって特別なものだった。いろいろなことをやって……相撲時代の生き様も、馬場さんの下でやっていた頃の生き様も、アメリカにいた天龍源一郎の生き様も見せることができた。すべてをさらけ出せる場所だった。

WARの最終興行では〝昔のWAR〟にこだわった。ファンの人たちには昔のヒット曲を聴きながら「あの頃はこうだった……」と懐古するのと同じ感覚で観てもらえればという気持ちだった。

新日本で頑張っているWAR時代最後の付け人の石井智宏、途中で辞めていった維新力、ジュニアの常連だった超電戦士バトレンジャーと愚乱・浪花が参加し、海外からはドス・カラス、ダミアンが花を添えてくれた。

石井とほぼ同期で、引退して地元・水戸の建設会社で働いていた元相撲取り（中村部屋の秀桜）の菊地淳もセコンドとして駆けつけてくれた。

九六年一〇月に冬木に付いてWARを去って行った邪道&外道は、冬木軍の紫のロングガウンに身を包み、冬木のテーマカラーの黄色のコスチュームを新調して、当時のテーマ曲で参戦した。それによって冬木もこの大会に参加できたと思う。

俺は二試合に出場した。まずWAR名物のミックスド・タッグマッチを復活させ、風間ルミと組んでマグナムTOKYO&イーグル沢井と対戦した。風間はすでに引退していたが、一夜限りの復帰をしてくれて〝女気〟を見せてくれた。

そしてメインはWAR vs平成維震軍の最終決着戦。俺、北原、折原、フジイと越中、小原、青柳、齋藤の8人タッグマッチだ。

WARは平成維震軍（当時は反選手会同盟）との抗争から始まった。旗揚げしたばかりの俺たちも、軍団を結成したばかりの越中たちも、お互いに「負けられない！」と感情を剝き出しにして戦った。双方を支持する観客も熱かった。みんなが血気盛んだった。

あれがWARの原点となった。だから最後もこれしかないと思ったのだ。

平成維震軍は解散して七年以上も経っていたが、越中のもとによく集まったと思う。セコンドとして引退した小林邦昭も駆けつけた。彼らの結束力を改めて思い知らされた。

試合は八人が入り乱れてメチャメチャになったが、最後は53歳で青柳を仕留め、何とか勝利することができた。

『WARファイナル』は超満員札止めになった。その多くのお客さんを見て、俺は、

「俺ももう、何年やれるかわからないけど、今日来てくれたファンのために頑張ります。そして……今度は僕の方から皆さんの頑張る姿を見ていきたいと思います」

「今度は僕の方から皆さんの頑張る姿を見ていきたい」満員のファンにメッセージをおくった。

「53歳」で青柳を仕留め、WARファイナルを勝利で飾った。

と、試合後に挨拶した。その場で咄嗟に出た言葉だった。

節目に駆けつけてくれたファンがいて、それを目の当たりにした俺がいたから、そういう言葉になったのだろう。

まさか最後の興行でこんなに超満員になるとは思っていなかったから
（こんなに集まって励ましてくれたあなたたちの生き様を、今度は俺が見ていくから、しっかり生き抜いてくれよ！）

というメッセージになったんだと思う。

八勝七敗で相撲からプロレスに転向したのと同じようにＷＡＲも八勝七敗の勝ち越しで終われたという実感があった。

八勝七敗は、ひとつしか勝ち越してないことになる。

「七つも負けてんのかよ！」

そう言われるかもしれないが、一五日間しかない相撲の本場所の中で八つ勝つのがどれだけ大変なことか。七つ負けられるが、八つ勝たなきゃいけないのというのは微妙なバランスなのだ。

『ＷＡＲファイナル』は、これからいろんなことがあったとしてもプロレス人生を八勝七敗の勝ち越しで終われるという自信を俺に与えてくれた。

賛否両論だったハッスル参戦

『ＷＡＲファイナル』後、俺の主戦場はハッスルになる。ハッスルは〝ファイテング・オペラ〟というキャッチコピーを打ち出し、従来のプロレスとは一線を画すエンターテインメント色が強い団体だった。

　ハッスルに初めて参戦したのは、三沢と一騎打ちをやる二日前の〇五年一一月三日、横浜アリーナだった。お笑い芸人のＨＧがデビューし、狂言師の和泉元彌が鈴木健想と試合をしてワイドショーでも話題になった『ハッスルマニア２００５』だ。

　俺は安田忠夫と組んで田中将斗＆金村キンタローに勝ち、ハッスル・スーパータッグ王者になるという普通の試合だったが、このハッスル参戦は俺を支持してくれていた人たちにも賛否両論があった。

　それまでもオファーを受けていたが、俺は首を縦に振ることはなかった。

　ハッスルを観に行った人が、帰りに『鮨處　しま田』に来て、

「とんでもない興行だよ！」

　と言っているのを聞いていたから躊躇はあった。

　だが、ある時、テレビで大阪での川田とインリンの試合（〇五年七月一五日）を観て、

「ああ、凄いな、ここまで何かをやろうとしてるんだな」

　と、吹っ切れた俺がいた。

　プロレス界が天龍源一郎を持て余して、声がかからなくなり、「さて、どうしたものかな……」

　という時だったから、

「これだったら、まだ天龍源一郎の見せられる部分があるんじゃないかな」

と感じたのだ。ハッキリ言えば生き抜いていくための手法だった。

「勝手知ったるプロレスで糧を得るとしたらハッスルというところにでも行って、飯を食うしかないのかな」

と思って割り切って行ったのも確かだ。

「それが嫌だったら、身を引けるのか、天龍？」

と自問自答したら、まだプロレス界に未練があったし、プロレスラーを続けていけば、もしかしたら声がかかって、もう一回、天龍源一郎がスポットライトを浴びられるかもしれないという淡い期待もあった。

それと並行して髙田延彦や小川直也があれだけ馬鹿やって、一生懸命やっているのを見て、感化されたのも事実だ。そこが拠り所になったから、ハッスルに入って行けたんだと思う。

ドラゴンゲートしかり、ハッスルしかり、プロレスの本流とは違うところにも足を踏み入れたが、そこには、

「どこに行って、何をやったとしても天龍源一郎は天龍源一郎だよ！」

というのを、応援してくれるファンに見てほしいという気持ちがあった。だが、やはり色眼鏡で見る人も多かったから、説明するのも煩わしかった。

例えばロックしか歌わない歌手がバラードを歌っても上手なのと一緒で、どんなプロレスにも対応できる天龍源一郎がいることをみんな見せたかったのだが、理解してもらえなかったというのが正直なところだ。

今のファンだったら何でも受け入れてくれるかもしれない。でも、当時のファンはこだわりが強かったから、髙田延彦もいろいろ悩みながら生き抜いていたんだろう。

HG、RGへの思い

ハッスルに参戦してしばらくは坂田亘や佐藤耕平相手にゴツゴツした試合とか、お客さん扱いのマッチメークばかりだったから「この天龍源一郎をどう裁いてくれるんだよ？」という気持ちもあったが、〇六年の夏から〝モンスター大将〟として髙田総統に次ぐ立場になり、ファイティング・オペラの世界に足を踏み入れることになった。

二〇〇七年に入ると、大阪（四月二一日）でモンスターKの川田と組んでHG&RGのお笑い芸人コンビとも試合をしたし、後楽園（六月一四日）ではRGと一騎打ちもやった。

HGとRGについては、初めは片手間にプロレスをやっているのかなと思ったが、彼らは彼らのできる範囲の中で目いっぱいやっていた。他に本業がある中でプロレスに馴染もうとして本当にもがいていた。

それを目の当たりにした時に、

（俺も適当にやるんじゃなくて、出来る限りのことをやっていくのが礼儀だな）

と思わせてくれた。

浜松に行った時に、営業の人間があまりチケットが売れていないと言うからHGとRGに、

「新幹線の浜松駅に行って『今日はここでハッスルやります』って宣伝してこいよ！」

2005年からハッスルに参戦。
「モンスター大将」としてファイティング・オペラの世界に足を踏み入れていった。

と言ったら、本当に駅まで行って呼び込みをやり、格好がついた。彼らはそれくらい一生懸命やっていた。

RGと一騎打ちをやった時には、あいつの何かが変に当たって顔を切ったから、

（芸人のお前が俺に付き合ってるんじゃなくて、プロレスラーの俺がお前に付き合ってるんだよ、この野郎！）

と、グーパンチをガツンと入れたら鼻血を出してしまったことを覚えている。

だからレスラーとして認めているわけではなかった。

でも、彼らの一生懸命やる気持ちには、俺たちも乗っかった。

そして高田しかり、小川直也しかり、みんなが自分を殺して違うキャラクターに一生懸命、真っ向から取り組む姿勢には共感が持てた。

いろいろ批判もされたが、当時のハッスルの関係者には、「俺たちはハッスルと違って、真剣にやっているんだよ！」と胡坐をかいて、赤字を食わない後楽園ホールなどで間違いのない興行をやっている従来の団体に対して「あなたたちこそ、もっと頑張ってくださいよ。このプロレス業界を今現在引っ張っているのはハッスルですよ！」という気持ちがあったと思う。

「一括りにされてハッスルと一緒に見られるは嫌だ！」

と言いながら、結局は頑張っているハッスルの観客動員数に胡坐をかいたプロレス業界だったのも事実だと俺は思っている。

ここまで来たか…

　RGとの一騎打ちから三日後の六月一七日、俺はさいたまスーパーアリーナの『ハッスル・エイド２００７』のメインでHGと一騎打ちをやらされた。ファイティング・オペラとしての顛末を知った時に、

（ああ、俺もここまで落ちぶれたか）

と思った一方では、

（ここで俺が負けた方が、お客が喜ぶんだな。ハッスルだったら、それもありだな）

と思って納得した俺もいた。

　そして、負けたままでは面白くないから、

「HGに負けたら、天龍源一郎がHGの格好をする」

というアイデアを俺自身が出した。そこまでやらなければ面白くない、そこまでやらなければハッスルの意味がないと思った、
　針を振り切るなら、そこまで振り切らなければというのが俺の思いだった。

　そこでHGに負けられるのも、負けてインパクトがあるのも、天龍源一郎しかいなかったと思う。ハッスルの上層部が札束で頬を叩いて「ウン」と言わせるとしたら天龍源一郎しかいなかっただろう。

　俺もハッスルに上がった限りは、

（いつか、こういう時がくる）

そう割り切っていたのは事実だ。ただ、実際にそうなった時には、

（ここまで来たか……）

と思ったのも、これもまた事実である。

そこで何が拠り所かと言ったら、何回も書いているように嶋田家……家族だった。

下手をしたら今までのキャリアが全部吹っ飛びかねないことだったから、その後の後楽園ホールにHGの格好で出るところまで結びつけた。

そうすれば、大笑いか、苦笑いかはわからないが、落としどころになると思ったのだ。

「ここまでやるのかよ、もういいよ、わかったよ」

となれば、喜びも悲しみもすべて拭い去れると思った。

今現在、テレビに出させてもらって、

「馬場さん、猪木さんに勝ったんですね！」

と、よく言われるが、振り返れば、

「いや、大仁田やHGに負けているんですよ」

と謝りたいぐらいだ。

しかしプロレスに全然興味がない部外者から見れば、そこがまた面白い天龍源一郎でもあるのかもしれない。

その後、ハッスルは途中でスポンサーが逃げ出したり、事務所移転とか、よくないことがポツポ

ツと出始め、最後は給料が未払いになり、うやむやでわけのわからないところで終わってしまった。最後の興行は、〇九年一〇月一〇日の両国だった。その後の後楽園（一〇月二七日）の興行がキャンセルになり、呆気なく終焉を迎えたのである。

この二〇〇九年の暮れは人生の節目でもあった。

一二月三〇日に『鮨處　しま田』を閉店したのである。経営的なこともそうだし、一三年間も女将として頑張ってくれた女房のまき代の健康面の問題もあった。

ハッスルが消滅し、『鮨處　しま田』を畳み、俺は還暦六〇歳を目前にして、天下の素浪人になった。

「諦められないな！」

「これで負けてたまるか！」

「一家の大黒柱である俺が稼がなくてどうするんだよ！」

そんな気持ちが強かった。

その当時、まだベンチプレスで二〇〇キロ上げられる体だったから、

「もうそろそろかな……」

というのも微塵もなかった。

逆境の中で、このまま流れに押し潰されたと思われるのは嫌だったから、必死に抗っている俺がいた。

第十一章 至境

2009 - 2015

最後の所属団体『天龍プロジェクト』を旗揚げ
（2010年4月19日・新宿FACE）。

終の棲家・天龍プロジェクト旗揚げ

「さて、これからどう生きていこうか」

二〇〇九年暮れに天下の素浪人になり、思案していた俺に活力を与えてくれたのは折原昌夫だった。

全日本プロレス時代の最後の付け人で、その後、ＳＷＳ、ＷＡＲと行動をともにしたが、途中でＷＡＲを飛び出し、紆余曲折の末に自らメビウスという団体を旗揚げして、プロレス界で生き抜いてきた男である。

「自分が全面協力するんで、興行をやりましょう。天龍さんの場所を作りましょうよ」

折原がそう言ってこなければ、俺はどこかの団体から声が掛かるのをじっと待っていたかもしれない。また自分で団体を持つことなど、全然考えていなかったから、

（そういう選択肢もあったのか。どこの団体も、俺みたいなキャラが古い奴は煙たくて呼びたくないんだったら、自分で自分の居場所を作ればいい）

と、まさに目から鱗だった。

俺の再スタートになったのはハッスルが終わってから四カ月後の二〇一〇年二月二二日、新宿ＦＡＣＥ。折原のデビュー二〇周年興行で平井伸和と組んで折原＆川田利明と戦った。

ハッスル時代はパンタロンでリングに上がっていたが、この日はショートタイツになった。かつての仲間たちと目いっぱい戦って、最後は折原を垂直落下式のパワーボムで叩きつけた。

久しぶりにプロレスをやって、頑張れるところまで頑張ろうと改めて思った。

その試合後に『天龍プロジェクト』を立ち上げることを発表した。

天龍プロジェクトを立ち上げたのは、身軽になったというのが大きかった。選手を抱えるわけでもなく、俺ひとりがいて、俺の名前のもとに誰かが集まってくれて、興行を自分で何回か組めればいいなという感じだった。

世間を知ってほしいという思いもあって娘の紋奈を代表にした。

「多分、俺はここで終わっていくんだろう。最後の死に場所としてやろう」

俺の腹は決まった。内輪だけで俺を看取ってもらえばいいという覚悟が生まれた。

結局、何かの糧を得るには体を動かすしかない。自分の体は自分に嘘つかないから、この体で稼ぐものが一番価値がある。自分の体で稼ぐ一万円が一番価値があると俺は思っているのだ。

体を使うプロレスという商売で娘を成人させることができたのは俺自身の誇りだし、全部自分が選んだ道だから、後悔のないように生きようと還暦にして誓った。

旗揚げ一カ月前の三月一八日には、リアルジャパンプロレスのリングに上がって初代タイガーマスク……佐山聡と一騎打ちをやった。それはハッスルでの数年を埋める試合だった。

ハッスルに上がっていて、闘いに飢えていた俺は、勝敗よりも自分の価値を求めて戦っていた。あの試合でまたプロレスを真正面から受け止めていこうという気持ちが芽生えた。

UWFの代名詞だったチキンウイング・フェースロックで負けてしまったが、それですべてが吹っ切れて、清々しい気持ちで天龍プロジェクトの旗揚げに乗り出すことができた。

（俺には俺なりのプロレスがあるんだな）

そう自覚させられた試合でもあった。

天龍プロジェクトの旗揚げ戦は四月一九日、新宿FACEで開催した。

意識したわけではなかったが、ジャンボ鶴田と最後の一騎打ちをやった横浜文化体育館からちょうど二〇年目だった。

「振り返りますと、一九九〇年に全日本プロレスを退団いたしまして、SWS、WAR、フリー、そしてハッスル……いろいろな団体でプロレスをやらせていただきました。今、三回目の成人式を迎えるにあたって、とても幸せです。私の師匠でありましたジャイアント馬場さんが申しました〝明るく楽しく激しいプロレス〟というものを、これからも天龍源一郎のこのリングで継続していきたいと思いますので、皆様のご協力、よろしくお願い申し上げます」

俺はそう挨拶した。終《つい》の棲家になると思って五〇歳で全日本に戻り、その一〇年後に本当に終の棲家として天龍プロジェクトを旗揚げしたのである。

振り返ると、俺は常に全日本プロレスを意識していたと思う。

九〇年代の初め、超世代軍ブームで大盛況となった全日本では、ハワイ旅行に行くのが恒例になっていると聞けば、WARも大仁田&ターザン後藤が参戦した両国（九四年三月二日）が超満員になったから、負けまいとハワイへ社員旅行に行った。いつもプロレスの教科書はジャイアント馬場さんであり、全日本プロレスだったような気がする。

何回も繰り返しになるが、二〇〇〇年に全日本に戻った時、隆盛にできなかったというのが心残

りだったし、この俺の性格だから「この野郎！」という気持ちが芽生えて、六五歳まで現役でやれたのかもしれない

肉体を襲った異変

旗揚げ戦のメインはＤＤＴの高木三四郎と組んで、嵐＆ディック東郷と戦った。

高木はＤＤＴの社長として常に新しいことを考えて、ファンを飽きさせないプロレスを提供していた。レスラーとしては、ある時は人を立て、ある時は自分が目立とうとしてメリハリがあった。東郷は受け身が巧くて、それこそメリハリがあるから、そこに俺と嵐が入れば面白い試合を提供できると思ったのだ。

試合は延髄斬りから投げっ放しパワーボムで東郷を仕留めたが、試合の終盤にちょっとしたアクシデントがあった。

東郷をスパイダー・ジャーマンで投げ、コーナーに宙吊りになったところに嵐のぶちかましを食らって左膝を負傷してしまったのである。

それでも試合中は気にならなかった。試合が終わってからも特に違和感はなかった。知り合いの鮨屋に行って打ち上げをやって酒を飲み、タクシーで普段通りに帰った。

体に異変があったのは、その後だ。

自宅のマンションに到着し、ロビーの階段を上ろうと右足を一歩出した時に、全然踏ん張れずに垣根のところにバタッと倒れてしまったのだ。

旗揚げ戦は勝利を飾ったが、試合後、身体に異変が…。

（ああ、俺、凄く酔ってるな）

と思って、起き上がってエレベーターで家に戻った。

翌朝、トイレに行って腰を下ろそうと思ったら、ストーンと腰が抜けたようになってしまい、立とうと思っても立てない俺がいた。

しばらくすると、歩いている時にビィーンと痺れて、そこから歩けなくなってしまった。一〇歩ぐらい歩くと痺れていた。自分の足ではなくなったような感じになって五〇メートルぐらい歩いたら休み、しばらく座っていると、また神経が戻ったようになって歩けるという感じだった。

だが、休むわけにはいかない。天龍プロジェクトを旗揚げしたばかりだったから、試合をたくさん入れていた。

五月は大日本プロレスの横浜文化体育館で岡林裕二と組んで関本大介&佐々木義人と戦ったし、折原とインディーのど真ん中プロレス、イーグル・プロレス、西口プロレスにも上がった。六月には一九日に新宿FACEの天龍プロジェクト旗揚げ第二戦で北原、百田光雄さんとトリオを結成して髙山&関本&後藤達俊と戦い、その後はリアルジャパンの後楽園で藤波、ウルティモ・ドラゴンとのトリオで長州&関本&ザ・グレート・サスケと6人タッグマッチをやった。

徐々に踏ん張りが利かなくなり、八月一五日の新日本の両国で川田、四代目タイガーマスクと組んで長州、スーパー・ストロング・マシン&AKIRAと戦った時に本当に動かなくなってしまった。

長州にチョップをいこうとした時に膝がガクッと崩れてしまったのである。

（こんなはずじゃない。こんな俺じゃない）

（天龍源一郎がこんなことで潰されてたまるか！）

という気持ちしかなかった。

八月二五日の新宿ＦＡＣＥでの天龍プロジェクト第三弾では体が思うように動かず、お客に見せられるのは関本大介、後藤達俊とブロンド軍団を結成するということで、金色に染めた髪の毛だけだった。

「金髪にしたら運命が変わるかと思ったけど、どうってことなかった。悔しいね。俺の世代はみんなそうだと思うけど、『こんなはずじゃない！』と思いながら過ごしていくんだと思う」

そんなコメントしかできなかった。

それでも俺は体にメスを入れないで治してやろうと思っていた。

（これを付ければ、天龍源一郎を発揮できる！）

と思って、腰にベルトを巻いてリングに上がり、

（明日は起きたらジョギングしてやろう）

と思ってベッドに入るのだが、翌朝、起きると一歩も足が出ない。

それでも、表向きには旗揚げ戦での左膝の負傷が長引いているだけだとして、試合に出場し続けた。俺は振りかかる運命に必死に抗っていた。

今の俺はプロレスラーじゃない

二〇一一年に入り、ＳＭＡＳＨのリングにも上がるようになったが、俺の体は一向に良くならず、

葛藤する日々が続いた。

そして六月に俺の考え方が変わる一大事があった。まき代が乳がんを宣告されたのだ。

「迷惑をかけたな」と、はたと気付かされた。それまでは「俺が稼いできて、みんなを食わせている」という自負しかなかったが、彼女が倒れて、俺はあたふたとしていた。

その時に初めて「嶋田家は、みんなで成り立っている」というのを気付かされたのだ。

まき代が手術しなければならなくなった時に、

(何かあった時に俺が守ってやれることができず、逆に俺の方が守ってもらわないといけない状況だったら洒落にならないな。こんな体では女房も、娘も守ってやれない)

と思った俺は、初めて体にメスを入れることを意識するようになった。

あれだけ大変な手術、その後の放射線治療にも愚痴ひとつ言わず頑張った女房のまき代を見て「よし、俺も手術をしよう」と後押しされたところもあった。

俺も元気になって、家族の大黒柱として君臨したいという気持ちだった。

医者に行ったら、腰部・胸部脊柱管狭窄症だった。MRIを見せられて、胸からずっと腰まで脊柱管の中を通っている神経が圧迫されている状態だった。

しかしすぐに手術に踏み切ったわけではない。一一年は一一月一〇日に後楽園ホールでデビュー三五周年記念試合があったからだ。この日、俺は二試合に出場した。

まずオープニングマッチでグレート小鹿さん、百田光雄さんとのトリオで菊地毅&泉田純佑(現・純太朗)&志賀賢太郎と元全日本プロレス所属による6人タッグ。入場曲は日本テレビのスポーツテーマだ。俺は七七年六月一一日の世田谷区体育館の日本デビュー戦で着た青いガウンでリングに上がった。

そしてメインでは鈴木みのる、諏訪魔とトリオを組み、佐々木健介&小島聡&太陽ケアと戦った。これは全員が三冠ヘビー級王者経験者という三冠プレミアムマッチだ。

当時の俺の体調では一日二試合、しかも二試合目は歴代三冠王者ばかりというのは無謀だったと思うし、当時の俺はリングを這いつくばってマットの掃除をしているような状態だったが、真正面からプロレスと向き合いたかった。

結果は健介とのチョップ合戦に屈する形になったものの、気分は晴れやかだった。

この試合から二週間後の一一月二四日、健介オフィスの名古屋大会の試合後に、俺は手術する踏ん切りをつけた。

この日はマグニチュード岸和田、五代目ブラック・タイガーとトリオを組んで健介&中嶋勝彦&エル・サムライと対戦したが、健介にヘッドロックを取られて、ロープに飛ばしてタックルに行こうとした時に斜めに走っている俺に気付いた。

タックルすら満足にできない。こんな状態だと、思わぬところで自分だけでなく相手にも怪我をさせてしまう。

(今の俺はプロレスラーじゃないな。こんなことで相手に迷惑かけるのは駄目だ)

そう思い知らされたのだ。

一二月五日、俺は自分が脊柱管狭窄症であること、手術をすることを発表した。

デビュー35周年記念試合では、みのる、諏訪魔とトリオを組み、健介&小島&ケアと対戦。

歴代三冠王者が揃う中、奮闘したが、健介にフォールを取られてしまった。

「天龍プロジェクトの旗揚げから膝と腰を騙したままやってきましたが『自分自身が情けない！』『このままでは天龍源一郎ではない！』と言う、もうひとりの天龍源一郎がいました。タッグパートナーやいろんな選手に迷惑をかけている自分が腹立たしく、この結論に至りました。サイボーグ、ターミネーターの天龍源一郎として戻ってきて、生涯現役でいることをここに宣言します」。

生涯現役を宣言したのは、「このまま天龍は病気で退いていくんだな」と思われるのが嫌だったからだ。

もし、若い時にこういう体になっていたら、若い分だけプロレスに対して投げやりになっていたと思う。真正面から向き合わないで拗ねていただろう。それなりのポジションを与えられていたから、それに甘えて、適当にやり過ごしていたかもしれない。

でも、俺は相撲とプロレス……肉体を使って稼ぐことしか知らなかったから、六二歳を目前にしても諦めることはしなかった。だから普通の生活に戻るためではなく、リングに戻るために手術を決意した。

力道山先生の命日の一二月一五日、池上本門寺での法要に参列した俺は、墓前で手術の成功と、リングに戻ってこられることを祈った。

焦燥の日々

二〇一二年。当初は一月にも手術の予定だったが、年齢的なこと、体への負担、手術の規模などを考慮した結果、二月と三月の二度に分けて手術を受けることになった。

二月二三日の一回目の手術は七時間を超え、三月八日の二回の手術も四～五時間かかり、背骨の後ろ側の骨の、神経を圧迫していた箇所をすべて取り除いた。

手術が終わって、先生に「僕はいつプロレスをやれるようになりますか？」と聞いたら「普通に歩けるように治したのに」と呆れられてしまった。

俺は手術をしたら、次の日からでもリングの上で飛んだり跳ねたりできると思っていた。以前のように動ける、サイボーグの天龍源一郎になれると思っていたのだ。

痛みはなくなったものの、一カ月ぐらい病院で寝たきりだったから筋力が衰えてしまった。三月二四日に退院したが、病院に週二回通ってリハビリをおこない、まずは杖を使わずに自分の足で歩けるようになるのが目標になった。

自分が思い描いていたものと、体のギャップに悩んだ。気持ちは折れてないつもりだったが、思うに任せない自分が腹立たしかった。

自主トレに熱が入り過ぎ、手術した傷口が開いて化膿してしまったために、七月二三日に三度目の手術を受ける破目になった。

全身麻酔の予定で手術室に入ったのだが、喉に管がうまく入らずに、

「麻酔ができないので本日はやめて、後日改めますか？」

と聞かれたが、この入院のためにスケジュールを調整して日程を無理して空けていたから、先延ばしにするわけにはいかなかった。

「麻酔なしで手術してください」

腰部・胸部脊柱管狭窄症の手術を受ける。手術は三度にわたり、以後長期欠場に。

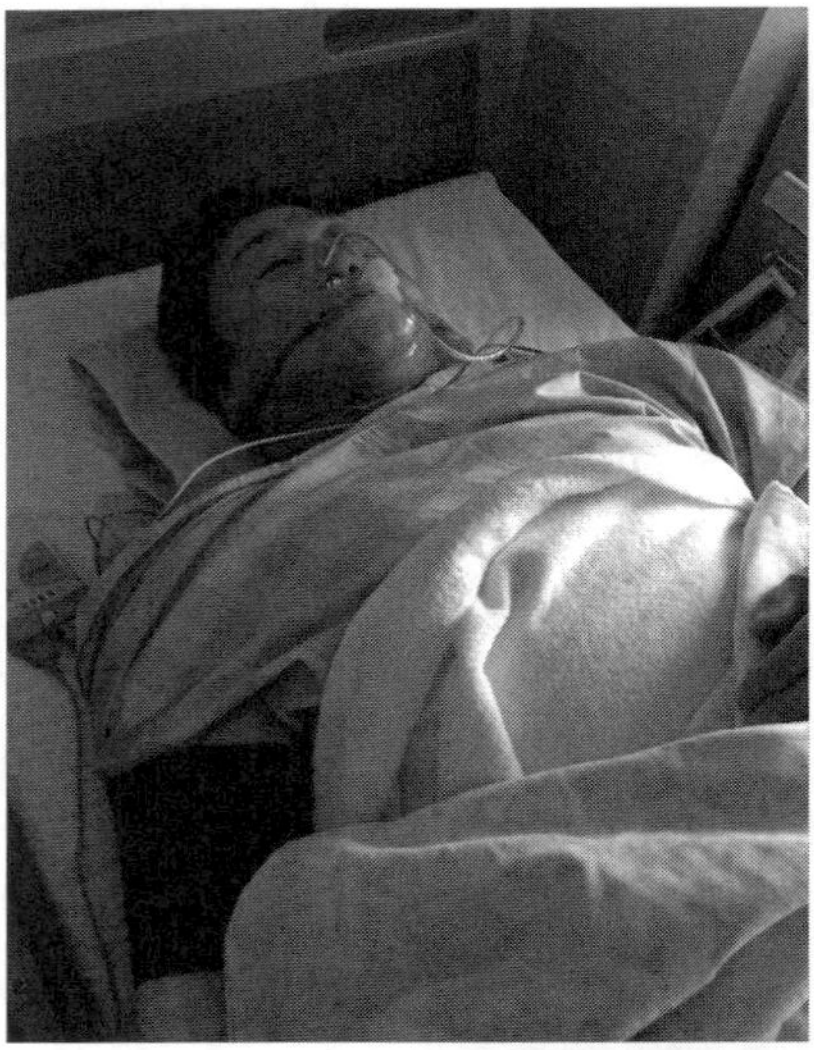

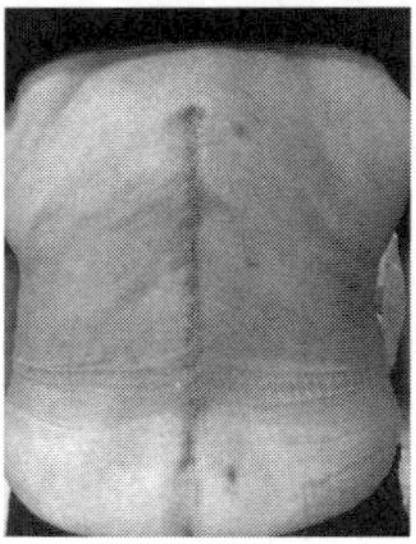

背中に残る手術痕。

手術後、リハビリに励む姿。

そうお願いして決行したものの、さすがにかなり痛かった。

こうして俺の欠場は続いたが、天龍プロジェクトは活動を続けた。無理して興行を打たなくてもいい手術が決まった時、代表の紋奈には「俺がいないんだから、無理して興行を打たなくてもいいよ」と言ったのだが、彼女は俺の代行を立てるという、俺には思いもつかないような発想で興行を続けた。

五月二三日の後楽園ホールは髙山善廣、七月二日の後楽園ホールは佐々木健介、九月二六日の後楽園ホールは鈴木みのるが俺の代行をやってくれて乗り切ったから大したものだ。

俺が何もできない状況にあるのに、紋奈の面白いアイデアで嶋田家に持ち帰ってくるお金があった時に「ああ、娘を代表にしてよかったな」と思った。

さらに天龍プロジェクトに所属していたＴＨＥ ＫＡＢＵＫＩ（舞牙）の他にもカブキさん、百田さん、嵐、折原、冨宅飛駈の五選手、のちに宮本和志、ドラゴンＪＯＫＥＲが、

「大将が帰ってくるまで場所を守ります！」

と、俺が復帰するまでの期間限定で所属選手になってくれたのも頼もしかった。

四〇一日ぶりの復活

俺の復帰は一二月二九日の後楽園ホールに決定した。一九六三年一二月二九日に福井から上京して二所ノ関部屋に入門してからちょうど四九年目が俺のリボーン（再生）の日になった。

主治医には「今度何かあったら車イスですよ」とも言われたが、怖さはなかった。

「あの技をやれるのか」「この技はやれるか」という心配の方が大きかった。

「観に来た人たちに『やっぱり病気だったんだ、天龍は』と思われるのは嫌だな」

という気持ちが一番だったように思う。

復帰戦では俺の代行を務めてくれた高山、みのる、健介とかつて新日本のリングで暴れた外敵軍団を結成しようと思ったが、健介が頸椎椎間板ヘルニアで長期欠場に入ったため、その代わりに当時GHCヘビー級王者だった森嶋猛が入ってくれることになった。

森嶋とは〇五年にノアに上がった時にタッグで戦ったり、組んだりして、何となくジャンボ鶴田の趣を感じて注目していた。

対戦相手は外敵軍団の時によく戦っていた永田裕志&中西学&天山広吉&小島聡の新日本第三世代カルテットだ。

一二月二九日の後楽園ホール。四〇一日ぶりの復帰戦を前に、午後三時には会場入りして相撲からプロレスに転向したばかりの頃と同じようにリング上でカブキさんに受け身のアドバイスを受けていた。

スパーンといういい受け身が取れなくて、怖がっている自分に気付き、「どうしたものですかね」と相談したら、

「正面からの受け身が取れなかったら右半身、あるいは左半身の受け身を取ったらいいじゃない」

と、アドバイスしてくれて、嵐を相手に何度も受け身を取ってカブキさんにチェックしてもらった。六三歳にしてまた受け身から始める。まさしくリボーン……再生だ。

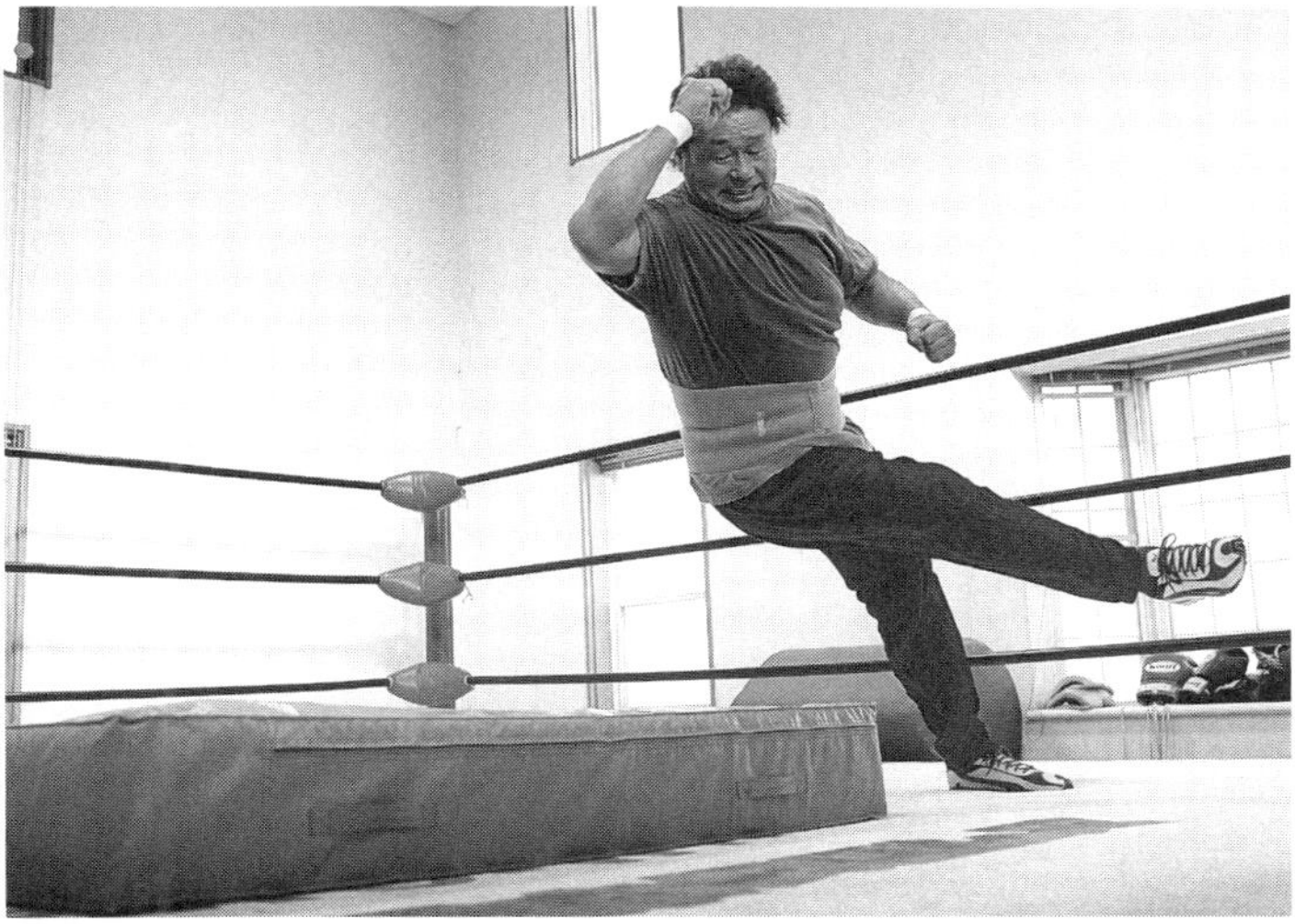

プロレス復帰を目指し、全日本プロレスの道場で練習。

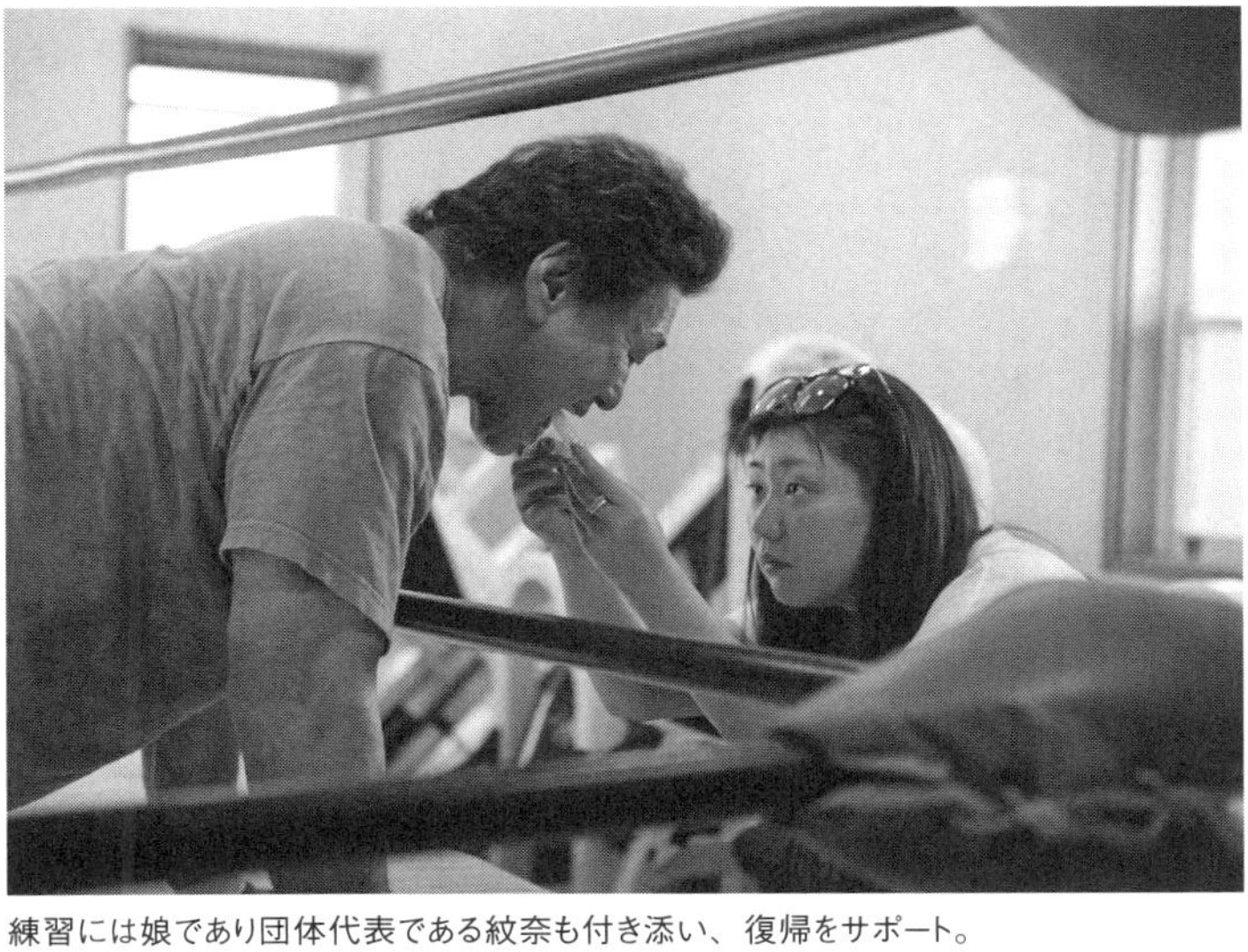

練習には娘であり団体代表である紋奈も付き添い、復帰をサポート。

正直、コンディションは戻っていなかった。しかし今日がなければ、明日も明後日もない、だから、どうしても年内にケジメをつけたかった。

実際に受け身の練習でリングに上がってみたら、やはり自分自身が歯痒かった。メインのリングに上がる他の七人に「何だよ⁉」とは思われたくないし、組む三人に必要以上に気を遣わせているのがわかったら物悲しくなるだろう。

だが、心の中では「やるだけのことはやった」というのがあるから、気負いはなかった。復帰前には全日本プロレスの道場で練習させてもらっていた。あとは、ありのままの天龍源一郎を見せるだけ。小手先のテクニックではなく、真っ向から行く姿を見せるしかない。

それこそ「ドブの中でも前のめりに……」という心境で復帰のリングに向かった。

俺はチョップを打ちまくった。拳を骨折しそうになるほどグーパンチも叩き込んだ。トップロープからは無理だったが、みのると高山に叱咤されてセカンドロープからダイビング・エルボーもやった。結果的には、これが俺にとって現役最後のダイビング・エルボーになった。

相手の四人は手心を加えずにガンガン来てくれたし、味方の三人も過剰に俺をアシストすることなく、それぞれに持ち味を発揮してくれたから、このラインナップでよかったと感じた。

最後、永田に腕固めを極められて動けなくなり、レフェリーストップ負けになってしまったが、自分の足で立つことができた。

試合後、俺はマイクを摑むと「紋奈、上がってこい！」と娘の名前を呼んでいた。

「紋奈、たくさんのお客さんがお前のおかげで集まってくれました。お前、男前だよ！」

そう労わずにはいられなかった。天龍プロジェクトが二〇一二年を乗り切れたのも、俺がリハビリに専念できて、こうしてリングに生還できたのも、紋奈の〝男気〟のおかげだった。

ありのままで行こう

俺の二〇一三年は四月二五日の新宿FACEにおける天龍プロジェクト三周年の百田光雄戦からスタートした。

この試合前、相撲の新弟子だった一三歳以来の丸坊主になった。

二所ノ関部屋に入って五十年、天龍プロジェクトを旗揚げして三周年……初心に帰ろうという思いと「このままではいけない！」という何かが自分の中によぎったのだと思う。

ようやく試合ができるようになったが、もっとスムーズにいくと思っていたのに、遅々として進歩しない自分自身が腹立たしかった。

長年慣れ親しんだリングが違う場所のような感じがする。

簡単な技にも躊躇して入れない自分がいる。脳みそが二の足を踏んで、自分自身にブレーキをかけてしまうのである。

痛みはないのに、昔のように闘志に火をつけられないもどかしさもあった。

手術前は、痺れはあっても闘志が勝っていたから「こんなはずじゃない！」と前に行く気持ちがあった。それが手術後は、体はOKなのに脳みその方が「ちょっと待てよ」とブレーキをかけてしまうようになってしまった。

会場の行き帰りの車の中で紋奈に愚痴ったり、声を荒げたりしていたが、娘が代表で本当によかったと思う。それで少し発散できるところがあったからだ。

しかし紋奈は、これまであまり聞いたことのない父親の愚痴を聞かされ、何か言い返せば「やかましい！」と言われるわけだし、相当ストレスが溜まったと思う。

あの頃の俺は「こんな体になったから……」を理由にするのは嫌だった。プロレスラーを全うして、プロレスで稼いで家族を養っていきたいという気持ちが強かった。

紋奈は紋奈で、月一回の新木場の興行ではあったが、そこで何がしかのものを得て「ちゃんとやっていけてますよ」というのを見せて、天龍源一郎を安心させたいという気持ちが強かったようだ。

延髄斬りをやろうと思ってもできない。ここでロープに走ろうと思っても走れない。

行き帰りの車の中で、ああでもない、こうでもないと紋奈と問答する日々が続いたが、ある時に、

「もう、このままでいいや。このままの天龍源一郎を観てもらって、それでお客が入らなくなったら、それはそれでいいや」

と、ありのままの自分をさらけ出せるようになった。

「やれる限りのことは目いっぱいやるけど、あとはお客さんが判断してくれ」

という心境になったのだ。

それは父・源吾の死が影響したのかもしれない。

復帰後、思うように動けず苦悩したが、「ありのままの天龍源一郎を観てもらおう…」と吹っ切っていった（写真は2013年11月13日・新宿FACE）。

俺の生き様を支えてくれた人達

（ノコノコと田舎に帰れない）

（弱音を吐いてたまるか）

常にそういう気持ちで突っ張って生きてきたのは親父がいたからだ。親父は俺にとってライバルだった。

（あの親父に「おめおめと……」と言われたくない）

という気持ちで目いっぱい見栄を張って生きてきた。それが俺の生き様だった。

上京してから、こんなに帰ったことはないぐらい、病床の親父に会いに足を運んだが、一生懸命生きているのを目の当たりにして、俺も元気づけられた。でも、亡くなった時には「親父はあの世に行ったんだ」とホッとした。

親父がもがき苦しんでいるのを見たくなかったというのが正直な気持ちだ。亡くなった時、親父は八四歳だった。

今思うと、俺のことを叱咤激励してくれる人がいなくなったという思いがある。

親父がいなくなって「こん畜生！」というものがひとつ消えていった気がする。

だから晩年の俺は「これで俺のことを嫌いになるならいいや」と、自然体ですべてのことに接していけるようになった気がする。

無様な格好も見せたし、負けても別に「今の俺はこういう状況なんだな」と、すべて受け入れられるようになったのである。

俺は、馬場さん、ジャンボの目を勝手にずっと意識して生きてきた。

その二人がいなくなった後に意識したのは、いろいろあって辞めてきた相撲界の人たちだったり、親父だったりもした。親父に「ほら、見たことか」と言われたくないから「この野郎！」という気持ちだけでやっていたのだ。

二〇一三年は親父の他にも悲しい別れがあった。

一月一九日に大鵬さんが七二歳で亡くなり、直後の一月二八日付で二所ノ関部屋が閉鎖になってしまった。

二所ノ関部屋は一四年一一月に元若島津の松ヶ根親方が引き継いで再興されたが、俺の格闘技人生の原点が時代の流れに埋没していくようで寂しさを覚えた。

でも、そこでも「ひしゃげてなるか！」という反骨心が出てきた。

悲しいことがあるたびに、

「こんなことで潰されてたまるか！」

という変な反骨心……歪んだ感じの反骨心を持ったような気がする。

そして、復帰したばかりの俺は、寂しさにも悲しさにも構っていられないというのが正直なところだった。自分が生き抜いていくために必死にもがいていた。

引退を決意…紋奈と交わした会話

手術をしても遅々として回復せず、「こんなはずじゃなかったな」というのを感じつつも、現状に満足しなければいけない自分が嫌だった。

体を使う職業の人は誰もが常に絶好調の時の自分しか思い描いていないから、「まだまだできる！」と思ってしまうものなのだ。

自分の中でどう踏ん切りをつけるか……自分の気持ちに折り合いをつけて退くという結論を出すのは実に難しいことだ。俺の場合は、

「相撲で勝ち越して、テンパってプロレスに来たのに、何なんだよ、このザマは!?　お前はそれでいいのか？」

と問いかけてくるもうひとりの俺がいた。それに対して、

「いや、リングに上がって、何がしかの稼ぎがあれば家族は助かるんだから」

と逃げている俺もいた。そこに葛藤があった。それはプロレスラーの誰もが直面することだと思う。最終的には、

（このままずっとプロレスを続けていて、もしもの時に俺が家族をサポートできないようになったらいけないだろう。自分で歩けるうちに……）

と思ったのが正直なところだ。

二〇一四年、俺はまき代と京都に移住した。

まき代は俺と結婚して、全然知らない、知り合いもいない東京に来て、孤軍奮闘してきた。そして乳がんという大病も患った。だから彼女が自分の母親のもとで心置きなく過ごせたらいいなという気持ちがあった。

しかし、まき代の体を次々と病魔が襲った。心不全で緊急入院し、心臓弁膜症、胆嚢全摘出手術……当時の俺は月一回の新木場の試合と取材やテレビの仕事の時だけ東京に出てくるという生活をしていたが、まき代が倒れて入院した直後に試合という時もあった。

医者からは「ストレスが原因」とも言われた。

俺が天龍源一郎であり続けるために。まき代には目に見えないプレッシャーを長年かけていたのだろう。

(何かあった時に、ずっと支えてくれたまき代を支えられなければどうする⁉)

その思いが引退につながっていった。

京都と東京を行ったり来たりする生活をしていた頃、俺をなだめていたのが紋奈だった。

「畜生、こんなの俺じゃないよ！」

とか、俺がこぼすのを常に聞いていて、

「自分でやれるだけのことはやったんだからいいじゃないですか」

「いや、あんなんじゃないよ！」

という感じだった。

自分の父親があでもない、こうでもないと言うのをなだめながら、代表として他の業務もやっ

ている紋奈を見たら、

（違うな、これは。大事な時期の自分の娘に何のためにこんなことをやらせてるんだよ!?）

と思う俺がいた。どこに行くにも一緒で、彼女の時間をすべて俺が奪い取って、俺の気が済むようにさせてしまっていたから、

（こんな生き方は違うな。てめぇで生きろよ！）

と自分を叱責する俺もいた。

いろいろなことを自問自答する日々が続いた。でも「もう腹いっぱいのプロレス人生だ。何も悔いはない！」と思ってからは早かった。

決断してからまき代、紋奈に話をするまで一〇日ぐらいだったと思う。

話をしたのは一二月二日の新木場での一四年最終興行が終わって間もなくのことだ。

代表としていつも一緒にいて、俺の葛藤をずっと身近で見ていた紋奈は、

「後悔しないですか？」

と即座に聞いてきたが、

「俺は本当に自分でもう……」

そう答えると、「わかりました」と言ってくれた。

一四年の最後の試合は一二月二一日の琉球ドラゴンプロレスだった。すでに引退は家族の中で決まっていたから、紋奈と「沖縄に来るのも最後だね」と話していたことを覚えている。

その後、引退ロードが始まってから、グルクンマスクが「もう一度来てください！」と、四月

二六日の琉球ドラゴンプロレス二周年大会に呼んでくれた時には嬉しかった。

二〇一五年の初試合は一月三一日の後楽園での馬場さんの十七回忌追善興行。まだ引退発表前だったが、馬場さんに恩返しできる場は、もうここしかなかったから、紋奈が元子さん、社長の秋山、諏訪魔に連絡をして、こちらからお願いして出場を快諾してもらったものだ。

「馬場さん、辞めることになりました。全日本に上がるのはこれが最後です」

リングに上がる前、俺は心の中で手を合わせていた。

六五歳の誕生日の前日の二月一日、紋奈が秋葉原の中華レストランでバースデー・パーティーを開いてくれた。この席で紋奈は俺が一一月に引退することを告げ、俺も、

「一一月からは嶋田源一郎として家族を守っていきたいと思います」

そう挨拶した。親しい人たちには記者会見をやって公式に発表する前にきちんと報告しておきたかった。

今度は俺が女房を支えていきたい

二月九日、後楽園ホール展示場における引退発表記者会見には一〇〇人以上の報道陣が集まってくれた。

もう六五歳になったプロレスラーが辞めるんだから「ああ、そう」と聞き流せばいいところを、あんなにも多くの記者の人たち、カメラマンの人たちがいたから、

「えっ、何でこんなにたくさんの人がいるの⁉　どうしたの⁉」

引退を決意し、後楽園ホール展示場で記者会見を開いた。

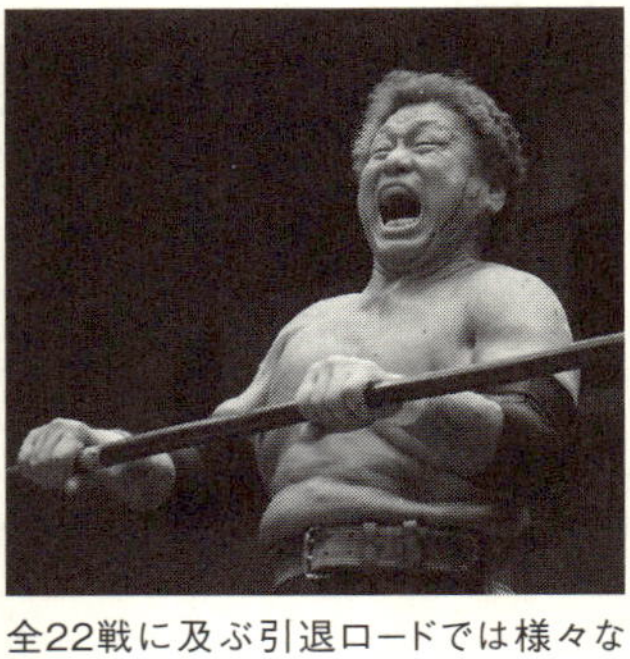
全22戦に及ぶ引退ロードでは様々な相手と全力で戦った。

とビックリしたというか、他人事のように感じたのが正直なところだ。

「私、天龍源一郎は本年度の一一月をもって現役を退き、プロレスラーを廃業することを決意いたしました。プロレスラーに転向後、初めてアメリカのリングに上がった一一月までという猶予がありますが、これまで応援してくださったファンの皆様には、本当に心からの感謝の気持ちでいっぱいであります。ありがとうございました」

と挨拶した時には「辞める期限を切った」という気持ちの一方で、まだ九カ月もあるから「まだまだ遠い先だな」という漠然とした思いもあった。

引退を決意した理由を喋るのは難しかった。本当は女房の病気のことは喋るつもりはなかったが、やはり本音を言わなければ、上手く説明できなかった。

「僕がプロレスラーをずっとやってこられたのは、天龍源一郎がプロレスレスラー一本でやっていけるように支えてくれていた家族のおかげ。そこで一番支えてくれた家内が昨年病気になりまして、そのことと相まって、今、プロレスの人気が盛り返してきたので『じゃあ、今度は俺が支えていく番なんじゃないか』という思いもあります」

そう喋ったことがワイドショーで大きくクローズアップされてしまったわけだ。まき代には「そんなこと言っちゃったの⁉」と怒られてしまった。

たくさんの報道陣の向こうには多くのファンがいると思ったから、会見後には床に胡坐をかいて「振り返れば、腹いっぱいの楽しいプロレス人生でした。お世話になりました」と頭を下げた。それは本当に素直な気持ちだった。

テキサス州へレフォードでデビューした一一月まで引退ロードをやることについては「天龍は昔、大仁田が一年かけて引退ツアーをやった時に批判したくせに」という声があったのも知っている。実際、俺は批判したのだから言い訳はしない。

正直、引退を決意した時には新木場でもどこでも、けじめさえつけられれば、近々で押さえることができる会場でいいと思ったが、家族での話し合いの中で、器用でない天龍源一郎をずっと応援してくれた人たちに、現状の天龍源一郎を観てもらって「時代は流れているんだな」と思ってもらうのもいいし、何かを感じてもらえればということで、いろいろな団体に出て、あちこちを旅しようということになった。

目いっぱい付き合ったから後悔はない

引退ロードは二月二一日の道頓堀プロレスの大阪大会からスタートした。

手術後は傷痕が裂けたり、化膿したりしないようにTシャツを着て試合をしていたが、この日から上半身裸でファイトすることに決めた。六五歳になった俺の体はファンにはどう見えるのか？　そのまま感じてもらえたらいいという気持ちだった。そしてＷＡＲ旗揚げ戦のガウンでリングに向かった。

この引退ロードでは、その他にも大阪城ホールで長州力と初めてシングルマッチをやった時など、全日本時代にビッグマッチでよく着ていたガウン、今は亡きデサントの大谷典久さんに作ってもらった全日本時代の〝ＲＥＮＡＩＳＳＡＮＣＥ　ＲＥＢＯＲＮ　ＦＯＲ　ＴＨＥ　ＦＵＴＵＲＥ〟や、

WAR時代の〝LIVE　FOR　TODAY〟のメッセージが入ったレボリューション・ジャケットを着てリングに上がった。

三月二三日のフリーダムズ後楽園では、三九年のキャリアにして、葛西純に初めて蛍光灯を食らわされたが、これまで数々の修羅場を潜ってきたから、そんなことでへこたれる俺ではない。いい冥土の土産ができたというやつだ。

引退ロードを邁進していた四月二八日、阿修羅・原が亡くなったという知らせを受けた。

（みんないつかは、あの世に行くんだな……）

それが阿修羅の死を知らされた時の俺の偽らざる気持ちだった。

阿修羅は引退して故郷に戻ってから見事にプロレスを断ち切っていた。

冬木に頼まれて〇一年五月五日の川崎球場での俺と冬木の一騎打ちのレフェリーをやるために上京したぐらいで、あとはプロレス業界の周辺に関わることはなかった。

俺自身、阿修羅に会ったのは、あの時が最後だった。

丸一四年会っていなかったが、ラグビーがこれだけ騒がれている今、阿修羅に元気でいてほしかった。もっといい人生を送れたんじゃないかという思いがある。「あの世に早く行き過ぎたよ！」という気持ちだ。

昔、地道なスポーツながらも一生懸命練習に励んで、その当時に日本人として唯ひとり世界選抜メンバーになった原進という人がいたということを、今もてはやされているラグビー選手、ファンの人たちに知ってほしいと思う。

でも、生前に腹いっぱいの付き合いをしたという自負があるから、阿修羅が亡くなったことに対して俺自身に後悔の念はない。それは馬場さんに対してもそうだし、ジャンボに対してもそうだ。腹いっぱいの付き合いをしたということは綺麗事で済むわけはないから、いいことも、悪いことも、いろいろなことがあった。

阿修羅が亡くなった時にノーコメントを貫いたのは、いろいろなことがあり過ぎて、どんなに言葉を尽くしても、俺の阿修羅に対する気持ちは伝わらないと思ったからだ。

ただ、これだけは言える。腹いっぱいの、精いっぱいの付き合いをしたというのが俺の心の拠り所になっている。

最後のツアー

「小細工しないで、ありのままを観てもらって、応援しようがしまいが、そのまま感じてもらえばいい」

俺はそういう気持ちで引退ロードを戦い抜いた。

期限を切った以上、今さら格好つけた天龍源一郎を見せるよりも、俺は手術した背中の傷痕も、ありのままの肉体もさらけ出すことにしてTシャツを脱いだし、どんな無様な形であれ、今の天龍源一郎を見てもらいたいから、使わなくなっていた河津落としや延髄斬りにもチャンスがあればトライした。

ニコニコプロレスチャンネルでの中継では、ああでもないこうでもないという誹謗中傷のような

視聴者のコメントもあったが、

「俺がこういう風に体を壊して、衰えて、退かざるを得なくなったのは、ずっと頑張ってきた証だよ」

という誇りを持っているから、それはそれで「こういう考えの人もいるだな」と思う程度だった。別にやけっぱちになっているわけではなく「あとは好きに論評してくれよ」と自然体でいることができた。

五月三〇日の天龍プロジェクトの大阪ラスト興行ではテリー・ファンクと組む予定だったが、肺炎のために来日できなくなり、代わりにドリー・ファンク・ジュニアがパートナーになってくれた。三九年前にプロレスのイロハを教わったドリーに「天龍はグレート・レスラーだよ」と言われたのは、素直に嬉しかった。

七月二五日には曙のプロレス・デビュー一〇周年の試合に呼ばれて、もう一度、全日本のリングに立つことができた。

その二日後の七月二七日の新木場では藤原喜明と6人タッグで久々に戦った。

彼が胃がんを克服してカムバックした時に、切った腹を隠しもしないでリングに上がっていて、「昭和のレスラーは凄いな!」と思い知らされたことを覚えている。

引退が決まってから「小細工しないでやろう!」と思ったのは、藤原さんの影響もあったかもしれない。藤原さんが「あんたがいなくなると寂しいよ」と涙を見せてくれたことも忘れられない。

八月二三日のＤＤＴの両国で赤井沙希と同じコーナーに立ち、里村明衣子が反対側のコーナーにいた。九月一三日のＺＥＲＯ１の佐渡島の興行でも里村と当たったから、引退ロードでも俺は昔のようにミックスドマッチをやったわけだ。

九月二日の天龍プロジェクトの最後の後楽園ホール大会では、〇四年に外敵軍団として新日本に上がっていた時代にやたらと突っ掛かってきた柴田勝頼と組み、引退前の俺に対戦を執拗に迫っていた鈴木みのると対戦した。

九月二一日にはＷ―１に初めて参戦したが、これが俺にとってはラスト後楽園になった。６人タッグで久々にグレート・ムタと向き合い、ムタの毒霧を口に含んで噴き返して、「どうだ！」と自己満足できた試合だった。俺の中では引退ロードのベストバウトだ。

腹いっぱいのプロレス人生

一〇月五日、フリーダムズの大館市民体育館における引退ロード最終戦まで……二〇一五年は、引退発表前の馬場さんの十七回忌を含めると二三試合もやっていた。これは天龍プロジェクトを旗揚げした二〇一〇年以降、最高の試合数である。

自分でもよく頑張ったと思う。よその団体からいろいろ声が掛かって、当初の予定よりかなり試合数が増えたのは凄く嬉しかった。声が掛からなかったら「早く辞めておけばよかった」と思う俺がいただろう。

改めて引退ロードをやってよかったと思った。行った先々でファンが何を感じてくれたかはわからないが、少しでも上がった団体のヘルプになっただろうし、何かの痕跡は残せたはずだ。

引退ロードの最後となった一関と大舘のフリーダムズ二連戦は、さすがに感慨深いものがあった。昔、全日本の巡業であのあたりをよく回っていた頃のことを思い出した。

一関では葛西と組んで佐々木貴&宮本裕向と戦い、葛西のゴーグルを借りて、初めて蛍光灯を使ってみた。やり慣れていないから、蛍光灯が破裂して破片と粉が飛び散り、佐々木が流血した時には衝撃を覚えた。この年齢、このキャリアでも初めて体験することがあるのがプロレスだ。

この一関の試合後には久々に選手やマスコミの人たちとドンチャン騒ぎをやった。懐かしい日々が甦ったようだった。

そして大舘での引退ロード最終戦では天龍プロジェクトでマスクマンのドラゴンJOKERとしてファイトしていた進佑哉と組んで佐々木貴&葛西純と対戦した。ここで試合をしたのは、まだレボリューションを始める前……八七年二月一日にジャンボと組んでカート・ヘニング&ネルソン・ロイヤルに勝って以来だと親しい記者の人から聞いた。

入場する時には、長年、俺を応援して幟を振ってくれていた人たちの肩を思わず抱いて「今までありがとうな」という言葉が自然と出た。

試合後には「もう来ることはないだろう」と思って、急遽サイン会をやった。

引退ロードの九カ月間、ずっと紋奈が付いてきてくれて、いろいろな土地に足を運んだ。昔はチケットを貰って勝手に自分で移動していたのが、人の手を煩わせて行かなければならない天龍源一郎になっていたから長い九カ月間だった。

スパッと辞めていたら「俺は天下の天龍源一郎だ！」で終わっていたと思うが、長かった分だけ、感謝の気持ちを背負ったように感じる。どこに行っても満員の観客の中で「ありがとう」と思いながらリングに上がれた。本当に楽しませてもらった。

引退ロードが決まった時点では引退する日付も場所も決まっていなかったが、紋奈が「天龍源一郎の最後は両国国技館で！」と頑張ってくれた。

まき代も体調が良くないにもかかわらず「大丈夫、大丈夫！」と、また東京で一緒に生活してくれて、サポートしてくれたことが、俺を奮い立たせてくれた。

そして最後にＩＷＧＰ王者で平成の代名詞のようなオカダ・カズチカが残っていてくれたということを考えれば、本当に腹いっぱいのプロレス人生だ。

第十二章 終止符

2015
-
2016

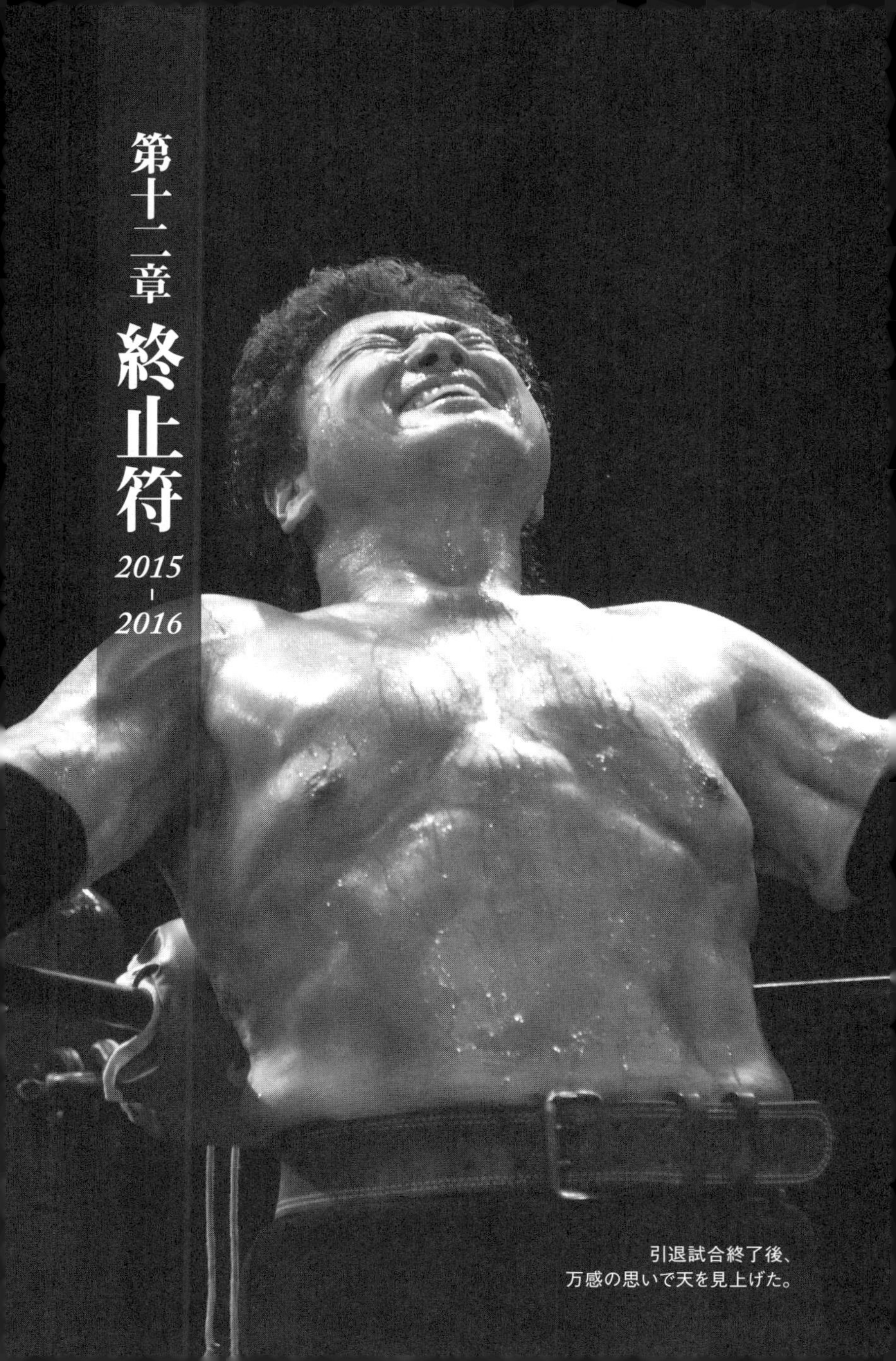

引退試合終了後、
万感の思いで天を見上げた。

無我夢中だった最後のリング

引退試合を終えて数カ月が経った。しかし、今もまだ写真を目にしただけで映像も観ていないし、記事も読んでいない。

「俺はやることはやった」と、やり終えた俺でいたい。人間だから、良く言われれば驕るし、悪く言われればへそを曲げる。人の言葉に感情を動かされる自分が嫌なのだ。

「自分の足で帰ってこられてよかったね」というまき代の言葉と、「頑張ってしっかりやってましたよ」という紋奈の言葉だけで十分だ。

だから試合について書くことができるのは、印象に残っている断片的なことだけ。

まず頭に浮かぶのは、俺がチョップかまして、オカダ・カズチカが場外にパッとエスケープした時に、

「今、こいつの得意なポーズをやってやろう！」

と、両手を広げてレインメーカーポーズをやったことだ。これが場数を踏んでいる人間のしぶとさというもの。試合前から、あいつの鼻を明かしてやろうと思って狙っていた。

その後に、スッとリングに入ってきたオカダにビッグブーツをボーンとやられたが、そこでグッとテンションが上がって、一気に戦いのモードに入った。

オカダの技は想像していたより的確だった。

「もうちょっとこいつの体が大きくなったら、ブルーザー・ブロディのビッグブーツやドロップキ

引退試合でオカダに延髄切りを見舞う。

決着後、オカダは一礼をしてリングを下りていった。

ックを食った時のようなところまでいっちゃうのかな?」

と、何かブロディの幻影を見たような気がしたほど、いい飛び蹴りが入った。

「あの野郎、飛び蹴りだけ凄かったですね」

と言っていた人もいたが、飛び蹴りだけで試合をまとめ切ったと思うと、それはそれで大したものだと思う。今の時代、それだけ説得力のある飛び蹴りはなかなかない。

試合前には「俺の今までの技を全部、お客さんに見せてあげたい」と思っていたが、いざ試合が始まったら、そんなに意識はしなかった。

オカダが片膝をついたから「今しかない!」と思って、不十分だったが延髄斬りもやったし、「今はパワーボムしかない!」という感じで長年の習性で自然と技を繰り出せた。

パワーボムは踏ん張られたり、リバースされて「もうどうしようもない」という感じだったが、意地になってコーナーマットを背もたれにして何とか決めた。あれで、あいつは頭からグシャッと落ちたが、それはそれで結果オーライだと思っている。

オカダの場合はロープに走ったりする時にちょっと間があるから、タイミング的には攻撃が仕掛けやすいというのはあった。

最後、リング上で大の字になった時、これまでのプロレス人生が走馬灯のように脳裏を駆け巡った……と書けばドラマチックかもしれないが、レインメーカーを食って引っ繰り返った時には何も見えなかった。一瞬、目の前の幕が下りたような感じだった。

ドクターに「天龍さん、大丈夫ですか? どこか怪我はありませんか?」と言われた時には「え

「負けたーっ!」リング上で叫び、踏ん切りをつけた。

っ、何が？　大丈夫、大丈夫！」という感じで起き上がった。俺の中では「起きて、まだやれる！」という感覚だったのだ。飛び蹴りのいいのが入って、おかしな感覚になっていたのかもしれない。

しかし、起き上がったら、もうそこにオカダはいなかった。

よけずに真正面から受け止めるのが俺のプロレスだから、ムクッと起き上がって「向かっていかなきゃいけない！」というレスラーの習性みたいなものが出たのかもしれない。

「負けたーっ！」

俺は試合後、リング上で叫んだ。

気付いたら試合が終わっていて「えっ、終わっちゃったの？」と、踏ん切りがついていない俺がいた。だから、俺自身と俺を応援してくれた人たちに「負けたーっ！」と大声で宣言したかったのだろう。

大団円…俺は幸せ者だ

3カウントが入った後も倒れていた俺に、オカダが深々と礼をしていたのは、あとでみんなから言われ、自分でも写真を見て初めて知った。その時は、全く気がつかなかった。

紋奈の計らいで試合後のセレモニーに、テリー・ファンクとスタン・ハンセンが来てくれた。二人とも長年の激闘によって満身創痍ながら、わざわざセレモニーのためだけにリングまで来てくれて、本当に感謝しかなかった。

テリーに「ベリーグッド」と言われた時には素直に嬉しかった。

因縁深いテリーとスタンが俺のために肩を並べてくれて、シンプルではあったが、俺にとっては感慨深いセレモニーだった。

大会にはメガネスーパーがスポンサーに付いてくれるなど、恩讐を越えて様々な人たちが協力してくれた。いろいろなところで粋な計らいをしてもらったし、本当にいい大会だと自負している。

セレモニーで花束をくれた紋奈に、

「父ちゃんの代わりに、たくさん来てくださったお客さんに一言感謝を言いなさい」

と言ったのは「お前はここで何かを発する資格があるよ。いつまでも影武者じゃなくて、ちゃんと皆さんにご挨拶してくれよ」という気持ちだった。

結果的には超満員になったが、引退興行が両国国技館に決定した時は心配の方が先に立っていた。あの超満員札止め一万五二二人は、彼女が率先して引っ張っていってくれての結果だった。チケットを発送する際には彼女が一文を添えていたことも、俺はあとで知ったことだ。

そしてキャンバスの『革命終焉』の文字はまき代が描いたもの。娘と女房が俺の最後の花道をちゃんとセッティングしてくれたのである。俺は幸せ者だ。

「俺は本当に腹いっぱいのプロレス人生でした。もうこれ以上、望むものは何もありません。ありがとうございました！　みんな、ありがとう！」

挨拶を促されたが、シンプルな言葉しか出てこなかった。

最後の一〇カウントゴングは……感傷に浸ったわけではなかった。

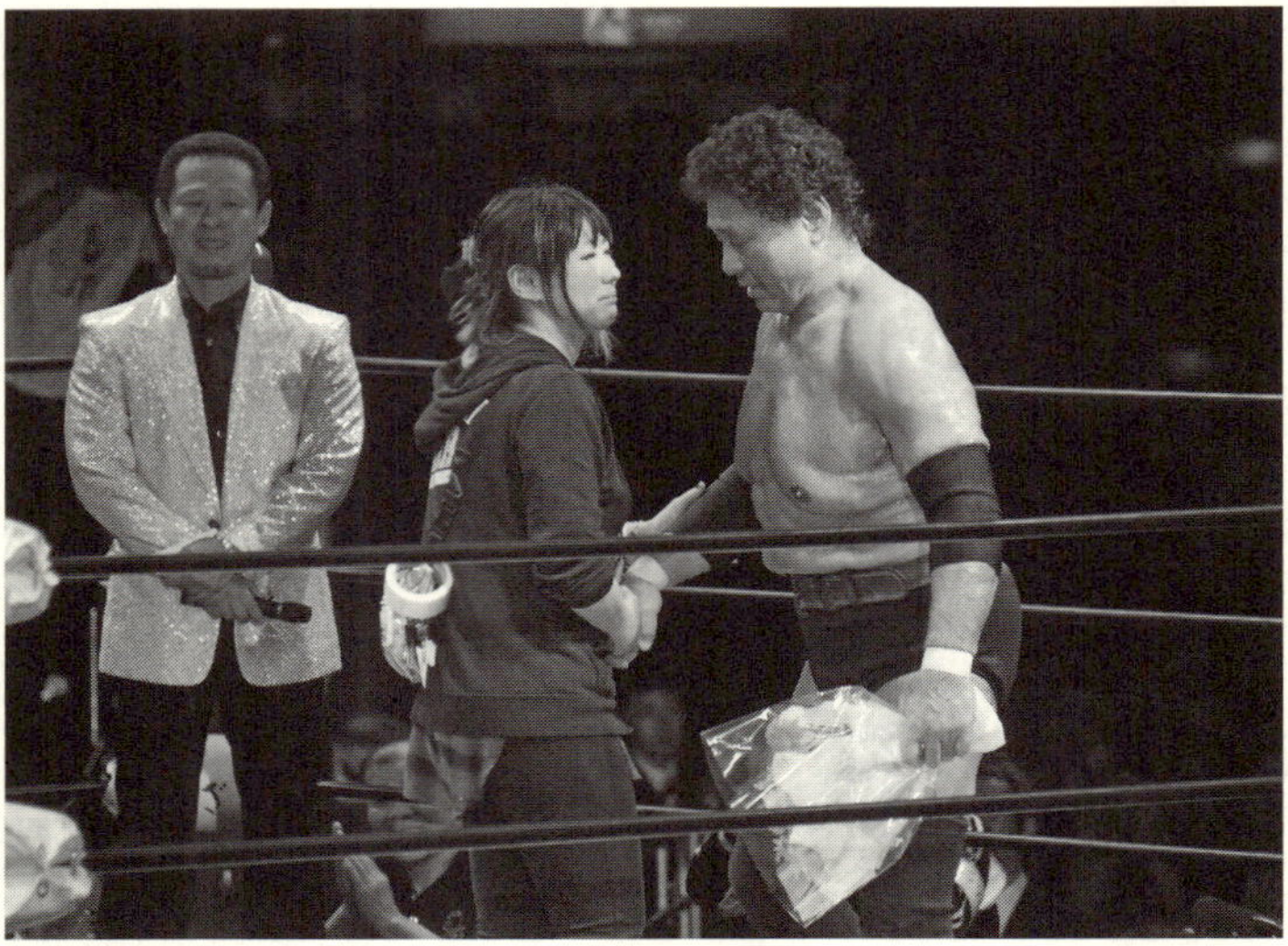

娘・紋奈から花束を渡される。そして「父ちゃんの代わりにお客さんに感謝の言葉を…」と頼んだ。

セレモニーに来てくれたテリー、ハンセンと記念撮影。

今まで多くの先輩や後輩を一〇カウントで送り出してきたから、その時の方がいろいろな思い入れがあったような気もする。

いざ、自分がその時を迎えたら、意外と淡々としていた。きっとまだ安堵していない自分がいて、気が張ったままの一〇カウントだったのだろう。

紋奈に「次は記念写真だから」と言われて「えっ、まだ何かあるのかよ⁉ 面倒臭いよ！」と文句を言っていたくらいだから、まだ引退していない、いつものプロレスラー天龍源一郎のままだったのだろう。多分、興奮していたんだと思う。ずっと気持ちが高ぶっていて、リングを降りて会見場に向かって歩いていくうちに平常心に戻れた感じだ。

会見場で飲んだアサヒスーパードライは、阿修羅たちと青春していた頃の爽快感と同じテイストだった。

介錯人オカダに贈る言葉

改めて、引退試合の相手がオカダ・カズチカでよかったと思っている。

引退するのがもう少し早ければ、違う相手になっていただろうし、結果的に彼のあの発言が俺の闘志にもう一回火をつけてくれた。そして俺が新日本に乗り込んだ時に、何を思ったのか知らないが、対戦を受けてくれた。すべては巡り合わせだと思う。

これが同年代の人との引退試合だったら、諦めがつかないとか、踏ん切りがつかない俺がいたかもしれない。

「俺のプロレスは〝掘り下げるプロレス〟だったけど、彼は一歩一歩、新しいプロレスを俺に体験させてくれましたよ」

と試合後の会見で言ったが、平成のプロレスを体感できた。やっていることの根本は昭和のプロレスと変わらないが、今の若い選手は身体能力が高くなって「これが新しいプロレスと言われるものかな」とは感じた。

飛び蹴りはすべて顎やいいところに入ったし、最後のラリアット……あいつが言うレインメーカーも綺麗に喉元をえぐってくれた。その意味では悔いはない。

オカダは、あれだけ身体能力があるから、驕る気持ちがなければ、嫌でも伸びていくと思う。ただ、そこからがトップになったレスラーとしてのもがきが始まると思うから、十分にもがいて、悩んで、プロレス界を引っ張っていってほしいと思う。

中学を卒業してメキシコに渡って、彼は彼なりにステップを踏んでここまで来たんだろうから、それを糧に、めげずに頑張っていってほしい。

ひとつ苦言を呈するなら、その時々で言うことがコロコロ変わるのは好きじゃない。

昔のレスラーはひとつのポリシーがあって、そこに枝葉のデコレーションを付けて喋っているという感じだったが、今の人はキャラクターやその場の雰囲気で喋る。根底からコロコロ変わるのは人間性を疑われるもとになるからやめた方がいい。

目覚めると「次の試合は…」と

試合後、飛び蹴りを食った顎とか首とか背中とかが痛いし、ガンガン受け身を取ったから腰も痛かったが、そうした体の痛みが、俺のプロレスに対する向き合い方であり、俺自身に対する答えだ。また、そこから「飲みに行こうか！」と言うのが昔の俺だった。

だから引退試合後も、知り合いの人たちとの打ち上げに顔を出した。無理をきいて応援に来てくれた人たちばかりだったから返礼の意味もあったし、「尻尾を巻いて帰ったように思われたくない」というのもあった。

「さすがの天龍もきつくて来れないよな」と言われたくないから、這ってでも顔を出してやろうという相変わらずの俺がいたわけだ。昔、大阪でジャンボのパワーボムで首をやられた時に飲みにいったのと同じようなものだ。

本来は冷やさなければいけないのに、飲んで体を温めていたんだから、俺も阿呆だなと思うが、何杯かで気持ちよく酔えた。紋奈も会場の片付けが終わった後に駆けつけてくれた。自分の中でけじめが付けられた、いい打ち上げだった。

体が痛いから、家に帰って寝ても、何時間かするとパッと目が覚めた。

「えっ、次の試合はどこだっけ？　……ああ、今日、引退試合だったから、もう試合しなくていいんだ」

と、ホッとしてまた寝たが、朝になってパッと起きると「今日の試合は……」とまたプロレスのことが真っ先に浮かんだ。そんな日が数日続いた。

試合が終わって三日経っても体の痛みが取れず、行きつけのお医者さんのところに行ってチェックしてもらった。そして体が回復してくるのと同時に、心の方も「もう試合をしなくていい」というのを理解できたようで、ようやく安心して眠れるようになった。

自然体の日々

引退後の初仕事は一週間後の一一月二二日のテレビ収録。バラエティ番組でHKT48の指原莉乃とMCに初チャレンジした。

それまでは「プロレスラーの天龍源一郎がバラエティ番組に出演する」という立場だったのが、プロレスラーというのが取れたから逃げ場がなくなった。

「来た仕事は、一生懸命やらなきゃいけないな」という気持ちにさせられた。

望むと望まざるとにかかわらず、新しいことにチャレンジして模索しながらやっていくのは俺の性に合っていると思うから、この第二の人生もいいかなと思っている。

俺は〝日本一滑舌が悪い〟ということでテレビに出るようになったが、そのきっかけになったのは大阪の番組だった。

どんな滑舌の悪い人の言葉でも読み取れるという音声解読器の実験で、俺が『桃太郎』を読むという企画があって「どんぶらこ、どんぶらこ……」と読んだら「どぶろく、どぶろく」とか、トンチンカンな答えが返ってきて、

「ふざけんな、こんなことやらせやがって！」

というのがスタートだった。番組の人が面白がって、そこから〝滑舌が悪い〟というのが独り歩きして、ぽつんぽつんと仕事が来るようになったのだ。

そういうプロレス以外の仕事の話が来るようになった時に、

「じゃあ、面白い話がきたら、こっちで天龍さんに振りますよ」

と、エージェントになってくれたのが、ハッスルでGM代行をやったことがある加藤英治氏が社長を務める芸能プロダクション『ミレニアム・プロ』というのも不思議な縁を感じた。

加藤氏には芸能活動だけでなく、引退に関わる業務を全面的に支えていただいた。会社間の交渉もそうだし、紋奈は「自分が行き届かない部分を陰になり日向になり、支えていただいた」と言っていた。引退ロードも、引退興行もスムーズに事を運べたのは、加藤氏の協力があればこそだったと感謝している。

俺の二〇一五年は一二月二八日、芸能の仕事で終わった。そして新年は一区切りつけたということで、気負うことなく自然体で迎えられた。

本当に「家族と迎えた正月だなあ」という感じだった。

昔は、全日本は正月の二日、三日の後楽園ホール二連戦が恒例だったし、元旦から試合だったこともあった。新日本に上がるようになってからは一・四東京ドームがあったから、暮れにもジムに行って練習したりして、気持ちが休まらなかった。

正月の試合がなくなっても、現役時代はそれをずっと引き摺っていたが、今年は時間の流れに身を委ねて迎えることができた。

俺と同じ時代に生きていてよかったな

一月二六日には二〇一五年度プロレス大賞授賞式に出席した。

（ああ、こういう晴れの舞台はこれが最後だな）

という気持ちで臨んだ。ベストバウト賞と特別功労賞をいただいたが、もう引退しているのにレスラー面して出席するのは面映ゆい感じもあった。一方で、俺は本当に恵まれたプロレスラー人生だったと思う。

オカダとの引退試合がベストバウトに選出されたと知らされたのは、暮れにテレビのロケに向かう途中だった。

それまでベストバウトの最多記録は俺と小橋が八回で並んでいた。何かのテレビ番組で小橋に会った時に「お前の記録を抜いちゃうよ」と言ったら「えっ、天龍さん、もうチャンスないじゃないですか」と返されていただけに、記録を更新できて何よりだ。

俺がプロレス大賞でいただいた賞は、ＭＶＰ＝四回、ベストバウト＝九回、最優秀タッグ＝三回、殊勲賞＝三回、敢闘賞と技能賞が一回ずつで、特別功労賞を加えて計二二。これはジャンボ鶴田とタイ記録だという。

ＭＶＰの候補にも挙げてもらったようだが、それはオカダでよかったと思っている。彼が三度目のＭＶＰになったということで、これからプロレスを引っ張っていくという自覚を持ってくれればそれに越したことはない。

オカダとは引退試合以来、初めて顔を合わせた。

「トップの人間の気持ちは、トップになった人間にしかわからない」というのが俺の持論だが、これから彼も悩んでやっていかなければいけないんだなと思った。

去っていく人間としてはああたらこうたら言うことはない。

「プロレス界をよくしていってくれよ」の一言だけだ。

ああ、ひとつだけ……俺が彼とやってやろうと思うきっかけになった「僕と同じ時代じゃなくてよかったですね」という例の発言のアンサーとして、これだけはオカダに言っておいた。

「おい、オカダ！　俺と同じ時代に生きていて本当によかったな。ベストバウトを獲れたじゃねぇか、この野郎！」

感動の宴

いろいろな意味でプロレスラー、天龍源一郎のジ・エンドは二月一三日、東京新宿区早稲田のリーガロイヤルホテル東京『ロイヤルホール』で開催した引退パーティーだった。あれでちゃんとけじめが付けられたと思っている。

プロレス大賞授賞式の時に「引退パーティーとかをやるなら、出るよ」と言っていただいた新日本プロレス相談役の大先輩・坂口征二さんに乾杯の音頭を取っていただき、ＷＡＲ時代にお世話になったアニマル浜口さん、リング上では遂に接点がなかった前田日明も顔を出してくれた。

引退記念パーティーには、プロレス関係者、友人など大勢の人が集まってくれた。

壇上に上がり嶋田家3人で記念撮影。

前田とは試合をしたことがないのに理解し合える仲だと勝手に思っている。それは彼が世に媚びない男だからだ。普通は世の中になびいて、自分を曲げなきゃいけないこともあるだろうが、ずっと己を通してマイペースで生きてきた前田日明は大したものだ。彼が格闘技との狭間でやっていた前田プロレスというものをやはり体感してみたかった。

そして三遊亭円楽師匠が昔の気持ちで、涙ながらにしてくれたスピーチも心に染みた。

円楽師匠……楽ちゃん、そして楽ちゃんの奥さんと関係をリセットできたことが俺にとって一番大きいことだった。

楽ちゃんは昔、冬木軍を応援している時期があった。彼らがWARを辞めた後も応援していたから、ある時、クラブで飲んでいて、

「楽ちゃん、冬木軍なんか応援するのはやめなよ。俺の立場も考えてよ」

「いや、俺、好きだもん!」

「そんな楽ちゃんとは飲んでられないよ、帰ってくれよ!」

「源ちゃん、そんなカタいこと言うなよ、仲間だろ!」

「いや、俺はもう頭にきたんだよ、帰ってくれよ!」

「マジで言ってんのか?」

「当たり前だよ、ふざけんなよ、帰ってくれよ!」

と、大喧嘩になってしまったのだ。

「わかったよ! 帰ろ、帰ろ!」

怒った楽ちゃんが奥さんと二人で帰ってしまい、関係が途絶えてしまった時期があったのだ。

その後、俺の還暦のパーティーの時に楽ちゃんがいて、

「今度、円楽を襲名するからパーティーに来てよ」

と言われたが、喧嘩の件があったから、

「楽ちゃん、俺は行かないよ」

「いいじゃない、席を用意しておくから！」

というやり取りになった。あとで出席した人に聞いたら、ちゃんと俺の席が用意されていたという。

そんな不義理をした俺なのに、楽ちゃんは親父が死んだ時に花を出してくれた。

「楽ちゃんありがとうね、俺が不義理しているのに、わざわざ義理堅く花を出してくれて」

と、電話を入れると、

「友達じゃないか、源ちゃん！」

そう言ってくれて、そこからまた関係が復活した。

そしてパーティーでの楽ちゃんのスピーチ……本当に感動した。

あのパーティーの人選は紋奈にすべて委ねた。

彼女が天龍プロジェクトの代表になって知り合った人が多数来てくれた。それは彼女が天龍プロジェクトのリングを、旗揚げから俺の引退まで五年七カ月間、支えてきた証でもあったと思う。

奇しくも、俺がＷＡＲを旗揚げしてから全選手を解雇するまでの期間が五年七カ月だった。同じ

年月を彼女は頑張ったのだ。

本当に身にあまるパーティーだった。あのパーティーによって、踏ん切りとリセットができた。

来世も俺はプロレスラー

リングシューズを脱いで数カ月……パッと起きて「今日、何かあったなあ。えーと、今日の試合はどこだっけ?」と、まずプロレスが頭に浮かび「ああ、もうプロレスやらなくていいんだ。テレビの収録だった」と、スーッと安心して気が休まる俺がいる。

「お父さん、これで最後が新木場だったらプロレスを断ち切れなかったと思うよ。両国であれだけのことをやったから『ああ、もういいんだ』って自分で断ち切れたんだと思うよ」

と、まき代や紋奈によく言われるが、その通りだと思う。

今はノルディック・ウォーキングをやっている。スキーの三浦雄一郎さんのように錘をつけて小一時間歩いている。腰が悪いからどうしても前屈みになってしまうが、二本のストックを使って歩くと背筋が伸び、錘によって大股になるから、姿勢も筋肉のバランスもよくなる。それで汗かいて帰ってきて、風呂に入って初めて気持ちが入れ替わる。汗をかくというのが俺の習性になっているわけだ。

ただ、同じコースを歩くと飽きてしまうのが難点だ。

「趣味は何ですか?」と聞かれたら、

「ボケッとしているのが趣味」

と言うしかない。人からはボケッとしているだけにしか見えないだろうが、俺の中ではいろいろ空想して楽しんでいたりするのだ。

朝起きて、iPodで音楽を聴きながら外を見てボケッとしているのが至福の時。

「すべてが無理になった時に、自分の人生に満足してお茶でもすすれる、そんな時間を持ちたいから一生懸命やっているんだと思う」

若い頃、そんなことを言っていたが、その通りだ。

腹いっぱいのプロレス人生だったから、今、朝早く起きてゴルフに行くとか、釣りに行くとかではなくて、日々、ボケッとしていろいろなことを消化しながら生きていくというのが至福の時なんだろうと思う。

これまでは、たとえ北風を切り裂いてでもリングに辿り着かなければ成り立たない人生を送ってきたから、現在の「風の吹くまま、吹かれるまま」というのが俺にとっては至福の時なのかもしれない。今は泰然自若……もう駆け足はしない。

二月二日に六六歳の誕生日を迎えて、腹いっぱいの大満足の人生だと改めて思った。

家族のために一生懸命生き抜いてきたし、家族からも目いっぱい、愛情を注いでもらった。そして、二六歳でいろいろあって辞めた相撲界とも新たにコンタクトができたというのが、俺の中で満足感になっているのかもしれない。

青葉城や同じ福井出身の大徹が引退前から天龍プロジェクトの試合に来てくれたり、益荒雄の部屋（阿武松部屋）に行ったりして、心にポッカリ開いていた穴が埋まった感じで、すべてがいい方

妻・まき代の乳がん再発なし5周年を祝って記念撮影（2016年7月）。

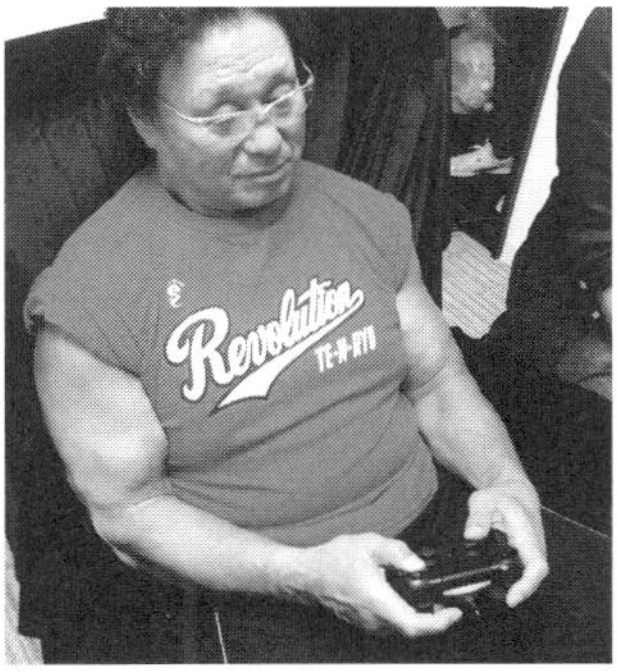

新しい趣味（?）はTVゲーム
（2016年8月）。

引退後もテレビ収録や取材など多忙な日々を
過ごしている（2016年6月）。

向に向いている。

六六歳にもなったら、金銭欲や物に対する執着が段々となくなってきた。極端な話、月に二〇〇万円使えるとしても「食いたい物もないし、欲しいものもないのに、どうしてそんな金が使えるんだよ」と思う俺がいる。

もう日々を暮らして凌げれば十分。ここまで生きたら儲けものだ。

「いつ、お迎えが来ても潔く断ち切れるな」という心構えができている。

一時は引退を機にプロレスとはすっぱり縁を切ろうと思った時期もあったが、週刊プロレスが連載の企画をオファーしてくれたり、こうして自叙伝の仕事があるというのはやはり嬉しいことだ。プロレス関係の人たちと会うと「いやあ、もうプロレスは十分だよ！」と言うけれど、ふと独りになった時に一抹の寂しさがあるのも確かなのだ。

生まれ変われるとしたら……俺はやっぱりプロレスラーになると思う。それもいきなりプロレスに入るのではなく、相撲からプロレスという同じパターンだ。

相撲は俺の心の大黒柱だった。いい時も悪い時も「相撲の社会で頑張れたんだから」「相撲で耐えられたんだから」というのがあったと思う。相撲は俺の人生の礎だったからプロレスに入る時も「相撲で勝ち越して」が大前提だった。

そして、いざプロレスに入った時は、出だしがうまくいかなったから、もがきながら頑張ってこれたんだと思う。

結果、今も楽しい人生を送らせてもらっているわけだから、来世も俺は〝相撲上がりのプロレスラー〟のはずだ。

振り返ると、清濁併せて様々なことを体感できたという意味で、改めて腹いっぱいのプロレス人生だったと思う。相撲協会の定年は六五歳だが、そこまで現役でやれたというのも誇りだ。

何の悔いもない。

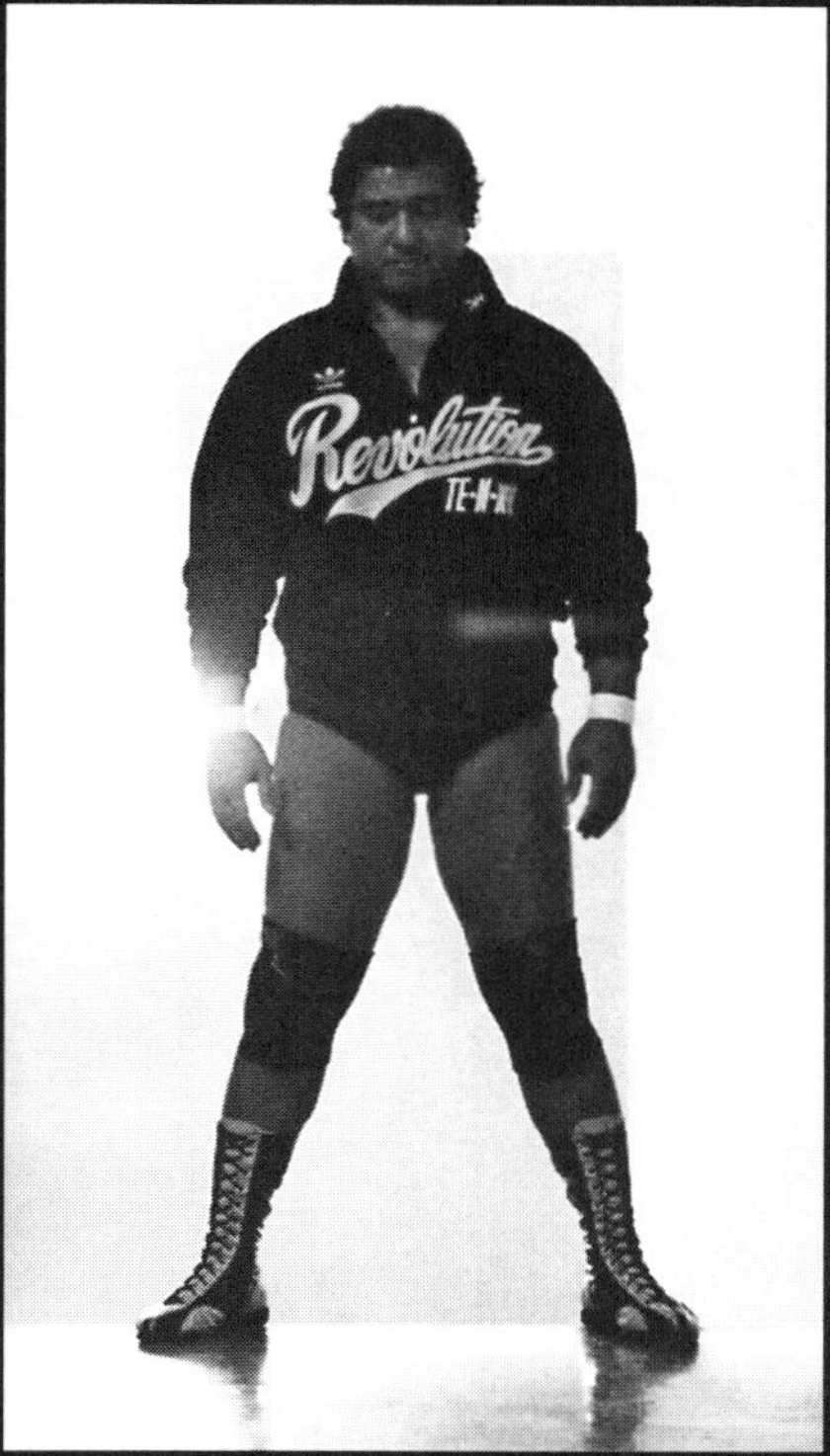
Revolution

天龍源一郎の流転の六六年間の人生を読者の皆さんはどう感じただろうか？

「こんなはずじゃない！」と思いながら試行錯誤して、右に行ったり、左に行ったり、上がってみたり、下がってみたり……左に行けば安定しているのに「右に行ったらどうだろう？」と、必ず冒険する方に行き、結局はゼロからのリセットになって、また「こんなはずじゃない！」と突っ走ってきた俺の生き様を、感じたままに楽しんでもらえれば本望だ。

この本は一九九四年に出版した俺の自叙伝『瞬間を生きろ！』を下敷きに、刊行時から今現在までの二二年分をプラスしたものだ。また、以前に自叙伝で書いた時代についても大幅に加筆訂正させてもらった。

改めて感じたのは、若い時に考えていたことと、六六歳になった今現在とでは、やはり多少の誤差はあるということ。今回の執筆にあたって二二年前に出した本を改めて自分自身で読み返してみたら、

「ああ、こんなテンパってる俺がいたんだ」

と思う俺がいたわけだから、年齢を重ねることによって喜怒哀楽というものは変わるんだなということを皆さんに理解してもらえればいいなと思っている。

そして、引退した今もテレビなど、人前に出る仕事をしている俺としては、

「天龍源一郎という人間は、こういう考えを持っていたのか」

ということを感じ取ってもらえたとしたら何よりだ。

二二年前の本では尊敬している人物として、当時バスケットボールのスーパースターから、ベースボールに転じたマイケル・ジョーダンの名前を上げたが、今は尊敬する人を聞かれても思い浮かばないのが正直なところだ。

ただ、当時の自分が思っていた生き様を、今も貫くことができている俺自身が嬉しい。

六六歳になった俺は、大切な家族と、身近な有難味を感じながら日々を過ごしている。

昔の侍や殿様が寺に籠って隠居するのと同じ心境……「心自ずから閑なり」である。

とはいえ、三六五日、静まり返っている自分は性に合わない。

やはりテレビ局やイベントの仕事で慌ただしくしているから、その代わりに静かな時間を持って、ほっこりしている自分がいるのだろう。

長年応援してくれた人たちの中には俺と同じようにこれからセカンドライフに入っていく人もいると思う。もちろん俺も頑張っていくが、誰か自分の身近な人を見て、

「あの人も頑張っているんだから、自分も頑張ろう！」

と生き抜いていってほしい。人を見て、卑下するわけでもなく、羨むわけでもなく、自分の許容範囲の中で生きていけば、何も恥ずかしいことはない。

高齢化社会になった今、よくライフプランが重要と言われているが、プランを立てて、それがうまくいかないと落ち込んだり、自己批判することになるだろうから、なすがままでいいのではないかと思う。

誰もが皆、誰かに助けられながら、誰かに支えられて生きている。

そこはしっかり見極めて、誰が支えてくれているのか、誰が自分の推進力になってくれているのかをわきまえて人生を送っていったら間違いはないと思う。

若い人たちにもメッセージを送ろう。若い人は希望がいっぱいあるだろうが、苦難もいっぱい待ち構えている。人生は難しいと思うと簡単だし、簡単だと思うとしっぺ返しを食うから、心して臨んだ方がいいということだろうか。

もちろん若い君たちだって、誰かに支えられながら人生を歩んでいくということを忘れてはいけない。

「どこかで誰かが、必ずお前のことを見ていてくれる！」

これは俺がレボリューションを始めたころからずっと言い続けていることだ。

「誰か」は親かもしれないし、女房や子供かもしれない。もしくは恋人や友人、仕事での上司や部下かもしれない。

一番身近な人たちが自分のことをサポートしてくれているということを忘れなければ、年代に関係なく自ずと頑張れるはずだ。

「どっちみち、俺なんか」

と思うと、投げやりな人生になってしまうが、どこかで誰かが見ていると思ったら、次の一歩を踏み出す勇気が湧いてくるだろう。誰かが見てくれていると思ったら、自分を大切に一歩一歩、堅実に人生を送っていけると思う。

現在の俺にしても、ずっと支えてくれている家族に恩返ししなければいけないと思って、漠然とだが何かに努力していこうと思う。それが尽くしてくれる女房と娘に対する思いやりというものだろう。

小さい頃、お袋に「人間は死ぬまで働かなきゃ食っていけないんだから」と言われたのをよく覚えている。

生きている限りは歩みを止めるわけにはいかないのである。

だから俺は、突き詰めれば……最後は女房のまき代、娘の紋奈に、

「ほら、お父さんは……」

と言われたくないから、たとえ何があっても前を見て、今その時を必死に生きていくに違いない。

引退した今もテレビなどの仕事があるのは、その時々を一生懸命こなしているから声をかけてもらえるのだと思う。

昔とは考え方に若干の違いがあるとしても、俺の生きる姿勢は何ら変わらない。

だから最後に皆さんに送るメッセージも二二年前と同じだ。

どこかで誰かが必ず見ていてくれる。だから人の目を意識しながら、今その時を一生懸命生きてほしい。

ＬＩＶＥ ＦＯＲ ＴＯＤＡＹ――俺も胸を張ってこれからの人生を生き抜いていくから、皆さんも頑張って！

天龍源一郎　タイトル獲得歴・受賞歴一覧

タイトル獲得歴（※初奪取の順）

NWAミッドアトランティック地区タッグ選手権

（1981年2月7日、ノースカロライナ州グリーンズボロ＝デュイ・ロバートソン&ジョージ・ウェールズから奪取／パートナーはミスター・フジ）

UNヘビー級選手権＝2回

第25代（1984年2月23日、東京・蔵前国技館＝リッキー・スティムボートとの王座決定戦に勝利）

第26代（1986年4月26日、大宮スケートセンター＝テッド・デビアスとの王座争奪リーグ戦決勝戦に勝利）

インターナショナル・タッグ選手権＝2回

第34代（1984年9月3日、広島県立体育館＝ブルーザー・ブロディ&クラッシャー・ブラックウェルとの王座決定戦に勝利／パートナーはジャンボ鶴田）

第36代（1987年2月5日、札幌中島体育センター＝長州力&谷津嘉章から奪取／パートナーはジャンボ鶴田）

PWF世界タッグ選手権

第6代（1987年9月3日、名古屋・愛知県体育館＝スタン・ハンセン&オースチン・アイドルから奪取／パートナーは阿修羅・原）

PWFヘビー級選手権

第13代（1988年3月9日、横浜文化体育館＝スタン・ハンセンから奪取）

世界タッグ選手権＝5回

第4代（1988年8月29日、東京・日本武道館＝ジャンボ鶴田&谷津嘉章から奪取／パートナーは阿修羅・原）

第8代（1989年7月11日、札幌中島体育センター＝ジャンボ鶴田&谷津嘉章から奪取／パートナーはスタン・ハンセン）

第10代（1989年10月20日、名古屋・愛知県体育館＝ジャンボ鶴田&谷津嘉章から奪取／パートナーはスタン・ハンセン）

第11代（1989年12月6日、東京・日本武道館＝ジャンボ鶴田&谷津嘉章を下して『’89世界最強タッグ決定リーグ戦』に優勝すると同時に第11代王者に認定される／パートナーはスタン・ハンセン）

第44代（2001年7月14日、東京・日本武道館＝太陽ケア&ジョニー・スミスから奪取／パートナーは安生洋二）

NWA世界6人タッグ選手権

（88年12月7日、テネシー州チャタヌガ＝元パートナーのダスティ・ローデスに勝ったアニマル・ウォリアーが新パートナーとして天龍を指名／パートナーはアニマル&ホークのザ・ロード・ウォリアーズ）

三冠ヘビー級選手権＝3回

第2代（1989年6月5日、東京・日本武道館＝ジャンボ鶴田から奪取）

第26代（2000年10月28日、東京・日本武道館＝王座決定トーナメント決勝戦で川田利明に勝利）

第29代（2002年4月13日、東京・日本武道館＝武藤敬司との王座決定戦に勝利）

WAR認定世界6人タッグ選手権（※2010年から天龍プロジェクト認定）＝3回

第4代（1995年4月30日、東京・後楽園ホール＝越中詩郎&後藤達俊&小原道由から奪取／パートナーは北原光騎&アニマル浜口）

第13代（1996年10月28日、東京・後楽園ホール＝冬木弘道&安生洋二&クラッシャー・バンバン・ビガロから奪取／パートナーはウルティモ・ドラゴン&荒谷信孝）

第18代（2010年6月24日＝第17代王者・諏訪魔が王座を返上して天龍に譲渡／パートナーは嵐&石井智宏）

日本J1選手権

初代（1998年1月14日、東京・後楽園ホール＝荒谷信孝との王座決定トーナメント決勝戦に勝利）

東京スポーツ新聞社制定「プロレス大賞」受賞歴

最優秀選手賞(MVP)=4回

1986年度、1987年度、1988年度、1993年度

年間最高試合賞(ベストバウト)=9回
(※9回の受賞は2016年現在、最多記録)

1987年度=vsジャンボ鶴田(全日本=8月31日、東京・日本武道館)

1988年度=vsスタン・ハンセン(全日本=7月27日、長野市民体育館)

1989年度=vsジャンボ鶴田(全日本=6月5日、東京・日本武道館)

1991年度=vsハルク・ホーガン(SWS=12月12日、東京ドーム)

1993年度=vs長州力(新日本=1月4日、東京ドーム)

1994年度=天龍源一郎&阿修羅・原vs大仁田厚&ターザン後藤(WAR=3月2日、東京・両国国技館)

1996年度=vs髙田延彦(UWFインターナショナル=9月11日、東京・神宮球場)

1999年度=vs武藤敬司(新日本=5月3日、福岡国際センター)

2015年度=vsオカダ・カズチカ(天龍プロジェクト=11月15日、東京・両国国技館)

最優秀タッグチーム賞=3回

1983年度(パートナーはジャンボ鶴田)

1985年度(パートナーはジャンボ鶴田)

1987年度(パートナーは阿修羅・原)

殊勲賞=3回

1981年度、1984年度、1996年度

敢闘賞

1983年度

技能賞

1990年度

特別功労賞

2015年度

IWGPタッグ選手権

第35代(1998年7月15日、札幌中島体育センター=蝶野正洋&天山広吉から奪取/パートナーは越中詩郎)

IWGPヘビー級選手権

第25代(1999年12月10日、大阪府立体育会館=武藤敬司から奪取)

アジア・タッグ選手権

第76代(2004年5月22日、東京・後楽園ホール=グレート・コスケ&獅龍から奪取/パートナーは渕正信)

WMGタッグ選手権

初代(2003年8月21日、大阪府立体育会館=王座決定トーナメント決勝戦で越中詩郎&新崎人生に勝利/パートナーは長州力)

ハッスル・スーパータッグ選手権

初代(2005年11月3日、横浜アリーナ=田中将斗&金村キンタローとの王座決定戦に勝利/パートナーは安田忠夫

リーグ戦優勝歴

チャンピオン・カーニバル

2001年(4月11日、仙台市体育館=優勝戦で太陽ケアに勝利)

世界最強タッグ決定リーグ戦=3回

1984年(12月12日、横浜文化体育館=最終公式戦でスタン・ハンセン&ブルーザー・ブロディに勝利/パートナーはジャンボ鶴田)

1986年(12月12日、東京・日本武道館=優勝決定戦でスタン・ハンセン&テッド・デビアスに勝利/パートナーはジャンボ鶴田)

1989年(12月6日、東京・日本武道館=最終公式戦でジャンボ鶴田&谷津嘉章に勝利し、史上初の全勝優勝/パートナーはスタン・ハンセン)

本文写真……… 山内猛、廣瀬達郎、若林隆英、竹内哲也、天龍プロジェクト
本文デザイン…… 小林こうじ（sowhat.Inc）
編集…………… 秋山真也（竹書房）
協力…………… 天龍プロジェクト、小佐野景浩、ミレニアムプロ

著者略歴

天龍源一郎 Genichiro Tenryu
（てんりゅう・げんいちろう）

本名・嶋田源一郎。1950年2月2日生まれ。福井県勝山市出身。1963年12月、大相撲・二所ノ関部屋に入門。1964年1月、初土俵。前頭筆頭まで昇進。1976年10月、相撲を廃業し全日本プロレス入団。同年11月、プロレス・デビュー。80年代後半、天龍革命を起こし、一大ムーブメントに発展させ、プロレス界のトップに立つ。1990年に全日本を退団し、SWSに移籍。その後、WAR、フリー期を経て、2010年4月に天龍プロジェクトを旗揚げ。40年間の長きに渡って第一線で活躍、G馬場とA猪木のふたりをピンフォールした唯一の日本人レスラーであり、「ミスタープロレス」と称された。獲得タイトルは、三冠ヘビー級王座、IWGPヘビー級王座等、多数。主な受賞歴は、『プロレス大賞』MVPを4回、ベストバウトを9回受賞。ベストバウトの受賞回数は最多、また引退試合でベストバウトを獲得したのは初の快挙である。2015年11月に天龍プロジェクト両国国技館大会にて引退、現役プロレスラーとしての幕を閉じた。

完本《かんぽん》 天龍源一郎《てんりゅうげんいちろう》

LIVE FOR TODAY —いまを生《い》きる—

2016年9月7日　初版第一刷発行

著　者　　天龍源一郎
発行者　　後藤明信
発行所　　株式会社竹書房
〒102-0072 東京都千代田区飯田橋2-7-3
電話 03-3264-1567（代表）
電話 03-3234-6301（編集）
http://www.takeshobo.co.jp

印刷・製本　凸版印刷株式会社

ISBN978 4-8019-0844-4 C0076
定価はカバーに表示してあります。
落丁・乱丁の場合は当社にてお取りかえいたします。

※本書は1994年12月に小社より刊行された『瞬間を生きろ!』（天龍源一郎・著）を大幅に加筆・修正したものを前半部分とし、後半部分は書き下ろされたものです。